本项目获得上海市公共关系协会研究资助（KY01D0222016014）
本项目获得上海外国语大学校级重大课题研究资助（2013114ZD001）

上海公共关系三十年发展报告

Public Relations in Shanghai

（1986—2016）

中英文版

《上海公共关系三十年发展报告》编委会　编著

中国财经出版传媒集团
中国财政经济出版社

图书在版编目（CIP）数据

上海公共关系三十年发展报告：1986—2016：中英文版/《上海公共关系三十年发展报告》编委会编著 -- 北京：中国财政经济出版社，2017.7

ISBN 978 - 7 - 5095 - 7427 - 0

Ⅰ.①上… Ⅱ.①上… Ⅲ.①公共关系—发展—研究报告—上海—1986 - 2016 Ⅳ.①D675.1

中国版本图书馆 CIP 数据核字（2017）第 090839 号

责任编辑：卢元孝　　　　责任校对：李　丽

封面设计：孙俪铭　　　　版式设计：齐　杰

中国财政经济出版社出版

URL：http：//www.cfeph.cn

E - mail：cfeph@cfeph.cn

社址：北京市海淀区阜成路甲 28 号　邮政编码：100142

营销中心电话：88190406　北京财经书店电话：64033436　84041336

北京京华虎彩印刷有限公司印刷　各地新华书店经销

787×960 毫米　16 开　15.5 印张　262 000 字

2017 年 7 月第 1 版　2017 年 7 月北京第 1 次印刷

定价：50.00 元

ISBN：978 - 7 - 5095 - 7427 - 0

（图书出现印装问题，本社负责调换）

本社质量投诉电话：010 - 88190744

打击盗版举报热线：010 - 88190414　QQ：447268889

《上海公共关系三十年发展报告》顾问委员会

主　　任：胡　炜

委　　员：张贤训　张黎明　吴友富　郭建新　张安腾

余明阳　晁钢令　叶茂康　褚云茂

《上海公共关系三十年发展报告》编委会

主　　编：吴友富

执行主编：范　徵　刘国华

副 主 编：杨　晨　张　鹏

编　　委：（按姓氏汉语拼音顺序）：

曹姝婧　杭虹利　焦　妹　李铁民　徐　永　王晓栋

袁王珏　于朝晖　张　辉　张　静　张文洁　周　怡

序　言

伴随着改革开放的持续深入推进，上海市公共关系协会已走过了30个春秋，到了而立之年。

30年前，乘着改革开放的春风，在毛经权部长等老同志的筹划下，在社会各界人士的努力下，上海市公共关系协会宣告成立。30年来，在毛经权会长、胡炜会长的领导下，在协会执行团队和广大会员的努力下，上海市公共关系协会积极发挥政府和企业、社会之间的桥梁作用，围绕党和政府的中心工作，聚焦上海经济社会发展的热点，立足于发挥协会的功能作用，为上海的创新转型出谋划策，为上海的加速发展添砖加瓦，成效显著，硕果累累，在国内享有很高的知名度和美誉度。

30年来，上海市公共关系协会始终坚持以沟通信息、增进理解、加强联系、促进合作为宗旨，团结广大会员，积极宣传公共关系知识，大力提升公共关系意识，推动公共关系理论和实践创新，扩大公共关系行业的社会影响，培养公共关系专业人才，扩大协会与海内外同行及相关组织的联系与交往，开展了许多内容丰富、形式多样的活动，为上海公共关系事业的发展做了大量开创性工作，有力有效地促进了上海经济社会发展，受到了社会各界的普遍认同和赞扬。上海市公共关系协会组织的许多活动项目，比如上海市公共关系国际高峰论坛，上海市优秀公共关系案例评选活动，上海高校公共关系专业奖学金评选活动等，都深受协会会员和社会各界的关注和好评，一些项目已经成为协会的拳头产品和知名品牌。

上海市公共关系协会能够始终保持这样一种勃勃生机，得益于中国改革开放的大环境和上海作为国际大都市有拥有的得天独厚优势，得益于毛经权同志、胡炜同志两届会长的正确领导。两位会长都有在市级领导机关长期工作的经验，既熟悉公共关系事业，又有相当高的政治和政策水准，威望高、感召力强，保证了协会方向上的正确性和工作上的前瞻性。

可以说，过去的30年，是上海市公共关系协会团结、联络、协调各种公关组织、企事业单位和社会机构，促进各种组织与社会及公众之间相互沟通、有效合作的30年，是公共关系事业在上海成长发展，为上海社会经济文化全面进步做出贡献的30年。上海市公共关系协会“三十而立”，成绩显著，前景光明，任重道远。我们要不忘初心，继续前行。借此机会，提几点希望。

要深入学习并贯彻党的十八届六中全会精神，坚持正确的发展方向。党的十八届六中全会，是在我国全面深化改革、决胜全面小康的关键时刻召开的一次十分重要的会议。会议就新形势下加强党的建设做出新的重大部署，充分体现了党中央坚定不移推进全面从严治党的坚强决心和历史担当，体现了全党的共同心声。全会正式提出“以习近平同志为核心的党中央”，反映了全党全军全国各族人民的共同心愿，对全党团结一心、不忘初心、继续前进，对保证党和国家兴旺发达、长治久安具有十分重大而深远的意义。希望上海市公共关系协会及其广大会员，要认真学习领会、坚决贯彻落实全会精神，更加紧密地团结在以习近平同志为核心的党中央周围，在思想上政治上行动上与以习近平同志为核心的党中央保持高度一致，凝心聚力，促进发展，为上海当好全国改革开放排头兵，创新发展先行者，为实现两个一百年奋斗目标和中华民族伟大复兴“中国梦”做出积极贡献。

要进一步凝聚社会力量，形成发展合力，促进公共关系事业繁荣发展。公共关系事业，是在我国改革开放进程中逐渐被人们认识接受并不断得到发展的。公共关系事业的发展，离不开社会各界的关心支持，离不开各类社会组织的广泛参与。要着眼于促进上海公共关系事业的繁荣发展，不断加强公共关系项目的推进力度，以项目为纽带，团结联系更多的社会组织、企事业单位和公共关系从业人员，增进相互沟通和有效合作，在改革创新、攻坚克难、维护社会稳定、促进社会和谐中发挥优势作用。

随着新媒体、自媒体的迅速发展，公共关系事业发展面临新问题新挑战，也面临着新的发展机遇。公共关系协会要主动适应新变化、应对新挑战，重视和探索运用互联网技术开展工作，不断创新工作方法，拓展工作手段，丰富工作内涵。

要在发展公共关系事业中，巩固壮大爱国统一战线。公共关系协会是联系、团结、协调各种公关组织、企事业单位和其他社会机构，促进组织与社会及公众之间相互沟通和有效合作，推进公关事业发展的重要社会组织。发展公共关系事业，对于进一步坚持改革开放、促进社会建设和社会管理、开展民间对外交流交往、巩固发展爱国统一战线具有十分重要意义。因此，在推进公共关系事业发展中，在为国家和上海的中心大局做贡献过程中，要把更多的社会力量、专业人士广泛团结起来，把一切可以调动的积极因素调动起来。如果把这些工作做好，我们整个事业的发展就一定能注入更多的正能量，工作一定能做得更出色。希望上海市公共关系协会在过去30年工作的基础上，继续发挥好、运用好自身资源优势，践行统一战线大团结大联合主题，加强与国内外和社会各界的广泛交流合作，争取人心，汇聚力量，为“一国两制”的实施，为和平统一大业的早日实现，为海内外中华儿女大团结不断做出新贡献。

要进一步加强自身建设，增强代表性、凝聚力和影响力。希望上海市公共关系协会主动适应新形势、新任务、新要求，进一步加强自身建设，提高综合素质，努力探索适合中国特色、上海特点、时代特征的公共关系事业发展道路，不断健全协会组织，完善协会制度，规范协会工作，积极倡导和引领公共关系行业健康有序发展。要积极开拓创新，通过创造性的工作方式与活动平台，充分发挥每一位理事和会员的作用，增强协会的代表性、凝聚力和影响力，把上海的公共关系事业发展水平提升到一个新高度。

我们坚信，在上海进一步改革开放，进一步走向国际化的征程中，在实现“中国梦”的伟大征程中，上海市公共关系协会一定能有一番更大的作为，上海公共关系事业的明天也一定会更加美好！

沙海林

中共上海市委常委、统战部长

2017年2月

序　言

斗转星移，时光如梭。

上海的公共关系事业已经走过了三十年的历程。

上海市公共关系协会也迎来了成立三十年华诞。

这三十年，是上海市公共关系协会和上海公共关系事业同步诞生、一起成长和共同发展的三十年，也是不断创新、成绩斐然的三十年。

《上海公共关系三十年》这本书稿，就以文献综述和实例分析的形式，记载了这三十年的风风雨雨。

我们犹然记得，三十年前，国门刚刚打开不久，在国人的思想还没有完全解放，许多人还完全不知道“公共关系”究竟是何物的时候，是上海，率先成立了中国内地省市级的公共关系协会。在当时，这是需要有一份敢为天下先的眼光和勇气的。所以，在上海公共关系发展史上，乃至在中国公共关系发展史上，毛经权先生的名字都应该永远被大家记住——没有他1986年在《文汇报》上发表的题为《发展社会主义公共关系学》的署名文章，没有他以时任中共上海市委常委、统战部长这一身份，争取高层领导的支持，并聚集起一大批热心这一新兴事业领域的高校学者和企事业界精英，上海市公共关系协会不可能那么快地宣告成立，上海公共关系事业的起步也不可能那么顺畅，不可能立即引起众多社会人士的关注和重视。回顾这段往事，令人感触尤深。

我们同样难忘，这三十年来，为了上海公共关系事业的持续发展，前前后后，多少有志之士，团结在上海市公共关系协会的周围，倾心投入，无怨无悔；多少机构单位，在上海市公共关系协会的引领下，出资出力，热情参与。因为他们认识到，大步走向世界的中国，尤其是作为改革开放前沿阵地的上海，无论政府、企业还是其他社会组织，都需要学习公共关系理论，拓展公共关系实践，打造自身良好的形象，巩固和发展与社会公众的和睦合作关系。这是一项伟大的带有开创性的事业，是一项值得为之做出奉献的事业。尤其是近年来，无论是在公共关系实务、公共关系研究、公共关系教育，还是在上海市公共关系协会的日常运作上，许多人士兢兢业业，埋头耕耘，任劳任怨，不计回报，做了很多工作，取得很大成绩。上海公共关系事业能有今天这样欣欣向荣的局面，是和他们的智慧、心血和努力分不开的。对此，不能不表示由衷的钦佩和感激。

我们深感欣慰，历三十年之风风雨雨，上海的公共关系事业一直在持续而健康地发展，已取得了一系列令人瞩目的成就：公共关系知识广泛普及，公共关系意识深入人心；上海的各级政府部门对公共关系事务日益重视，正着力打造良好的政府形象，营造和睦的公众关系，并逐步完善危机管理机制；上海的中外企业公共关系工作早已蔚然成风，在企业和品牌形象的塑造上不断增加投入，并有所创新，有所突破；上海公共关系行业已经初成气候，专业机构已有近两百家，在公共关系咨询服务市场上正发挥着越来越大的作用；上海公共关系教育俨然已经走在全国前列，形成了比较完整的体系，并培养出了一批又一批的优秀专业人才；上海公共关系国际交流机制也已初步形成，通过“请进来”和“走出去”等多种形式，已和国外很多机构达成了合作协议；上海市公共关系协会作为上海公共关系事业的坚实平台，机制也不断完善，活力更日益显现。如此等等，不一而足。所有这一切，在三十年前，是完全无法想象的。

我们不忘初心，尤其是在上海市公共关系协会的运作上，一直牢牢把握大方向，始终坚持为党的中心任务服务，为上海市的经济建设和城市形象建设服务。在市委统战部的关心指导下，协会注意发挥自身在上海公共关系事业上的引领、指导和协调作用，凝聚了一大批有志于公共关系事业的热心人士，做了许多工作。2012 年协会领导班子换届后，面对互联网时代快速变化的新形势，新班子在前任领导打下的扎实的基础上，开拓创新，锐意进取，更加注重工作的前瞻性，更加注重协会的自身影响力、公众号召力和内外互动力，又取得了一系列新的成果。其中，以“大数据时代下的都市形象与公共关系”为主题的 2014 上海公共关系国际高峰论坛，以“互联网时代的公共安全与危机管理”为主题的 2016 上海公共关系国际高峰论坛，更因议题的前瞻性，现实的针对性，参与的广泛性，嘉宾的权威性，赢得了上海市政府、中外企业和各界人士的高度赞赏。可以说，在贴近时势热点，配合政府工作，更好地发挥公共关系在上海城市建设和发展中的作用这一方面，协会确实又迈上了一个新的台阶。

我们也应承认，上海的公共关系事业毕竟只走过了三十年的历程，真正的发展起来还是这十几年间的事，所以，尽管进步显著，硕果累累，许多方面仍然还存在着这样或那样的不足。尤其是在社会快速变化和发展的互联网时代，如何在上海城市形象建设和推展方面发挥公共关系职能的更大作用，如何更好地推进和规范企事业单位的公共关系实践，如何提升公共关系行业的核心竞争力和实际运作水准，如何加强上海地区的公共关系前沿理论的研究和探讨，如何加速培养高层次的公共关系专业人才，如何深化与国外专业机构在公共关系咨询、培训等方面的合作，诸如这些方面，都还需要进一步努力，都还有许多工作可以做。行百里者半九十，任何人都没有任何理由自满和懈怠。

我们展望未来，前景灿烂似火。在以习近平总书记为核心的党中央的领导下，在市委市政府的统一规划和部署下，上海坚持当好全国改革开放的排头兵，创新发展的先行者，贯彻创新、协调、绿色、开放、共享的发展理念，建设“四个中心”，正在向综合性的全球城市迈进的大道上疾步快跑。在这一进程中，公共关系事业大有可为，公共关系从业人士大有用武之地。只要大家努力，我们完全可以描绘出更加绚丽多彩的图画，谱写出更加慷慨激昂的乐曲。我希望，若干年后，当上海按照中央的战略定位，如期实现宏大目标，跻身全球城市之列时，上海公共关系界的同行们可以无愧地说，我们也曾经为这一宏图添加过一砖一瓦。

古人有语：三十而立。但在今天的人们看来，而立之年，正是人生拼搏的新起点。总之，三十年的历史已经成为过去，新的征程等待我们跃马扬鞭。就让我们站在这新的起点上，开拓创新，不断进取，张开双臂，去迎接上海公共关系事业更加灿烂辉煌的明天吧！

是为序。

胡 炜

上海市公共关系协会会长

2016 年 12 月 30 日

目　录

第一部分：中文部分

第 1 章　上海公共关系三十年发展概述

上海历来就是中国经济发达、社会组织众多、人口结构复杂的大都市，很多新生事物诞生并成长于这里，“公共关系”也不例外。从 1986 年 10 月，上海市公共关系协会在上海成立算起，上海公关已经走过了整整三十年的时间。三十年来，上海公关走过了一段从无到有，从弱到强，从不自觉到自觉，从分散发展到逐步规范，从曲解到理解的历程。

本章主要从整体上回顾了三十年来上海市政府公关、国际公关、企业公关与品牌、专业公关公司、公关学术、公关教育以及上海公关协会等 7 个方面发展的基本情况、发展特点、影响及未来趋势。

1.1　发展回顾

上海作为中国公关发展最早，影响力最大，发展势头最好的几个城市之一，在很多方面起到了一定的引领作用。例如，上海率先成立了省市级公共关系协会，上海市人民政府也是率先建立专业新闻发言人制度的地方政府。

追溯上海公关发展走过的三十年历程，主要脉络如下：

三十年来，上海公关界为公关从概念到实践，从误解到明晰，从浅表到本质的研究与实践起到了较大的推动作用，上海民众和组织的公关意识得到普及和提高。

三十年来，包含博士、硕士、学士、大专、职教、自考、短训、资格考试的公共关系教育体系已初步形成，应运而生的公共关系专著、译著、教材、丛书、杂志与工具书层出不穷。

三十年来，在上海运营的国际、本土专业公关公司相互促进、共同成长，上海公关队伍在不断扩大，并深入到各行各业。

三十年来，以上海世博会、国际大型会议等大型赛事、活动为标志的政府公关得到日益的重视，上海公关的成功案例业已成为我国公关界的关注焦点。

三十年来，上海公关组织、研究机构中相继成立，与国内外同行交流频繁、层次广泛。

1.1.1 上海市政府公关三十年概要

上海公关事业产生，首先得益于上海市公共关系协会的努力。从20世纪80年代初起，上海公关即在上海落地生根，起初主要与党和政府的统一战线等工作相联系。之后，上海市政府公关的领域不断拓宽，政府公关的作用也愈发明显。在上海市政府公关三十年的历程中，作为直辖市和国家经济中心城市，上海市政府在重特大公共关系事件、项目上的处理方式和方法，也成为各地方政府可资借鉴的宝贵资源。

三十年来，上海市政府公关工作随着政府职能转变和全面深化改革得以层层推进。其中，如宣告浦东开放、承办APEC峰会和亚信峰会、举办世博会、创设上海国际电影节、开展上海市市长国际企业家咨询会议、建立上海市政府新闻发言人制度等，在全国以及世界范围内都产生了积极影响。

在大型危机处理方面，上海市政府也较为熟练运用了公关方法妥善解决了“非典”、外滩踩踏、静安大火、钓鱼执法、袭警案以及涉及城市开发和动迁等社会关注度高的事件。在突发事件发生和处理过程中，充分体现了上海市政府在危机管理方面做得扎实、化解危机的能力突出。

1.1.2 上海国际公关三十年概要

上海地处东亚地理中心和西太平洋的东亚航线要冲，长期的“华洋杂居”，使上海成为海派文化的代表。在中国所有城市中，上海最明显的一个特点就是国际化程度高。这一特点，使得上海在国际公关方面务必要有较强的能力，上海也是中国政府在处理国际公关事务方面的前沿阵地。

上海国际公关的前15年属于起步阶段。1984年，上海成为全国第一批沿海开放城市之一。1990年，中央政府决定开发开放浦东，众多的国际组织和企业开始在浦东落户，纷纷成立办事处，有的甚至把总部都搬到浦东。这些条件使上海国际公关工作起步较早、起点较高。

后15年，中国加入世贸组织（WTO）、2002年上海申博成功等重大事件，进一步增强了上海对国际公关的需求，上海国际公关在这些事件中取得了重大的成果。2010年上海世博会的成功举办，大大提升了上海的国际形象，也吸引了更多外资进入上海。2011年，中共上海市九届十六次全会通过了《到2020年将上海建成国际文化大都市》的决议，这对全面提升上海的国际地位和影响力具有重大意义。三十年来，在上海举办的国际公关活动无论在数量上还是质量上都有长足发展，使上海的国际公关队伍得到了前所未有的锻炼和成长。

1.1.3　上海企业公关与品牌三十年概要

上海作为全国的经济中心，诞生了很多知名的企业和品牌。除此之外，还有在上海设立分公司的大量本土企业及外资企业。

三十年来，上海的企业公关与品牌方面取得的成功经验对全国其他地域企业公关和品牌产生了重要的借鉴作用。经过三十年的稳步发展，上海企业普遍成立了专门公关职能或者有公关职能的部门。企业的品牌形象意识、社会责任意识、媒体传播意识、危机管理意识等公关意识，逐渐进入了各种形式的企业实体，人们开始重视运用公共关系的手段来加强对企业的公众舆论管理，塑造品牌形象。在企业中，承担公关或者品牌建设的部门尽管名称各异，如公关宣传部、公关营销部，公关策划部、公关发展部、品牌部、品牌形象部等，但功能大同小异，都不同程度地发挥着公共关系的功能。

上海的很多宾馆、酒店在 20 世纪 90 年代就纷纷设计公关经理一职，加强与客户的关系管理与维护。1994 年，上海家化开始全面导入 CIS，在全国起到了一定的引领作用，推动上海的品牌形象建设进程。2007 年 11 月，上海市率先发布实施了《上海市加快自主品牌建设专项资金管理暂行办法》，由上海市政府设立专项资金重点支持企业开展自主品牌建设，支持中华老字号企业发展以及发展品牌建设的公共服务项目等。这表明政府部门对品牌建设的重视，很好地协助了上海企业的品牌塑造，在某种程度上推动了企业公关能力的提升。

上海在全国属于较早利用新媒体作为传播渠道进行企业公关的区域之一。以 2010 年上海世博会为例，各家企业乘势进行网络上的宣传，相关的自媒体推送达到了盛况空前。随着环境日益复杂、科技不断发展、通信技术渐趋成熟、大众传播媒体的推波助澜以及公众消费意识的苏醒，上海企业纷纷意识到新媒体对企业公关与品牌的重要意义。如今，企业公关在媒体发布上已从传统媒体时代进入互联网时代。互联网媒体的受众，则横跨各年龄层次，具有极强传播性，通过互联网媒体所实现的传播，往往能够以四两而拨千斤。这也会成为上海的企业公关与品牌方面未来一段时间内必须要努力践行的议题。

1.1.4　上海公关公司三十年概要

三十年来，上海的公关公司走过了从外资进入，再到本土公关公司崛起和扩展的道路。

从全国范围来看，爱德曼、伟达公关等公司率先在中国设立了办事处。之后，博雅公关与中国新闻发展公司联手成立了中国环球公关公司。随后，其他各大公关公司纷纷效仿进驻中国，其中上海是这些公关公司首选的站点之一。

在外资公关公司的带动下，名目繁多的本土公关公司开始在上海这片沃土上开始乘风启航。其中，1999 年成立的哲基公关公司和 2000 年成立的上海视点公关公司是最具代表性的上海本土公关公司。三十年来，上海的公关公司年营业额及行业规模成倍增长，以上海为中心的几大区域市场正在形成。上海的公关公司发展到现在，主要业务集中在传播、媒体执行、咨询顾问、活动传播代理和整合传播营销等方面。

经过三十年来的发展，目前几乎所有的国际公关公司都在上海设立了办事处，并逐渐发展成为上海分部，以良好的业绩和发展趋势与其他地区分公司分庭抗礼。而中国本土的公关公司也纷纷建立上海分公司。这些上海分公司或者上海本土公关公司在市场上表现优异，有的甚至成为能与国际一流公关公司相抗衡的行业翘楚。

1.1.5　上海公关学术三十年概要

20 世纪 80 年代初随着改革开放传入中国。深圳以最前沿的位置，公共关系与企业结合，首先获得一定的发展。上海在这个时间，一方面学习深圳经验，另一方面上海一批学者开始通过翻译引介公关概念。例如，吴友富教授等较早翻译和编写了《公共关系与实践》《媒体公关 12 法则》等书籍，介绍和引进美国公共关系知识和理论。

在公关起步阶段，上海公关人士编写的大量教材，对普及公关原理起到了重要的作用。这包括毛经权《公共关系学》、居延安《公共关系学》、潘肖珏《公关语言艺术》、吴友富《现代管理与公共关系》、张云《公关心理学》等出版的教材。本阶段的论文主要在集中介绍国外公关理论以及探讨公关在社会主义现代化建设中所发挥的作用。

之后，出现了诸如上海交通大学余明阳教授的《公共关系学》、上海外国语大学范徽教授的《第三代 CI：企业形象的战略管理》、上海师范大学叶茂康教授的《公共关系写作教程》、纪华强《公共关系基本原理与实务》、孟建《医院形象与危机公关》等著作。研究论文不仅探讨"大公关"理论和公关学科定位等问题，而且涉及政府公关、党组织公关、危机公关以及医院管理公关等专业公关实践。在此期间，由上海市公关协会或高校主办或承办公共关系国际论坛、中外公关专家对话、公关峰会等先后召开。近年来，上海的公关论文研究议题趋于多样化，既探讨强力公关、受众研究、公关效果评估、公共关系伦理等理论，也拓展至体育公关、海关公关、展会公关等。

在研究机构方面，东华大学城市形象研究所、复旦大学国际公共关系研究中心、上海外国语大学公共关系研究中心、华东师范大学品牌文化与公共关系研究中心、上海海关学院海关公共关系研究中心、上海市公共关系研究院等公共关系研究机构先后成立。

1.1.6　上海公关教育三十年概要

上海公关教育三十年，走过了从普及性讲座、短期培训，到博士、硕士、学士、大专、自考、培训班等完备的公共关系培养体系。

上海早期的公关教育内容主要是引进海外公关教育课程，如复旦大学和上海外国语大学开设的公共关系课程均是如此。20 世纪 80 年代末—90 年代初，中国大陆兴起了企业形象塑造的 CI 潮，这在一定程度上带动了上海公共关系教育的热潮。作为企业众多的上海对公关的需求开始突然增多，各大高校争相设立公关专业、方向、必修及选修课程，走过了一段公关热的发展道路。之后，上海的公关教育逐渐步入理性发展，开始规范公关教育的方方面面。这个时间，公关类课程开始在上海很多学校的新闻传播、管理、人文等学院，以及公共管理、旅游、文秘等专业均有涉及，上海不少高校还将公关课程列为全校通识选修课。1998 年，上海外国语大学首先在高层次人才培养上引入公关教育，即在企业管理硕士点设立"企业形象与公共关系"研究方向。

2000 年以后，上海对公关人才的需求不断增长，上海的公关教育进入快速发展时期，不少学校纷纷设立公共关系本科或者专科专业。先后有东华大学、上海师范大学、上海外国语大学、第二工业大学、华东师范大学等获批设立公共关系专业。在高层次人才培养方面，2003 年年底，我国公共关系硕士点率先在复旦大学新闻学院建立。同时，复旦大学也开始在传播学博士点招收公关方向的博士研究生。随后，上海外国语大学在

2005年在国际关系博士点设立“国际公关与传播”研究方向。2006年，上海交通大学开始招收和培养公关方向的博士研究生。

除了高等教育，在社会培训领域，越来越多的应用型短训班不断在上海涌现，早在1987年5月，复旦大学《方法》杂志和闸北业余大学就联合举办了我国第一届公共关系函授班，且面向全国招生，这都在一定程度上满足了当时社会对公关人才的需求。

1.1.7 上海公关协会三十年概要

上海公关的起步和发展与上海公关协会的成立有着非常密切的联系。

1986年秋，时任上海市委常委、市政协副主席的毛经权先生接受《解放日报》记者采访，详细介绍了公共关系的定义、由来、功能以及在经济建设和社会发展中的作用。不久，《文汇报》在头版发表了毛经权先生撰写的《发展社会主义公共关系学》的文章。同年11月，上海市公共关系协会（SPRA）成立，由毛经权先生担任会长，原上海市市长汪道涵先生任名誉会长。协会以“沟通信息、增进理解、加强联系、促进合作”为宗旨，揭开了上海公共关系发展的序幕。

在起步阶段的十年间，上海市公共关系协会注重增进企业与政府部门、媒体机构的联系，联合《解放日报》《文汇报》《新民晚报》以及上海电视台、上海人民广播电台举办了上海市优秀公关工作者评选活动。协会于1992年创办了内刊性质的《上海公关》杂志，并于1993年年底起与上海师范大学合作，以双月刊形式定期出刊。

第二个十年，上海市公共关系协会的主要工作方向在引导上海地区的公关活动向自主化、科学化、规范化的道路发展的同时，也积极推进公共关系学理论研究与实践总结。

进入21世纪以后，协会进入高速发展期，相关活动也逐渐规模化、品牌化。协会举办了大量联系公关界、企业界的咨询座谈会，积极为上海经济建设和社会发展出谋划策。与此同时，协会还坚持举办上海公共关系论坛，致力于传播公共关系理念，推动行业不断发展并形成影响力。协会自2001年开始坚持举办上海市优秀公关案例评选活动，选出优秀案例几百件，众多公关公司、中外知名企业、政府机构以及非政府组织等积极参与评选活动。

2012年年底，协会进行了领导班子换届，协会新的领导班子顺应形势发展，在积极推进各项常规工作的同时，开始了新一轮改革与创新，几年来，协会工作在前瞻性、公众影响力、号召力及互动性上都得到进一步提升。

1.2　上海公共关系三十年发展的主要特点

1.2.1　政府公关在打造上海形象方面积累了丰富的经验

三十年来，上海市政府在公共危机处理方面，妥善解决了“非典”、外滩踩踏、静安大火、钓鱼执法、袭警案以及涉及城市开发和动迁等社会影响面大的突发事件，应急管理和危机公关水平的提升明显。

在 2010 年“11 · 15 上海静安区胶州路火灾”期间，上海市政府危机公关小组已经能够准确预测舆情爆发的第一高点和第二高点及其产生原因，什么样的举措和发布口径能够使得舆情转向等。在外滩踩踏事件面前，上海的政府危机公关做到了尽量将损失最小化，保证社会舆情可控，没有发生次生性危机，并且能够在一个月之内完成整个事件的初步善后处置，出具调查报告和处理相关责任人。横向比较而言，这已经体现出上海市政府危机公关的较高水准。

此次事件之后，上海市于 2015 年 10 月编制完成了《城市大人流风险管理导则》。在研究基础上针对广场、道路重点区域和人流密集场所，建立了完善的大人流协同管理机制，对有组织的活动严格执行审批报备制度，对人群自发性集聚的活动，及时开展风险评估并落实责任主体。从警示信息发布，到各项管理措施的配套和到位，以及社会力量的广泛参与，都使上海市政府危机公关的水平更上台阶。

在公共危机管理中，上海市政府和领导人表现出了较强的驾驭全局、控制局面的能力、较强的公众传播意识和有效的社会协调能力，赢得百姓信任、国际社会的广泛赞誉。无论从危机传播管理，还是从应急管理机制的角度，上海在大型群众性活动的管理上，都积累了经验，取得了一定的成果。

1.2.2　上海国际公关影响力逐步增强

2013 年 4 月，“2012 魅力中国——外籍人才眼中最具吸引力的十大城市”评选揭晓，上海位列第一名，上海也是全国吸纳外籍人口最多的城市之一。同时，上海也是外国元首来华访问首选城市之一，许多国际组织和各国领导人都单独访问过上海。这在客观上需要上海在国际公关中必须有所作为。另外，上海具有海派文化基础，长期的“华洋杂居”也使上海开放包容，较早形成的契约精神，有助于获得国际认同。

上海在引进和举办国际大型活动方面成就突出，不仅数量多、类型广、层次高，而且许多活动属于第一次在中国举办。在这些国际活动举办过程中，有大量的国际公关事务需要处理。三十年来，上海举办的文艺类国际活动主要有国际电影节、上海国际艺术节、国际音乐节等；体育类国际活动主要有东亚运动会、世界中学生运动会、网球大师杯赛、F1 世界锦标赛、世界斯诺克上海大师赛、世界特殊奥林匹克运动会等；会展类国际活动主要有市长国际企业家咨询会议、《财富》全球论坛、亚太经合组织（APEC）会议、陆家嘴论坛、浦江创新论坛、上海世博会等。

1.2.3 上海企业公关与品牌塑造能力突出

经过三十年的发展，上海企业的公关与品牌塑造能力在全国可以说具有很强的引领示范作用。这主要表现在以下几个方面：

一是上海作为中国经济最发达的直辖市，汇聚了大量名优企业与品牌。这些企业本身进行的品牌形象活动、企业社会责任行为及众多的品牌传播行为就天然对其他地区的企业有示范作用。除了上海本地大量的企业外，世界五百强几乎都在上海设有办事处或者分公司。

二是上海市政府对推动上海企业的品牌建设给予了较多的政策支持。例如，早在 2007 年 11 月，上海市就发布实施了《上海市加快自主品牌建设专项资金管理暂行办法》，设立专项资金重点支持企业开展自主品牌建设，支持中华老字号企业发展以及发展品牌建设的公共服务项目等，这对其他地方政府在推进企业品牌方面起到了良好的示范作用。

三是上海企业善于运用新传播手段进行企业公关与品牌塑造。随着时代的发展、媒体技术的进步，企业公关的品牌传播方法和渠道从以往传统的四大媒体向新媒体过渡，呈现多样化发展的态势。上海企业日益重视危机公关的作用，各式各样的传播形式为企业公关助力。

四是上海企业从无到有开始逐步重视企业形象塑造和社会责任的履行。20 世纪 90 年代起，上海企业和品牌纷纷开始全面导入 CIS。上海浦东新区在 2007 年开始由政府推动企业社会责任评价，2008 年，上海发布了企业社会责任标准。

1.2.4　上海专业公关公司发展快速

上海的专业公关公司首先是国际公关公司进入，然后滋生出本土的公关公司，现在形成了本土与外资公司共同发展的局面。经过三十年的发展，目前几乎所有的国际公关公司都在上海设立了办事处，并逐渐发展成为上海分部。上海公共关系行业的规模也随之加速。

整体而言，上海公关公司的员工年龄结构年轻，学历水平较高。媒介关系管理、大型活动管理是上海公关公司最重要的公关服务项目。从行业来看，汽车制造业、日用消费品行业、时尚业、金融业等是上海公关公司最重要的业务。另外，上海的市场经济较为理性和成熟，上海公关公司在拓展发展也相对显得规范和理性，非常注重品牌形象。

1.2.5　上海的公关研究不断取得进展

三十年来，上海的公关学术研究经历了起步、探索和发展三个阶段，从完全介绍国外公关理论，到使用西方公关理论来研究公关实践，再到把公关理论中国化。

在公关研究报告方面，上海外国语大学分别出版了《中国公共关系发展 20 年报告》《中国公共关系发展：2006—2010》《中国公共关系发展：2011—2015》等，定期梳理中国公共关系发展进展，在国内具有良好的影响力。在专著及教材方面，上海高校出版了一系列高质量的教材和注重理论探讨性的深度研究著作，这当中具有代表性的著作包括吴友富教授、纪华强教授、余明阳教授、孟建教授、褚云茂教授、叶茂康教授等人出版的一系列专著，在国内学术界影响较深。在专题性公关研究上，吴友富教授主持“中国国家形象塑造”、纪华强教授先后承担“公共卫生突发事件与大众传媒”课题和教育部“媒介化解社会风险”子课题的研究、孟建教授主持“2008 奥运会：中国对外形象传播战略研究”“中国 2010 上海世博会沟通推介内容研究”、褚云茂教授主持“中国城市可持续发展战略研究”等课题，推动着公关研究朝着更深和更广的层次发展。

1.2.6　上海公共关系专业教育成为国内高地

上海公共关系教育经过三十年的发展，目前形成了包括博士、硕士、学士、大专、自考、培训班的成熟体系。上海市是我国设置公共关系学本科专业最多的城市之一，全国目前有公共关系本科教育院校 21 所，其中上海先后有东华大学、上海师范大学、上海外国语大学、上海第二工业大学、华东师范大学5所高校设置公共关系学本科专业，占到全国的近1/4。在硕士点方面，目前全国一共有两个独立设置的“公共关系学”硕士点，其中一个就在上海外国语大学。全国设置公共关系博士方向的高校一共有5所，而上海就占到2所（复旦大学、上海外国语大学），并率先在全国招生。上海外国语大学还设立了“中国公共关系发展专业资料室”，该资料室汇集了国内外各类公共关系报纸、杂志与书籍，是目前国内公共关系资料最为齐全的资料中心之一。上海的公关界还率先开展了公共关系职业资格的国际认证、公共关系从业人员的本土实训。

1.2.7 上海市公共关系协会在全国地方公关协会中独树一帜

上海市公关协会成立三十年来，定期或不定期地组织企业间、企业与政府间、企业与媒体间的互相交流活动，举办各类经济政策或行业导向等法规、政策方面的研讨会等，邀请海内外知名人士探讨市场与公关方面的热门话题，坚持举办两年一届的上海公共关系论坛，推动行业不断发展并形成影响力。

三十年来，上海市公共关系协会前后经历两任会长，主要领导一直比较稳定。两任会长都有在市级领导机关长期工作的经验，既熟悉公共关系，又有相当高的政治和政策水准，站得高、看得远、把得准，这就保证了协会政治上的正确性和工作上的前瞻性。上海市公安局是上海市级政府部门中最早设立公共关系处的，这其中协会就起到了非常重要的作用，协会还派出了若干专家学者，分别为市区两级公安系统科长以上干部进行公共关系方面的培训，提供咨询意见。

近年来，协会设立“上海高校公共关系学专业奖学金”，更是对上海高校公共关系学专业建设和人才培养的有力支持。其支持力度，在全国应该是独一无二的。上海市公共关系协会为公共关系行业的规范化建设也起到了很好的推动作用。在上海市公共关系协会举办的2010年国际上海公共关系高峰论坛上，由12家国际和本土的公关公司联合提出了有关公关行业行为准则的《公关行业行为公约》的倡议，得到了公关业界和同仁们的积极响应。

三十年来，协会在内外交流尤其是国际交流方面发挥了重要作用。协会一直注意与美国、英国等国家的公共关系协会和专业机构的联系和交流，并和其中不少协会和机构签订了合作备忘录。此外，协会还和国际商业传播人员协会（简称IABC）合作在上海合作开展国际专业资格认证。

1.3 上海公共关系未来发展的主要趋势

1.3.1 进一步丰富手段，为提升政府形象贡献力量

三十年来，尤其是近十多年来，在上海市举办的大型活动中拉开主动、全方位展现城市、政府形象的序幕。但也有一些大型活动采取的是简单重复的宣示式传播。简单靠宏大式的说教宣传，容易造成审美疲劳。此外，制造这种“高调”与“轰动”需要大量投资，由政府承担不仅长期难以为继，而且对建构正面的政府形象不利。

未来上海市公关界应该利用好国际化程度高这一点优势，以“小故事、大情怀”为出发点，辅助国家构建形象。今后的城市形象构建，政府层面应该发动社会的力量，变政府主导为政府引导，形成政府与企业联手、各社会组织积极参与的常态化发展阶段。政府主导下的城市形象传播应该常规化，而不仅仅只是围绕赛事，要包含在新闻传播、文化交流、商贸往来、民间交往等各个领域，全方位、更深层次地展现、构建上海城市形象。上海市政府和上海公关界相比其他区域而言，应该更加积极主动地塑造一个蓬勃发展、运行良好且勇于担当责任的大城市形象，更加注重城市软实力的展示。

1.3.2 为“走出去”国家战略提供公关支持

公共关系作为一种重要的传播战略管理手段，在全球经济一体化大环境下，其作用日益增强。一个城市、国家必须通过国际间的沟通对话，通过全球性、跨文化的传播沟通去形成共识。上海作为国家“走出去”战略实施的重要窗口，急需一批能承担指导企业“走出去”战略的公关咨询、代理公司。

过去三十年，上海的公关公司、各类组织的公关部门在专业水准上已获得国内、国际社会的广泛认同，越来越多的公司开始具备与国际公关公司相抗衡的能力。上海本土公关公司也可以借推动企业实施“走出去”战略，使自身迅速成长为真正的国际型跨国公司。

上海本土公关公司在助力国家“走出去”战略过程中，可以通过并购、联合、合作等发展策略，迅速壮大走强，拓展海外市场。这些公关公

司要充分利用好自身关系优势、传播优势、文化优势等为本土企业牵线搭桥，开疆辟土，优化环境，保驾护航。

1.3.3 公共卫生与安全、诚信与社会责任等仍是上海公共关系的重要议题

在过去三十年，尤其是近十来年，上海不论是政府还是企业的危机管理都经受了巨大考验，但造成危机频发的更深层社会问题还没有得到真正的解决。危机频发也将是未来上海社会发展的基本特征之一，危机管理也将继续成为是上海公关的重要职能之一。

未来上海公共关系长期必须面对的危机问题，仍然是目前尚待解决的公共卫生与安全引发的危机问题以及诚信与社会责任缺失引发的问题。未来对这两类危机的处置管理的状态，将成为衡量上海公共关系危机管理水平最重要指标。上海公关界必须要认识到要攻克这两类社会危机管理的困难，建立完善的相应的社会危机管理机制。

1.3.4 公众新闻与自媒体将成为主要公关信息传播源

未来人类社会的信息传播生态将发生巨大变化，将步入一个所谓的“公众新闻”与“自媒体”的时代，将带来社会信息传播“控制权”、社会“话语权”的根本性改变。公众新闻、自媒体时代的社会组织公众关系管理已不再是仅仅是公关人嘴上的“话题”，而成为实实在在摆在上海的政府公关、企业公关、组织公关面前的社会现实。这种变化趋势，将促使公共关系在社会组织管理中的作用、地位进一步加强与提升；将促使网络新媒体传播管理成为组织、企业公共关系管理工作中最普遍、最重要的职能之一；将促使基于网络的人际沟通成为公共关系最重要沟通方式。人际的沟通魅力，特别是通过网络的人际沟通水平与传播能力，也将成为争夺眼球，争夺话语权的最关键的因素。

上海作为全国众多“信息”的发源地，城市整体承担着一个类似“城市意见领袖”的作用，其发声方式和内容都影响着整个社会的舆论导向。因此，上海公关界面对大众新闻和自媒体，要准确把握好话语权，才能正确引导社会的舆论导向，培养健康积极的社会风气。

1.3.5 自媒体、大数据等将成为上海公共关系研究的重要内容

未来上海在公共关系研究领域，除了将继续保持对国家、政府、城市

品牌形象、企业品牌等问题，以及对危机管理问题，特别对解决公共卫生与安全、诚信与社会责任引发危机等保持关注之外，对大数据、人工智能、自媒体、公众新闻与公共关系的结合研究，将成为新的研究热点问题。随着移动互联网、大数据时代的到来，现代组织已越来越认识到数据、现代传媒新技术对公共关系传播的重要意义，这些新技术将完成对公共关系传播沟通管理的方法和手段的调整和更新。

另外，上海公关理论界也开始关注对公关的一些基础理论问题的重新研究。

1.3.6　上海公共关系市场将更进一步国际化

上海是中国国际化程度最高的城市之一，“走出去”与“走进来”的现象都特别明显。这包含两方面的含义：一方面，更多的国际公关公司随上海经济与开放程度进一步加大将继续跟进中国市场；另一方面，上海的中资公关公司将不断壮大发展，业务趋于国际化。

因此，上海公关公司中的合资式企业在未来的比例将会越来越大，其服务对象也将从服务本土企业转向服务全球企业。不管是纯中资公关公司，还是合资公关公司，其外资客户比例都会提高，越来越多的世界跨国公司公共关系业务将转入中资公关公司名下。同时，上海公关公司在未来也将与一些外资公关公司联手，更多地带动国内企业走向世界，创国际品牌，打开国际市场。

1.3.7　公关咨询业务将会迎来发展机会

随着上海公共关系市场与国际市场的不断接轨，市场运作的游戏规则将更加健全规范。专业服务将进一步细分，专业服务更加到位。一些上海本土的公关公司将从简单项目执行，发展到向高层次整合策划和顾问咨询方面转变。

专业化的公关公司将备受各级组织青睐，他们将给政府和现代企业带来更为详尽到位的全方位服务。人们就像离不开法律顾问一样，也会逐渐离不开公关公司，由此而生的公关咨询业将成为公共关系行业的新的增长点，公关咨询业表现出来的强劲的智力资本价值将得到社会的广泛尊重和高度重视。

1.4　专题研究：上海市公共关系协会会长胡炜采访录①

问：请胡会长给我们简单回顾一下上海公共关系事业三十年的发展历程。

胡会长：公共关系在上海一晃就过去了三十年的时间。可以认为，1986—2000年是起步阶段，2000—2012年是发展阶段，那么2012年以后到现在是创新阶段。公共关系作为一个舶来品，这三十年正好是在中国启蒙普及推广发展，探索的阶段。不讲其他的部分，回想企业管理，在20世纪80年代末的时候，中国的企业管理还未成型。我们那时还需要到大学里学习。企业管理没有现成的教材，都是老师自己东凑一点西凑一点凑起来的。现在的企业管理，很多资料都非常丰富了。而我们公共关系作为一个学科，实际上也经历了这个阶段。所以作为起步阶段，我是认为在中国，公共关系是紧密跟着市场经济，跟着国际的一体化、全球化进程迅速发展的。越是封闭的社会，对公共关系的需求越少。公共关系是现代社会、现代文明的重要组成部分。中国公共关系最早发端的城市之一在上海，是具有其社会大背景的。北京是政治中心，而上海是中国的经济中心，公共关系一定是要发源于经济中心。可以说中国的公关，上海的公关（历史上），毛经权先生应当被记住，1986年其撰写了名为《发展社会主义公共关系学》的署名文章。当时能够写这篇文章，是具有远见卓识的。与此同时，他还主编了《公共关系学》，这是作为理论基础的。一个组织，一定是要"理论先行，思想支持"，这一点很重要。毛经权先生在1985年，成立了海外联谊会。这个海外联谊会也是上海首创的，在我们成立了海外联谊会以后，北京等地才成立海外联谊会。这是符合了中国以崭新姿态融入社会、融入世界的面貌，也是一种创新。另外，还有一个组织是老年基金会，那时还是人口红利时，现在老龄化问题已经成为社会问题了。想不到三十年以后，我们"未富先老"，老年问题也成为我们需要重视的问题。所以，上海有很多在不经意中开风气之先，引领发展。当然，也有些活动，我记得还比较清楚的是"上海建城700周年"。当时，我是在区里负责相关工作的。当时探讨上海由渔村发展成大都市的过程，上海有700年的历史。比如"北京—上海永久自行车拉力赛"，首届公共

① 由课题组访谈整理而成。

关系工作者的评选等活动，这些事情虽然传播的范围不是很广，但是播下了成功的种子。

我在开始的部分就提到，公共关系一定是在经济、社会最活跃的时候，一定是紧跟形势的，不是一种简单的行业协会。行业协会很多都是有固定的范围的。比如说，汽车行业协会，这就是一种产业。而我们这种是社会关系学很重要的一部分，一定是跟经济、跟大事件、跟大背景紧密结合的。其一，由于浦东的开发，世界“500 强”首先在上海设立总部。这件事情上，我是跟他们沟通最多的。这其中很多的活动策划，与政府的关系，与社会的关系，与企业的关系（是我们在其中协调的）。他们首先是设立公关部的，主要是对品牌的建设、政府关系、媒体的传播、消费者与突发事件危机的处理等，以公共关系熟练的手法来处理。所以上海在这个方面看到了一些新的运行方式。它既是在社会改革浪潮中推动了经济发展，也促进了社会形态发展。同时，在上海本土的公关公司，如哲基、埃特、视点等逐渐形成了规模。当然这些是逐步发展的过程。在这个过程中，我们的公关协会除了早期的传播知识和引领以外，还开设了一系列卓有成效的活动。比如说我们两年一届的优秀公关案例评选。这个评选活动，我认为是开创性的。我们的公关协会自始至终都是在不断地创新的，因此，我们的协会是很有生命力的。同时，1993 年上海师范大学在上海高校中首创公关专业。这件事应当说也是开创性的、探索性的。然后，我们在 20 世纪 90 年代创立《上海公关》杂志（一共做了 36 期，每期 3000 ~ 5000本，内容分为普及知识、探索理论、介绍案例等几个部分），得到了社会各界的好评，也被上海图书馆以及各个大学的图书馆收藏。这几个闪亮的事件，实际上应当在发展史上有一定意义。1986—2000 年，这个阶段是起步阶段，是启蒙，是知识的普及，是力量的积累和人才的培养。应该说对社会大事件的影响还是有限，还不是一股举足轻重的力量。但是，协会在此时表现出强大的生命力，为后面的发展创造了条件。

第二个阶段，我觉得是发展时期（2001—2012 年）。我们在前面有提到，协会的是在世界现代化改革发展的重大进程中汲取力量，把握机遇的。这个阶段开始的大背景有几个方面：第一个就是加入了世贸组织。我记得当时在讨论这个问题时，就提到我们保税区还能发挥什么作用。我认为当时有些观点是不正确的。保税区在全球有 500 多个，而其中有很多是在发达国家和关税特别区。加入世贸组织以后，第一个重点就是，按照世界的规则来规范我们的经济社会活动。虽然我们是强调中国特色、上海特点、时代特征。但是大的规则是市场经济。第二个重点就是“申世”。2000年以后，更开放更透明，是以普遍认可的经济发展的规则和社会事件处理方式来对待的。这个大背景为我们上海的公关事业的大发展提供了机遇、背景和力量。

比如当时申办世博会，那时我们是全体总动员。我们组团到世界87个国家去宣传上海，而且都是以国家的名义。组织海外媒体宣传，处处闪动着现代公关的意识。从政府行为上来看，在申办世博会的过程中，我们组织世博会知识竞赛，在其过程中，包括专业的公关公司和协会都发挥了重要的作用。在世博场馆中，我们看到公关公司的参与度是非常非常广的。所以这个时期给了我们机遇，给了我们舞台。尤其可喜的是，政府的公关意识在这个阶段是有所提高的。我们协会的公关案例的评选得到了政府的支持，如浦东开发开放十年回顾展、杨浦的阳光六公开等，这些后来都得到了金奖。政府也把很多对外宣传和推介，通过招投标的方式，让公关公司参与。所以截至2012年，上海的专业公关公司有200多家，而且知名度高的有几十家。世博会2002年申办成功到2010年的成功举办，这段时间成功地打造了上海的城市形象。我们上海现在提出的是国际城市、全球城市，很关键的就是由那时而来的。而且我们现在的世界“500强”企业已经融入了上海。不仅是经济，我们的社会活动也更加通过我们的公关协会、公关公司，通过我们的社会公关理念（来传播出去）。比如说，“蓝天下的挚爱”活动，以及由老年基金会组织的重阳节全天大放送活动，宣传社会的关爱和爱心，成为常年的有序的公关活动，塑造了有极好的社会形象。所以说，公共关系从经济、社会、教育的角度（都起到了作用）。提到教育，我们全国有21所高校设立了公共关系专业，我们上海占了5所，包括我们上海外国语大学设立的公共关系博士方向，华师大公共关系的硕士方向等，所以上海已经成为全国公共关系教育的重镇，而且这些人的培养也成了上海公共关系行业发展的“主力军”。

从2001年开始起，我们的活动就更加丰富了。从两年一届的上海优秀案例评选，到各种国际关系论坛的研讨会，而且有几个都是非常出名的。如经济全球化时代的公共关系论坛、上海国际公共关系峰会、中外公关业合作交流论坛、公共危机管理的现状和未来等。这些组织的论坛和研讨会，在全国的公关界中，我们也是走在前面的。

第三个重点，就是我们上海公关新星的评选，迎接2010年世博会的活动。这是跟上海市团市委、世博会合作的活动，从2004年、2006年及

2009 年，办了三届，大赛定位高，创意新，起到了很好的宣传效果，是成功的探索创新的案例。

第三个阶段，就是创新时期（2013 年至今）。创新时期，如果前面所提到的，我们每个发展都有很强的时代印记。而这个时代的烙印就是互联网时代的成熟和发展。例如，微信用户现在一下子增长到 8 亿人。我们现在出国发现有些地方手机 3G 覆盖不到，但是在国内 4G 网络在普及，5G 在筹备中。可以说，随着大数据的广泛应用，中国社会已经进入新媒体和大数据时代。在这样的时代，公共关系面临创新、转型时期，这既是机遇更是挑战。2012 年年底，我们协会换届。协会经过换届后，我们凝聚了更多的精英。换届过程中，我们有一个很明确的观点，即“协会不是政府组织，完全是你想来，你要来，我们是一个高度自愿的组织，要热爱这个组织才有动力和生命力”。这是一个方针，不是赶时髦。所以我们一开始进行了整顿。社会现在有需求，我们应该能做好这一点，所以现在的协会副会长单位都是有一定热情和实力的。如浦发银行行长、迪士尼的董事长、绿地的董事长、移动等高层，上海的一些企业集团以及民营企业的老总都是我们的副会长。另外还有一批志同道合、强有力的班子。我们没有压力，也不赚钱，我们是为做一份社会事业找一群志同道合的人在运作。我们成立了执委会，这是一个办事的班子。而公共关系协会是一个将各种资源、各种能力整合起来，形成一种新的智慧、新的理念、新的关系的一种组织。所以我认为我们成功的原因之一是集中了一批志同道合者。一开始我们有毛经权，他是具有领袖风采的领导者。在创新时期，我们集中了一批能人志士，准确地把握时代特点，积极地来探索，特别是适应大数据、互联网时代的公共关系机遇，迎接它的挑战，来创新突破。应该说在这一时期，上海市对于网络监测是非常有效的。比如，“上海发布”、网络舆情，通常上海都是第一名。在其中，协会也起了一定了推动作用。如 2013 年黄浦江死猪事件，我们处理事件透明公开的方式，说明缘由，直面问题，大胆发声，给予澄清。因此，在这个时期，我们具有几个特点：

①注重各项工作的前瞻性。例如，2014 年举办的大数据时代都市形象与公共关系高峰论坛。这个论坛，当时对于大数据的说法大家还不是很重视。所以我们《大数据时代》作者请维克多、联合国副秘书长等出席，讨论既切合时势又高屋建瓴，引起了政府和企业界、社会和国内外公共关系界的重视。我们市政协副主席和经信委主任都参加了活动，而且报纸全程全文刊登。从 2014 年以后，大数据成为整个社会所认同的时代特征。

这一次的发声，实际上既有前瞻性，又有引领作用。又如，2013 年以后协会举办多次高级沙龙。我们的话题总是要带有方向性、趋势性、全局性的特点。比如说与新媒体讨论新媒体的未来，大数据时代如何开展公共关系学以及上海自贸区的运作等。我们邀请了余秋雨来谈《公共关系与中国文化在当代的传承与创新》。秋雨先生说，我小范围讲一下。我跟他说，我们小范围的讲座是群英汇聚，同时我们进行网上直播。这次讲座非常精彩，他把中国文化的特点与当今时代的融合发展传承，以及与公共关系的联系做了很好的介绍。我们的活动不在多，在于精，有影响力，有推动力。

②注重公众的影响力。比如说，我们设立的上海高校公共关系奖学金的评选。这个奖项我们每年提供 30 万元的奖学金。像这样的奖项，社会人士设立的有，但像社会组织设立的高额奖学金，这在国内是创新的。像今年就是现场 PK，周汉民老师之前是大学生辩论的评委，这次也请他做评委，我们希望一届一届办下去，增强社会的覆盖率和社会影响力。

③注重自身的号召力。应该说我们这几年公关协会的工作，更注重社会的关注度、参与度和影响力。因此，我们所办的活动中市四套班子参与度很高。

④注重内外互动交流。协会是一个互动交流的平台。比如最近我们到云南扶贫助学献爱心，云南省省长以及当地市县的领导表示欢迎，我们捐献了 250 万元，捐建了 100 个图书室，把上海人士的关爱和爱心传递出去。在活动中，更加注重群众性和内容丰富、形式的多样。所以这个时期的特点就是创新，并结合新时代国际都市公共关系的特点。实际上，自始至终，我们是在不断创新的。

正如前面所说，起步阶段、发展阶段、创新阶段是这三十年历程的总结吧。

问：这三十年来，上海公关界取得一定的成绩，这些一方面与上海的经济地位有关，另一方面也与协会的率先推动的作用密切相关。下面想请会长就在上海公共关系事业三十年的成就中，上海市公共关系协会发挥的作用做一个简单介绍？

胡会长：第一个作用是探索。开创和引领实际上说的平稳一些就是探索作用。这三十年来，协会发展就是个不断探索的过程，前人没有走过的，我们去探索创新。其他的（学科或行业）已经理论很成熟，只不过是在实践操作而已。而我们是理论在成长，实践在变化。那么在这样的过程中，我们既有理论的创新、实践的探索，而且我们公关协会也起到了一定的引领作用。我特别钦佩毛经权会长的高瞻远瞩。这三十年中，始终有坚定的目标、信念，不忘初心。公共关系协会，我们永远不搞庸俗的公共关系，吃吃喝喝的玩乐一套，（致力于）促使我们公关事业健康发展。我们很多的类似案例、评选、国际论坛、沙龙，奖学金这些活动成功举办，很多都是在探索中取得了成功。协会的强大生命力来自“永不满足，永远探索”。“探索”是我们协会血液中最鲜明的基因。

第二个作用是普及与推广。正因为我们在探索过程中理论在成长，实践在创新，对于公共关系专业的知识，我们一直在向群众进行普及教育和推广。特别是，过去“公关小姐”的提法，公关与小姐是连在一起提到的。人们认为你们做的事，就是在做吃吃喝喝拉关系的事儿。实际上不是的，我们的事业是崇高的、神圣的。所以不仅我们的前期在普及这些知识，这也是我们长期的任务。对社会、对群众、对专业人士推广公共关系专业的相关知识。如公关新星评选，以及很多专业人士培训班等，这些都是我们的任务。

第三个作用是服务与指导。当需要的时候，协会在你身边。公关协会就是要有亲和力，能打动对象，让大家感到你是最贴心的。然后，你的指导和服务可以起到作用。如对上海公安局的服务。上海市公安局是最早在各个区设立公共关系科的。在我在任期间，他们的处长多次来访。我们协会派专家对其市区两级公安进行公共关系的培训，咨询。在世界上，警察部门的公关活动至关重要。对于我们来说也是这样。现在我们要争取用透明的信息，把我们的政策举措告诉群众，争取群众理解。所以政府的公关意识在信息时代、大数据时代、互联网时代，显得尤为重要。所以在这个时代，我们服务与指导特点在政府部门方面显得尤为重要。另外，我们的服务也面向高校。如二工大的公共关系专业学生毕业，找公关公司实习，协会搭建平台，促进就业。另外，还有公关奖学金。

在2010年，在协会的大力推动下，12家国际与本土公司提出公关行业的行为公约。这个问题我们这几年一直在强调。公关公司如果有坏的作用，可能比没有公关来的负面作用更大。行业的制约监督，规则的制定，这也是协会在深入了解行业已取得的经验和存在的问题，肯定成绩指出不足，为其健康发展提出的指导性的意见和建议。当然这个问题远没有结束，有些事件体现出对经济的危害。

第四个作用是平台与桥梁。协会是一个桥梁，我们主办各种论坛和研讨会、高级沙龙、案例评选，举行各类比赛、竞赛和联谊赛等，社会各界都来参加。像其他协会可能是局限在一些具体行业中，而实际上我们实现了跨行业的、渗透性强的平台。所以这个平台的平台作用和交流作用的群众意义最广泛。关键是要选对题目，如余慧文的摄影展，在北京展览的时候，中国摄影家协会、美术馆等支持，在上海展览很多领导都出席了，余老师对公关协会的赞许是从北京到上海的好评。另外，我们对云南的对口支援等。这些影响力、推动力都是不可小视的。并且，协会与海外各国的交流，也是在不断地延伸和发展。还有一些专业资格认证也在进行中。所以我认为，我们协会三十年的发展，特别是现在的发展，应该说，协会的发展和影响力是在不断增加的。

问：我们上海公共关系事业历经三十年的发展，取得了哪些引人瞩目的成就？

胡会长：个人觉得有如下几点：第一，是社会公共关系知识的广泛普及，这个可以说我们三十年来就是在普及知识的。第二，是政府部门的公关意识有提升，这个提升与公关协会的努力有关，也是整个大环境的变化，所以"上海发布""上海公安"在全国的网络舆情评比中都是名列前茅的。第三，是推动专业公关公司的发展，以及各类企业的发展。包括我们上海的公关公司可以说是本土、国际、国内三分天下的局面。第四，是公关专业人才的培养初具规模。第五，是上海高校的教育，人才的培养。像这次他们在公关奖学金的现场 PK 时的表现，就可以体现这一点。另外，还有国际的交流。像这次我们到北京去，邀请国际上很多组织来参会发言，他们都表示非常愿意到上海来交流。第六，是协会作为国际公共关系的平台也日益完善。特别是当下，我们具有一个强有力的办事机构，这是其他地方没有的。我们的办事机构都是志愿者，都是本着是对这份事业的热爱来做奉献。所以，我们认为这个平台上我们有很好的体制、机制和信念。信念也是支撑我们工作的一个重要因素。当然，成绩是显著的，我们也面临一些问题。我们这个队伍如何凝聚更多的人？我们的工作还有很多不到位的地方。我们的社会影响力还要不断地增加。这都是今后要考虑的问题。

问：您可否对上海公共关系视野未来的发展前景作一下展望？

胡会长：我们的公共关系真正的黄金时期是互联网时代，是经济的一体化和全球的融合。进入互联网时代，我们的综合国力在全面提升。中国在世界上的影响力、实力前所未有的高涨。"一带一路"和"中国梦"的展现，实际上也为公关事业提供了机遇。同时，互联网时代，信息革命，是个革命的时代。信息知识大爆炸，但又丰富多元碎片化，这个时代我们传统的行为方式都需要被打破。说实话，我们现在的政府真的得好好学习。不学习的话就跟不上，不学习就树立不了权威。这个阶段，老百姓的知情权、话语权前所未有的高涨。当然也会有信息的污染和谣言的传播。这对于政府和企业、社会公共关系提出了严峻的挑战。这个时期，我认为真的公关公司、公关事业更需要我们在管理传播上精准化、个体化，减小大趋势的信息碎片化、媒体碎片化、消费者和公众的碎片化的冲击。我们在抄袭分化的消费时代的深度市场竞争下，要发出更多、更强、更精准、更有个性的声音，为社会为企业服务。所以，机遇是更加的激动人心，挑战是更加严峻和紧迫的。我们处在一个史无前例的大变化时期。1000年前人们的知识更新速度很慢，现在知识更新已经与日俱增，社会的心态、社会的结构，特别是公共关系的价值认同，文化整合，心态调整方面，如何顺应时代的要求？我们要更好地把握时代的脉搏。我认为，对于协会来说要认识到如何立足上海，面向世界，携手互联网，怀抱大数据，引领公关行业的专业化、国际化发展。

我们要做一个交流、开放、正能量、快乐的平台，要主动地迎合上海的经济、社会和全球化的定位建设工作。现在市里提出建立“全球城市”。“全球城市”对我们公关协会来说是一个很好的机遇。我们一直说，当时浦东开放时一句口号就是“站在地球仪旁边思考问题”；我们任何问题都不能简单地去看。所以我们公共关系协会是站在地球仪边上考虑为上海的“全球城市”尽我们的微薄之力。同时，我们要努力打造公关行业的研究专业教育培训的重要培训基地，要成为公关服务，上海服务全国，开展全方位服务交流的中心。具体来说，这里有提到几个方面的内容：

①拓展全球视野，融入上海的“全球城市”的定位打造；

②信息传播变化，引领专业化的提升；

③社会需求促使公关行业的规范化；

④全方位参与意识。

今年我们特别希望举办“互联网时代公共危机的管控与处理”。我们确实感觉到，在互联网时代，危机的处理是公共关系一个重要的课题，无论是对于政府、企业还是个人来说。危机的处理已经提升到公共关系的一个重要课题，无论社会、企业、政府、个人、家庭都无法避免。我们就要把这样的热点问题拿出来开国际研讨会，这就是我们要做的。再如金融危机，政府如何去预防处理？所以我们的舞台很广、机会很多，当然也面临很多挑战，但我们始终充满信心。我们相信有这么多的志同道合的人一起，有这么好的团队、环境和机制，有大家的支持，公关协会的明天会更加精彩、辉煌。

实际上公关事业并不像一些自然科学研究，公关的发展是完全依托整个社会的发展。而且公关事业的社会理解还不是那么正面的。有些时候提到“公关”两个字，公众好像还是有误解。不像有些科研行业，说出来就是响当当的，人家都是致以赞美的声音。而我们要靠我们自己的努力。实际上，现在的公共关系太重要了，是现在生产关系中的重要组成部分。我们的公共关系处理好了的话，是社会正能量的大发展，不然的话就是抵抗、矛盾、质疑。我们能够把质疑、抵抗转化成为社会的良性动力。最后，谢谢你们全体总结了很多内容，有些时候回顾走过的路，这是非常有意义的事。

1.5 本章附录

上海公共关系三十年大事记

1986 年秋，时任上海市委常委、市政协副主席毛经权，接受《解放日报》记者采访，详细介绍了公共关系的定义、由来、功能及在经济建设和社会主义发展中的作用。《解放日报》当即在第二版以将近半个版面作了报道。不久，《文汇报》又在头版头条发表了毛经权先生撰写的“发展社会主义公共关系学”的文章。

1986 年 11 月 6 日，我国大陆第一家公共关系协会上海市公共关系协会在上海联谊俱乐部诞生。前上海市市长汪道涵先生就任名誉会长，并建议协会应以“沟通信息、增进理解、加强联系、促进合作”为宗旨。毛经权教授亲自担任协会会长，揭开了上海公共关系事业发展的序幕。

1986 年 12 月，经过上海市人民代表大会常务委员会批准设立，上海电视节创建为传播上海城市形象起到一定的推动作用。第 1 至第 10 届基本上是两年一届，从 2005 年的第 11 届起改为每年举办 1 届，至 2016 年已经举办 22 届。

1987 年，在杭州召开了由复旦大学、中山大学、兰州大学和杭州大学发起的全国高校公共关系理论研讨会。

1989 年 10 月，吴友富等翻译的《公共关系与实践》一书出版，主要介绍西方公共关系理论、知识，在当时对公共关系理论在中国大陆的传播发挥了重要的作用。

1989 年 10 月，上海市市长国际企业家咨询会议创办，在上海西郊宾馆进行了首次会议。此后每年秋天举行的市长咨询会议，都针对上海经济发展中的 1～2 个突出问题进行专题讨论，为上海市市长提供咨询和建议。

1990 年，一句“老庙黄金给您带来好运气”广告语把中国人素有的购金保值、压邪、求吉的习俗表述得淋漓尽致。一经投放，很快便使老庙黄金成为家喻户晓的响亮品牌，由此也为老庙黄金注入并积淀下了深厚的品牌文化。

1990 年 4 月，上海市公关协会与上海电视台联合摄制电视专题片《公关在上海》。该片主要反映公共关系这门新型学科在上海的逐步兴起和发展，反映了上海市公关协会成立以来所组织的大型公关活动及本市企事业单位如何运用公关手段为企业经营和产品经销服务，提高企业社会和经济效益的典型事例。

1991 年 11 月，上海市公关协会与《新民晚报》共同举办“影星杯”公关知识竞赛活动，试题分四个部分刊登在《新民晚报》上，评出一等奖 6 名，二等奖 10 名，三等奖 15 名，纪念奖 50 名。

1992 年 4 月 12 日，首届上海公关精英电视大赛结果在上海电视台播出的颁奖大会上揭晓。

1992 年，《上海公关》创刊。

1993 年，上海师范大学设立公共关系专科，并开始招生。

1996 年，上海罗莱家纺导入 CIS 形象识别系统，是行业内率先导入 CIS 形象识别系统的企业。

1998 年 10 月，第 11 届世界中学生运动会在上海举办，这是世界中学生运动会首次在欧洲以外的国家举行，这为传播上海城市国际知名度起到的一定作用。

1998 年，在上海举行的全国公共关系职业审定委员会首届扩大会议，集中论证了“国家公关人员职业技术标准”“国家公关人员职业鉴定规范”等文件，以便进一步修改后上报国家劳动和社会保障部审批、认定。会议还就统编教材的编写等问题交换了意见。

1998 年，上海外国语大学企业管理硕士点设有“企业管理与公共关系”研究方向，为国内屈指可数的公关专业方向。

1998 年，佰草集品牌诞生，第一家专卖店在上海香港广场开张，以全新的中草药护理概念“登陆”上海。之后在 2008 年，佰草集品牌成功“登陆”欧洲市场，成为率先“登陆”欧洲市场的中国民族化妆品品牌。

1999 年 11 月，上海国际艺术节创办，是上海市人民政府承办的国家级国际艺术节，是我国最高规格的对外文化交流节庆活动之一。

1999 年，“公关员”被列入《中华人民共和国职业分类大典》，这对优化公关教育环境意义重大，它解决了公共关系职业和公共关系学专业身份的合法性问题，具有里程碑意义。

2000 年 7 月 26 日，上海东方电视台演播大厅，举行了“奥妙贤内助”评选活动电视总决赛暨颁奖晚会。晚会由著名主持人袁鸣和崔杰主持，并邀请了朱明瑛、周冰倩等著名歌星到场表演。

2001 年 6 月，上海合作组织（SCO）在上海成立。

2001 年 9 月，东华大学招收第一届公共关系本科生，这是中国华东地区第一个公共关系学本科专业。

2001 年 10 月，亚太经合组织（APEC）会议在上海举办，这是 APEC 会议首次在中国举行。亚太经合组织是亚太地区最具影响的经济合作官方论坛，也是亚太地区最高级别的政府间经济合作机制，总部设在新加坡。

2001 年年末，埃特公关策划的“夏士莲黑发迎奥运”活动案例，由于其创意的新颖别致和公众的广泛参与性，荣获 2001 年度 Mercury Awards 银奖，这一奖项，是美国著名传媒评估机构 Mercury 组织评选的，这是中国本土公关公司第一次在这一评选中获奖。

2002 年，上海申博成功，既是中国政府公关兴起的重要标志，也是上海国际公关进一步发展的重大成果。

2002 年 7 月，上海大众 POLO 轿车赞助上海国际女子网球赛系列活动拉开帷幕，8 月底连续两个周末在上海时代广场举行的“酷娃酷车——POLO 时尚对对碰”活动，以及 9 月中旬在国际女子网球赛比赛期间实施的赛场推介活动等，都吸引了公众的热情参与和媒体的关注，成为一个时尚性话题。

2002 年 12 月 29 日，由上海市公共关系协会与香港大公报主办的中外公关专家大对话活动在上海图书馆多功能厅举行。汪天云等中外著名专家与 200 多位来自中外企业、专业公关公司、各类企事业单位的企业决策者和公关从业人员展开对话和讨论。

2002 年，上海视点公关公司总经理朱艳艳获得由国际商业传播者协会（IABC）颁发的“金鹅毛奖”，成为中国捧回该奖第一人。此次大奖共有千余件案例参与角逐，分别来自澳大利亚、加拿大、美国、中国、日本等国家和中国香港地区。朱艳艳获奖，充分证明了上海公共关系行业的巨大进步和实力。

2003年4月，上海市委同意了市委宣传部《关于建立上海市新闻发言人制度的意见》，6月初，上海市正式推出市政府发言人，建立了政府新闻发布制度，通过新闻发言人定期举行新闻发布会，向中外媒体公开规范地披露有关政府工作的重要信息。这是地方政府第一次建立此项制度。焦杨任上海市政府首任发言人。

2003年4月，大众点评网成立于上海。大众点评是中国领先的本地生活信息及交易平台，也是全球最早建立的独立第三方消费点评网站。大众点评不仅为用户提供商户信息、消费点评及消费优惠等信息服务，同时亦提供团购、餐厅预订、外卖及电子会员卡等O2O（Online To Offline）交易服务。大众点评是国内最早开发本地生活移动应用的企业，目前已成长为一家移动互联网公司，大众点评移动客户端已成为本地生活必备工具。

2003年8月29日，上海市隆重举行优秀公关案例颁奖典礼。由上海市公关协会和解放日报报业集团主办这次评选活动，共有50多个单位、60多个案例参选。一批贴近大上海政治、经济、社会热点的优秀案例显示了中国公关市场的巨大潜力和广阔前景。

2003年年底，经教育部批准，我国首个公共关系硕士点在复旦大学新闻学院建立，与此同时，复旦大学开设在传播学博士点招收公关方向的博士研究生。

2003—2005年，上海市公共关系协会副秘书长、东华大学城市形象研究所所长诸云茂教授任总负责人，在上海连续举办了8期“上海市紧缺人才公关经理岗位资格证书培训班”。

2004年，上海师范大学获批设立公共关系专业。

2004年12月，“全球通”上海首届“公关新星”大赛决赛暨颁奖晚会已于2004年12月8日在上海大剧院中剧场举行。

2004年12月，“PR1000”工程在复旦大学启动，主要培训目标是地级市以上的秘书长及办公厅负责人，开启了政府专门进行公共关系人才培训的先河。

2005年起上海外国语大学在国际关系博士点设有“国际公关与传播”

研究方向，并于2006年开始招生第一批博士研究生。

2005年，恒源祥成为北京2008年奥运会赞助商。

2006年1月14日，在上海世茂佘山艾美酒店举行了“第二届大都市形象论坛”，主题是“世博会·长三角都市圈·城市的生态形象”。

2006年5月，上海外国语大学党委书记吴友富教授成为当期《公关世界》杂志封面人物，并同刊发表了题为“构建中国国家形象品牌”的文章。

2006年5月12日，由中国公共关系协会主办、中国公共关系协会学术委员会和《公关世界》杂志社承办的“中国公关教育20年表彰大会暨中国首届优秀公关案例大赛”颁奖典礼在人民大会堂河北厅隆重举办，会议表彰了荣获“中国公关教育20年突出贡献奖”的专家，上海外国语大学纪华强教授入选。

2006年6月2日，毛经权会长在协会办公室会见了美国弗吉尼亚州康孟韦尔思大学大众传播学院教授裘蒂女士等一行5人，双方讨论了在公共关系领域合作培训事宜。

2006年6月8日，在上海长宁区时尚园的NE·TIGER东北虎总部创意天地，上海各界名流精英汇聚一堂，共同体验由中国第一个奢侈品品牌与中国第一个公关组织联袂举办的充满时尚品位，精致又精彩，题为“中国奢侈品的黎明”的高级时尚沙龙，以庆祝NE·TIGER东北虎总部迁都上海一周年，以及上海市公共关系协会成立20周年。

2006年6月，国家职业资格工作委员会公共关系专业委员会在劳动和社会保障部职业技能鉴定中心的指导下，组织专家对《公关员国家职业标准》进行了修订。

2006年6月，上海市公共关系协会为推进高级人才的培训，受上海市人事局干部培训中心的委托，举办了上海市紧缺人才（公关经理）上岗资格证书首届培训。

2006年9月，上海外国语大学“公共关系学”本科专业获得教育部的批准，当年招收的第一届新生入学。

2006年10月18日，由上海市公共关系协会与国际知名公关公司高诚公关顾问有限公司联合举办的“分享20年经验，放眼50年发展”——当代公关趋势论坛在上海举行。上海市公共关系协会会长毛经权与高诚公关全球总裁和首席执行官FredCook先生一同探讨了世界公关未来50年的趋势，以及经济全球化给公共关系带来的冲击和机会。

2006年11月1日，“青春世博”上海市第二届公关新星大赛决赛在广电大厦演播厅决出结果。来自复旦、交大、华师大8所高校的决赛选手同场竞争。通过四轮不同形式的精彩、激烈比拼，上海外国语大学的选手荣登金奖宝座，银奖则被上海师范大学的选手获得，复旦大学选手获得第三名。

2006年11月3日，上海市公共关系协会举行“上海市公关协会成立20周年庆祝大会”。会上，向上海公共关系事业的开创、建设和发展做出重大贡献的贺彭年先生颁发了“杰出贡献奖”，向毛经权先生颁发了“终身成就奖”。同日，举办“未来20年：中外公关业广阔的合作前景”国际论坛。

2006年11月28日，上海世博会事务协调局与上海汽车工业（集团）总公司、通用汽车中国公司，共同签署了“中国2010年上海世博会汽车全球合作伙伴协议”，上汽集团和通用汽车正式成为2010年上海世博会全球合作伙伴，开创了中外合作双方联合成为世博会合作伙伴的先例，上海世博会全球合作伙伴已从中国本土企业扩展到了全球跨国企业。

2006年12月，中国公共关系发展专业资料室在上海外国语大学设立，该资料室汇集了国内外各类公共关系报纸、杂志与书籍，它将成为中国公共关系资料最为齐全的资料中心。

2006年12月，上海第二工业大学公共关系学本科专业获批。

2006年，上海交通大学开始招收和培养公关方向的博士研究生。

2007年1月20日，“中国国家形象品牌构建”论坛在上海外国语大学国际会议中心隆重召开。来自外交部政策研究司、上海市委宣传部、各大主流媒体以及多家科研院校的专家学者出席了本次会议。会议对吴友富教授领衔的上海市哲学社会科学规划课题“中国国家形象构建”进行论证和专家评议，获得高度评价。

2007年1月27日，由复旦大学国际公共关系研究中心和中国国际公共关系协会联合主办，安利（中国）日用品有限公司协办的“国家软实力建构与中国公共关系发展高层论坛”在京举行。会上并举行《2005—2006中国公共关系发展报告》首发仪式。

2007年3月16日，围绕推介上海、宣传世博，主题为“魅力上海、精彩世博”的日本“上海周”在日本东京正式拉开帷幕。这是上海世博会海外推广的第一站。

2007年3月28日，上海市公共关系协会召开第七届会员代表大会。

会议通过了新一届理事会人选。在会员代表大会选举产生的新一届理事会上，大家一致选举毛经权同志继续担任新一届会长，市委常委、统战部部长杨晓渡到会祝贺并讲话。

2007 年 4 月 24 日，国际商业传播人员协会（简称 IABC）主席 Julie Freeman 女士一行在上海市公关协会会长毛经权等陪同下参观访问了凯旋先驱公共关系（上海）有限公司和蓝色光标公共关系机构。当天，上海市公共关系协会在政协文化俱乐部举行“国际商业传播专业资格认证”说明会。来自国际商业传播人员协会的代表和上海公关界同仁 40 多人出席会议。

2007 年 6 月 11 日上午，上海市公共关系协会毛经权会长在协会办公室会见了英国皇家公关协会资格考试委员会主席 Sue Wolstenholme 女士。

2007 年 6 月 17 日，由上海世博会事务协调局和上海市人民政府合作交流办公室全程指导、东华大学主办的“第三届大都市形象论坛”在上海锦江饭店小礼堂召开。本次论坛主题是“世博会与城市的文化形象”。

2007 年 7 月 27 日，上海市公共关系协会毛经权会长在协会办公室会见了新加坡公关协会主席巴伐尼女士。巴伐尼女士向毛经权会长介绍了 2007 年在中国举办新加坡节的计划。

2007 年 10 月 2 日，2007 世界夏季特殊奥林匹克运动会在上海开幕。国家主席胡锦涛出席开幕式。这是面向智障人士的综合性大型运动会，也是第一次在发展中国家、在亚洲举办的夏季特奥会。

2007 年 10 月 17 日，上海市公共关系协会毛经权会长在市政协文化俱乐部梅花厅接待了来访的印尼伦敦公关学院院长 Prita Kemi Gani 女士，双方签署了理解备忘录，并就双方进一步加强交流合作达成协议。

2007 年 11 月，上海市发布实施了《上海市加快自主品牌建设专项资金管理暂行办法》，该《办法》的核心内容是由上海市政府设立专项资金重点支持企业开展自主品牌建设，支持中华老字号企业发展以及发展品牌建设的公共服务项目等。对获得“中国世界名牌产品”的企业，最高给予一次性 200 万元奖励，对获得“中国名牌产品”等称号的企业，最高给予一次性 100 万元的奖励。该《办法》的出台，进一步表明政府部门对品牌建设的重视，标志着政府开始从执行层面落实党的十七大“加快培育我国的跨国公司和国际知名品牌”的号召。

2007 年，具有英伦风格荣威 750 是一款真正意义上的进入中高级市场的高档车，也是前期人们所期待的中高级轿车市场的一款重量级产品，对国内中高级轿车技术标准带来深远的影响。这关系到民族自主汽车能否改变一直以来在世界汽车市场上“低价低质”的印象，甚至关系到其能否担当引领国内自主品牌走向世界的重任。

2007年11月8日，由上海市公共关系协会主办的2007上海市优秀公关案例评选活动，在上海电视台演播中心隆重举行了颁奖典礼。

2007年12月4日，在上海外国语大学举行了“软力量国际责任与对外战略研讨会”。上海外国语大学党委书记吴友富教授发表了主旨报告。

2007年12月18日，“吉祥中国——中国2010年上海世博会吉祥物揭晓晚会”盛大举行，中国2010年上海世博会组委会第一副主任委员、执委会主任、上海市委副书记、市长韩正出席。

2007年12月，陆家嘴论坛成立，2008年成功举办第一届。由上海市政府和中国人民银行、中国银行业监督管理委员会、中国证券监督管理委员会、中国保险监督管理委员会共同主办，每年举行一次，旨在为各国政府领导人、金融界领袖和知名专家学者提供一个共商全球金融领域重大问题的国际性、高层次对话平台，以促进和深化金融领域的全球对话与合作，并以此加快上海国际金融中心建设。

2008年，浦江创新论坛创设，由中华人民共和国科学技术部和上海市人民政府共同主办，论坛主席为科技部前部长徐冠华院士，产生了重要的社会影响力，成为国际科技交流与创新合作的一张闪亮名片。

2008年3月至8月，由中国移动通信集团上海有限公司和上海市癌症康复俱乐部共同发起主题为“生命的奥运”大型公益活动。整个活动历时5个月，前后共经历了赠送奥运门票、志愿者与癌症患者爱心结对、携手癌症患者助威火炬传递、长三角癌症患者体育大联欢、“圆梦北京”奥运之旅、奥林匹克联结生命奇迹——中美癌症患者相约世博会6大环节。

2008年3月25日，由上海外国语大学党委书记、上海市公共关系协会副会长兼学术委员会主任吴友富教授领衔主编的《中国公共关系20年发展报告》（中英文版本）首发仪式暨中国公共关系学术研讨会在衡山宾馆百花厅举行。上海外国语大学国际工商管理学院公共关系研究院也于当日隆重揭牌。

2008年3月31日，东航云南分公司爆发“返航门事件”。从昆明飞往省内六地的18个航班在飞抵目的地后返航，致千名旅客滞留机场。3月7日，东航对其云南分公司部分航班“不正常”事件，首次公开承认存在人为因素，称已对涉嫌当事人实施停飞和调查处理，并对社会和旅客造成的不良影响表示诚挚歉意。这成为上海企业公关危机中的一件大事。

2008 年 7 月 4 日，开始实施两岸周末包机。4 日全天两岸共飞行 18 个包机往返航班，从北京、上海、南京、厦门、广州五地出发的 9 架包机共搭载 680 名首批大陆游客飞往台湾。大陆游客抵达台湾目的地时，受到当地人士的热烈欢迎。两岸之间的周末包机正式启动，将近 60 年的两岸关系互动历史揭开了新的一页。

2008 年 9 月 27 日，由中国国际公共关系协会主办的“第二届中国大学生公共关系策划大赛总决赛及颁奖典礼”在上海外国语大学虹口校区举行。澳门大学、北大、中山、上外等 9 所高校的 10 支团队参加了决赛。中国国际公共关系协会会长李道豫、上海市公共关系协会会长毛经权、上海外国语大学党委书记吴友富、中国国际公共关系协会常务副会长郑砚农等领导和来自欧莱雅、方正集团、陶氏化学等企业领导、嘉宾及大赛的评委，为参赛选手和指导老师颁奖。

2008 年 11 月 17 日至 18 日，以“公共危机管理的现状与未来”为主题的“2008 上海公共关系论坛”在上海外国语大学举行。来自我国大陆、台湾、香港和澳门的公共关系学领域专家学者和媒体代表近百人汇聚一堂，从公关、传媒、政府及企业的多维角度，就“公共危机管理”这一亟待研究的议题进行了深度交流和研讨。上海外国语大学党委书记吴友富教授做了题为“公共危机管理与国家形象构建”的大会主旨演讲。本次论坛提交的论文，收入由上海外国语大学创办的国内首个公关学术刊物——《公共关系研究》创刊号。

2008 年 12 月 29 日，由复旦大学国际公共关系研究中心和中国国际公共关系协会联合主办的“第三届中国公共关系高层论坛——融入世界的中国公共关系”在北京举行，会上并举行了《中国公共关系发展报告 2007—2008》首发仪式。

2009 年 5 月 26 日，“世博公关新星”评选在上海正式启动。年底选拔出 200 名具备代表上海世博会形象的公关代表，为 2010 年上海世博会各项活动提供优质公关服务。

2009 年，华东师范大学新增了公共关系学本科专业。

2009 年 10 月 14 日晚，上海一名叫孙中界的司机顺道载搭乘路人到目的地后被指非法运营，孙中界遭钓鱼执法。媒体对“钓鱼式执法”问题进行大篇幅的报道和解读，在强大的舆论压力下，浦东区政府重新组织调查，“钓鱼执法”真相大白于天下。这成为政府处理危机公关影响较深的一大事件。

2009 年 12 月 17 日，由上海市公共关系协会主办的第五届上海市优秀公关案例评选颁奖典礼，在上海电视台演播厅举行。市政府相关部门领导、社会各界知名人士及企事业代表 400 余人出席。

2009 年，华东师大新增了公共关系专业。华东师大招办主任周鸿认为，“增设公关专业不仅仅和世博相关，和上海城市发展整体关系更大，公关专业为近年来的市场热门专业。”

2010 年 1 月，光明食品集团旗下的光明乳业与上海世博会百名志愿者代表一起承诺倡导绿色理念、打造绿色产品、体验绿色生活。随后，光明乳业的“奶盒回收快行动”在上海开始进行。这是光明 2010 年绿色公益行动的开局，也是光明“绿动”世博营销的内容之一，同时还是光明企业形象建设和品牌形象建设的组成部分。

2010 年 5 月 1 日至 10 月 31 日，中国 2010 年上海世界博览会（Expo 2010）在中国上海市举行。此次世博会也是由中国举办的首届世界博览会。上海世博会以“城市，让生活更美好”（Better City，Better Life）为主题，让世界聚焦中国，聚焦上海，对于上海，乃至中国国家形象和国际关系建设具有重要作用。此次世博会充分展示了丰富多彩的当代文明成就，汇集了人类探索城市发展的共同智慧，创造了多项世博会的新纪录。

2010 年 5 月 25 日，“华东师范大学品牌文化与公共关系研究中心”揭牌仪式在华师大理科大楼报告厅隆重举行。

2010 年 6 月 9 日，中国公共关系协会四届四次理事会在上海外国语大学举行。

2010 年 7 月 6 日，以日本公共关系协会副理事长大石哲也、中村隆晴为首的日本公共关系协会代表团一行 15 人，拜访了上海市公共关系协会。

2010 年 9 月，“上海高校公共关系教学调查报告”在《公关世界》杂志上发布。

2010 年 10 月 26 日，“欧莱雅世博礼仪讲堂”启动。该讲堂是欧莱雅为 2010 年上海世博礼仪人员选拔活动打造的礼仪、妆容培训课堂，目的是在年轻人群体中传播世博理念，并帮助他们向世界展示东方古国的年轻风采。

2010 年 11 月 15 日，上海市静安区余姚路胶州路一栋正在进行外立面墙壁施工的高层住宅脚手架忽然起火，造成多人死亡，引发社会、舆论的高度关注。危机处置、火灾善后等工作在市委、市政府的领导下，积极有序地推进。政府的快速反应和高度重视有效地控制了此次危机的蔓延，正确引导舆论，政府的态度和行为得到了社会的认可。

2010 年 11 月 18 日，由上海市公共关系协会主办、上海外国语大学协办的“2010 上海国际公共关系高峰论坛”召开。本次论坛旨在探讨发挥公共关系作用，促进国际公关界交流，探索后世博时代的“多元文化和公共关系”。来自美国、英国、新加坡等国及中国香港、中国台湾地区国内外公关机构代表和资深公关专家学者、企业家、社会各界代表约 300 人与会。博雅公关公司等 12 家公关企业还在此次峰会上倡议并通过了“公关行业行为公约”。论坛开幕前夕，上海市公共关系协会毛经权会长会见了应邀出席论坛的演讲嘉宾全球公关联盟主席 John Paluszek。

2011 年，中共上海市九届十六次全会通过了《到 2020 年将上海建成国际文化大都市》的决议，这对转型发展，全面提升上海的国际地位和影响力具有重大意义。

2012 年 1 月 29 日，上海梅林完成收购上海冠生园大白兔奶糖。在雀巢、玛氏等食品巨头的强势侵入下，面对越来越激烈的市场竞争，国内糖业品牌产品单一、发展战略保守等弊端也进一步暴露出来，想要冲出重围、回归鼎盛还需不懈努力。

2012 年 1 月，“第八届中国汽车工业杰出成就奖”颁奖盛典在北京隆重举行，上海哲基荣获“最佳传播团队奖”，这是公关公司首次获得“中国汽车工业杰出成就奖”的相关奖项，也标志着哲基为推动中国汽车工业发展所做出的努力与贡献获得业界高度肯定。

2012 年 12 月 22 日，上海市公共关系协会第八届会员代表大会在上海国际会议中心举行。会议产生了新一届上海市公关协会领导机构，上海市第十三届人大常委会副主任胡炜当选新一届协会会长。全国政协常委、外事委员会主任赵启正，上海市政协主席冯国勤，上海市委常委、市委统战部部长沙海林等领导及 200 余名会员代表出席会议。中国国际公共关系协会常务副会长兼秘书长赵大力受李道豫会长委托，出席大会并表示祝贺。胡炜表示，上海市公共关系协会将顺应时代发展要求，进一步拓展公共关系事业，为上海城市形象的提升，促进社会和谐、服务上海经济社会的发展多做贡献。

自 2012 年起，上海开始探索在政府门户网站等官方信息发布渠道设立“党务栏目”或“党政混合信息栏目”，在全市层面建立健全了党政混合信息公开制度。

从2012年起，上海向全社会开放了包括市商委、交通委和住房保障局等9家政府机关单位的信息，涵盖地理位置、道路交通、公共服务、经济统计、资格资质、行政管理等六大领域193项数据服务产品和16项数据服务应用。

2012年起，为方便市民咨询、求助和反映问题，上海还对过去设置的众多公务热线进行了有效整合，设立了“12345”市民服务热线。

2012年公共关系学专业列入《普通高等学校本科专业目录（2012年)》，进一步提振了上海高校创办各层次公共关系专业或方向的信心。

2013年9月30日，上海市公共关系协会和上海市摄影家协会共同主办的《美滋润心》余慧文摄影展，在首都北京中国美术馆举行开幕仪式。

2014年5月，第四次亚信峰会在上海举行。峰会发表《上海宣言》，阐述成员国对国际和地区形势的共同看法，宣示对解决有关热点问题的一致主张。此次亚信峰会是历史上规模最大的一次盛会，共有46个国家和国际组织领导人、负责人或代表应邀与会，其中包括11位国家元首、2位政府首脑及10位国际组织负责人。联合国秘书长潘基文也参会并访华。

2014年7月，金砖国家新开发银行落户上海成立，2015年7月正式开业。是由金砖国家组织成员共同建立的国际性金融机构，目的是为避免在下一轮金融危机中受到货币不稳定的影响，计划构筑的一个共同的金融安全网，可以借助这个资金池兑换一部分外汇用来应急。

2014年11月22日，以“大数据时代的都市形象和公共关系”为主题的2014上海公共关系国际高峰论坛在沪举行。论坛由上海外国语大学、上海市公共关系协会和文汇报社共同主办。来自美国、英国、俄罗斯等国以及北京、上海、香港等地区的著名学者、企业家、社会各界代表300余人到会，就大数据时代下的都市发展、公共关系行业变革进行了深入探讨。

2016年5月24日，中国佛协副会长、上海玉佛禅寺方丈觉醒法师与上海市公共关系协会、上海玉佛禅寺、上海觉群文教基金会、上海常能集团、上海海华集团等单位一行15人，和云南省教育基金会在昆明震庄宾馆隆重举行了“觉群”爱心捐赠仪式。云南省省长陈豪、上海市公关协会会长胡炜见证“觉群”爱心捐赠活动。

2016年6月17日，上海市公共关系协会、上海市教委、团市委在东华大学，隆重举行“2015年度上海市高校公共关系学专业奖学金”颁奖大会。由上海6所高校评选并经批准的90名公关专业优秀学生获奖。这是上海市公共关系协会连续三年推出的评选发放公关专项奖学金。

2016年11月4日上午，上海市公共关系协会在市委统战部小礼堂召开成立三十周年座谈会。中共上海市委常委、市委统战部部长沙海林，上海市公关协会会长胡炜以及社会各界人士、公关协会会员代表70余人出席。

第 2 章　上海市政府公关三十年

上海市是全国中心城市之一，经济成就、人口规模和城市建成区范围在全球城市中名列前茅。改革开放以来，上海的发展更是取得了举世瞩目的成就。因此，上海的城市政府和城市治理，已超然于区域性、地方性城市公共管理的范畴，往往会形成全国性和全球性的影响。上海市政府公关作为上海市政府工作范畴内的有机组成内容，在三十年的发展历程中，在中国共产党的领导下，同样经历了一个“起步—探索—再发展”的成长过程。整体而言，上海市政府公关已然走在全国城市政府公关“排头兵”的位置。

2.1　发展概述

上海的现代公共关系事业，从一开始就与党领导下的上海市政府公关相结合，从不自觉走向自觉，从略有雏形走向成熟自信。回顾现代公共关系事业进入中国的历史，从 20 世纪 80 年代初起，现代公共关系实践即在上海萌发，而且起初主要与党和政府的统一战线等工作取得联系。之后，上海市政府公关的领域不断拓宽，政府公关的作用也愈发明显。在上海市政府公关三十年的历程中，作为直辖市和国家中心城市之一，上海市政府公关经验，特别是上海市政府在重特大公共关系事件、项目上的处理方式和方法，也成为各地方政府可资借鉴的宝贵资源。这与上海党政机关工作人员在改革开放初期就接触到公共关系专业知识，很早就开始使用公共关系方法处理实际问题是分不开的。

在上海市政府公关三十年的历程中，上海市公共关系协会（Shanghai Public Relations Association）的成立具有特殊意义：随着改革开放大幕的逐步拉开，在各方面力量的推动下，上海市公共关系协会于 1986 年 11 月 6 日率先成立。时任上海市委常委、统战部长、市政协副主席的毛经权担任上海市公共关系协会首任会长。历经三十年不断发展，目前协会拥有政府相关部门、企事业单位和专业公关公司等 200 余家会员单位。协会同时接受业务主管单位中共上海市委统战部和登记管理机关上海市社团管理局的业务指导和监督管理。协会作为全球公关联盟（PROI Worldwide）成员，与美国、英国、德国、俄罗斯、日本、印度尼西亚、新加坡、马来西亚等国公共关系协会和机构建立了长期合作关系。另外，协会还和国际商业传播人员协会（IABC）签署了合作协议，在上海合作开展国内首次具有权威性的国际商业传播专业资格认证。2012 年 12 月协会召开第八届会员代表大会，选举产生了新一届理事会和领导机构，第十三届上海市人大常委会副主任、浦东新区首任区长胡炜先生任会长，赵启正、冯国勤等任名誉会长。上海和海外一些著名人士担任了名誉会长、副会长、顾问和名誉顾问。值得一提的是，在上海市公共关系协会主办的公关案例评选中，以上海市公安局为代表的政府部门积极参与，相关案例屡获殊荣，体现出上海市政府公关开放、自信、充实的一面。

1986—2016 年，在政府职能转变和全面深化改革的大背景下，上海市政府公关工作层层推进，其中，重大的政府公关事件和活动如宣告浦东开放、承办 APEC 峰会和亚信峰会、举办世博会、创设上海国际电影节、开展上海市市长国际企业家咨询会议、建立上海市政府新闻发言人制度等，在全国以及世界范围内都产生了积极影响。同期，上海市政府在公共危机处理方面，也利用公共关系方法妥善解决了外滩踩踏、静安大火、钓鱼执法、袭警案以及涉及城市开发和动迁等影响面大、社会关注度高的突发事件，在社会舆情的有效引导和大众心理的积极介入方面，上海方面的应急管理和危机公关水平的提升也尤为明显。

2.1.1 起步阶段：1986—1995 年

中国现代公共关系事业诞生于以“对内改革、对外开放”“坚持改革、开放、搞活”为指导思想的20 世纪80 年代。就宏观角度而言，改革开放意味着政府的中心工作全面转移到“以经济建设为中心，坚持四项基本原则，坚持改革开放”（即“一个中心，两个基本点”）上来。同时，这种大政方针上的变化在微观上要求政府本身寻求突破点，大刀阔斧地进行自我革新，改变旧有工作方式方法，抓住新的时代主题、探索新的工作内容。

上海市政府公关，就是在这个背景下起步的。纵观中国政府公关史，上海着实领时代和风气之先，于 1986 年由时任上海市委常委、统战部部长毛经权领衔创办了上海市公共关系协会。回顾这段创业史，我们不难发现，上海市政府公关起步阶段的工作，既和当时国内公共关系学术界的早期理论探索关系密切，也得到了时任上海市政府顾问、国务院上海经济区规划办公室主任，1980—1985 年任上海市长的汪道涵先生大力支持。据毛经权先生回忆，1986 年下半年，在筹备上海市公共关系协会期间，他曾专门向汪道涵先生请教和报告筹备协会的设想。汪道涵明确表示支持成立协会，并愿意担任协会名誉会长，同时提议以“沟通信息、增进理解、加强联系、促进合作”为协会宗旨。

可以说，在上海公共关系事业的开局阶段，有意识的政府公共关系活动并不多见，但诸如上海市公共关系协会的成立，实际上起到了党和政府认可公关的效果。特别是协会的成立，实际上是从顶层设计上使上海市政府公关取得突破，并获得重要的早期收获。1986—1995 年，作为中国近四十年改革开放史中的第一阶段，在国人初步了解公共关系内涵，逐渐掌握公共关系方法，不断将公共关系的理论和实践与中国国情相结合的过程中，各地政府与公共关系首先产生对接的部门，实际上并不相同。上海市政府公关在起步和探索阶段，就与统战事业相结合，至今保持这一特征，并不断扩大党和政府公关的影响范围，内容和形式愈加丰富，可谓取得了良好开局。

2.1.2　探索阶段：1996—2005 年

从 20 世纪 90 年代中后期起，中国的公共关系事业逐渐走出“草创”阶段，进入不断专业化、不断正规化的新探索时期。这是对 20 世纪 80 年代末、20 世纪 90 年代初期以“点子热”“策划热”为代表的“公关潮”进行反思的结果。以上海公关市场为例，上海仅在 1993 年就曾涌现上千家打着公共关系旗号的各类公司，在当时的公共关系理论界和实业界都出现了“公关是市场经济的灵丹妙药”“一用就灵”这样的观点，上海公共关系市场一度因过热而失序。

1996—2005 年，上海市政府公关的发展看似逐渐落在了上海市场公关的后面。但深究起来，主要是因为当时的市场经济环境不健全，导致市场的功利主义与政府非营利性质的冲突。与一度“过热”的上海公共关系市场不同，这一阶段的上海市政府公关仍然致力于探索切实可行的发展路径，以行事稳健为标志，例如推广“阳光拆迁”、酝酿城市品牌等。在“非典”风波中，上海市政府借机完善了各种突发性危机事件的防范和应对机制，在较高层面树立了新环境下改进政府公共关系工作的决心。在申办上海世博会期间，上海申博委还借鉴北京奥申委经验，注重发挥专业公共关系公司作用，组团出访国际博览局 87 个成员、组织海外媒体力量等工作，处处闪动着比较先进的现代公共关系理念和做派，也为上海世博会的成功举办打下了坚实基础。

客观而言，在探索阶段，上海市政府公关在各方面发展迅速，但不平衡。经历了改革开放第一阶段的洗礼，上海市政府官员的现代公共关系素养虽得到提升，走在全国前列，但仍显不足。特别是政府部门与部门之间、政府工作人员之间的公共关系能力差别明显。根据当时《文汇报》的一篇评论“公关课还得补”所述，当时的上海市政府部门，整体上仍然比较缺乏利用公共关系方法进行形象管理的自觉；在面向公众的服务方面，“门难进、脸难看、话难听、事难办”的现象时有发生；政府部门间缺乏协调能力等，这都被认为是上海市政府公关的短板。更重要的是，当时政府公关手段的简单、生硬，“许多政府官员羞于表现自我，致使在面对公众的演说时，常常感到拘谨，接受媒体采访紧张、呆板，不能应付自如”。同时，这些问题，也在不断被克服。举例而言，2002 年上海浦东新区政府报送的“浦东开发开放十年回顾与展望”系列活动、黄浦区建委报送的“上海延安路高架动迁项目”获得上海市优秀公关案例金奖，这是上海市政府部门第一次参与公关案例评选活动。

2.1.3 发展阶段：2006—2016 年

2006—2016 年，是上海市政府公关全面发展的十年。以全面建立上海市政府发言人制度和 2010 年上海世博会为代表的国际重大赛会项目落户为契机，上海市政府公关被提升到了一个新的发展水平。

上海市政府发言人制度建设启动于 2003 年，上海也是最早建立专业新闻发言人制度的中国地方政府。经过十数年发展，上海市已建立起包括 1 名市政府新闻发言人，58 名各局委办发言人，20 名各区县发言人和 8 名市人大、市政协、两院及工青妇新闻发言人在内的地方政府新闻发言人团队。除政府发言人团队外，中共上海市委于 2011 年组建了市委及所属系统新闻发言人团队。十数年磨砺打造出精干的政府发言人团队，上海市政府公关的做法再一次领全国地方政府风气之先。值得一提的是，也正是在这个发展阶段，上海明确了自己的城市精神。从 2003 年上海提出“海纳百川”“追求卓越”，到 2007 年时任上海市委书记习近平同志对上海城市精神的高度概括和完善，“海纳百川、追求卓越、开明睿智、大气谦和”已融入上海市政府各项事业中，形成公务与公关相结合的上海市政府工作习惯。2011 年年底，中共上海市委九届十六次全会进一步提出要结合上海历史文化积淀和现阶段发展实际，积极倡导政府工作“公正”“包容”“责任”“诚信”的价值取向。另外，随着移动互联网时代真正到来，从2013年起，上海市各级政府部门明显加强了网络信息监控和网络传播力度，例如有代表性意义的“上海发布”（由上海市政府办公厅开设）微信公众号等政府发布渠道，改变了以往只单纯发布信息的做法，能够主动在第一时间澄清有关传言和防止谣言蔓延，取得了良好的社会效应。

除政府发言人制度等经常性政府公关事业外，以申办和承办世博会、亚信峰会等重大国际赛会、峰会为契机，上海市政府公关风范也正在越来越多地在世界舞台崭露头角，作为一张有代表意义的“名片”，上海市政府勤勉高效、公正清明的做派，是中国政府形象的加分项。2010年上海世博会的主题为“城市，让生活更美好”，是人类历史上首次以“城市”为主题的综合类博览会，在城市化成为人类共同发展议程的前提下，上海世博会的主题理念设计，呼应了世界和中国的现实。184天展会期，240个国家、地区和国际组织，7308.44万人次的参观人数，首次推出网上世博会，共组织79965名展会志愿者。这其中的每一项，都在考验上海市政府公关的效能。在上海世博会闭幕演说中，国际展览局主席让-皮埃尔·蓝峰（Jean-Pierre Lafon）致辞时表示，“中国2010年上海世博会是世界人民的聚会，更是一个巨大的成功”。“这是中国的成功。这是上海市的成功，同时也是世博会事业的成功。国际展览局及其成员都对此满怀喜悦之情。上海凭借其优秀的组织才能、对成功的执着追求以及出色的国际推介，向世人表明世博会总是能展示出特有的魅力。”后世博会时代，上海市政府又通过中央政府，不失时机地在68届联合国大会上提案，从2014年起设立“世界城市日”并获得联大通过，自此，每年10月31日——上海世博会闭幕日——成为中国倡议设立的第一个世界日。

从起步阶段、探索阶段到发展阶段，上海市政府公关与上海各项事业一起共同成长，从无到有，取得了长足进步。

2.2　发展特点

2.2.1　公关事业从上海党政部门取得前期成果

上海市政府公关乃至整个上海的公关事业从上海统战部门取得突破，

与上海市公共关系协会首任会长毛经权教授的推动紧密相关。毛经权教授毕业于上海交通大学土木工程系，先后在上海交通大学、同济大学、上海铁道学院任教和担任领导工作。1981—1982 年，毛经权教授赴美国伯克利加州大学深造，1983 年任上海市教育卫生办公室主任，1985—1992 年担任上海市委统战部部长，是上海市政协第六、七、八届副主席。根据毛经权教授回忆，他因工作原因，在 1985 年结识了耶鲁大学华人教授、新闻评论家赵浩生先生，赵教授认为“统战即公关”——“赢得党外朋友的认可”。为理解公共关系原理，毛经权教授还曾托人到复旦大学图书馆借阅了一本英文版《有效的公共关系》。在胡百精教授著《中国公共关系史》中，毛经权教授曾这样口述：“我觉得这确实是一门学问，而且随着改革开放的深入，中国非常需要发展公共关系这样一门学科。”到 1986 年，毛经权教授先以“答记者问”的形式，在上海市委机关报《解放日报》上用半个版面介绍了公共关系的定义、功能和由来，之后又在《文汇报》头版撰写了《发展公共关系》。在这篇文章中，毛经权教授特别指出“每个部门，包括各级政府和各种单位，都有一个如何协调与公众的关系问题，以求得公众的谅解和支持”“公共关系是当代决策的一个重要因素”。

结合当时公共关系文章以及公共关系讲座在社会上的巨大反响，毛经权教授认为有必要建立一个专门组织来普及公共关系知识，发挥公共关系职能，在得到了时任上海市政府顾问、国务院上海经济区规划办公室主任的老市长汪道涵先生的明确支持后，上海市公共关系协会得以成立。在当时成立社会组织的基本要求框架下，协会挂靠上海市委统战部。如今，上海社会组织发展已进入新阶段，协会同时接受业务主管单位中共上海市委统战部和登记管理机关上海市社团管理局的业务指导和监督管理，协会的基本任务依然明确列出：“开展公关服务和海内外交流合作，为会员单位提供相互交流和与政府有关部门、媒体沟通交流的平台”一项。协会并非政府部门，但政府部门与协会形成了良好互动，在不少政府公关场合开展合作。

2.2.2 公关作为上海市政府职能转变的一种方法

上海市政府职能转变，不仅与新公共管理时代的政府改革和治理创新相关，更与上海自身在改革开放特别是浦东开发开放后大规模的城市建设有密切联系。从 20 世纪 90 年代开始，上海在“一年一个样，三年大变样”的城市建设要求下，进行了大量的城市市政建设、旧区改造和产业结构调整。由于历史原因等综合因素，大量市政项目都是通过房屋拆迁后完成的。上海“三环十射”路网的构建、轨道交通的建成运行等都离不开沿线广大居民的配合。在这个过程中，上海市政府及各政府部门，特别是项目执行部门，在直接面对人民群众的情况下，迫切需要转变观念、转变职能，公共关系理念及公共关系方法，成了上海市政府职能转变的抓手之一。

城市动拆迁工作，历来被人民群众认为是政府行为或准政府行为。在上海早期动拆迁工作中，暗箱操作事件时有发生，当积极配合动拆迁工作的广大人民群众利益往往被钉子户、关系户侵占时，政府失信于民将直接导致拆迁工作步入窘境。在杨浦区“阳光拆迁”的案例中，为改变“早走少得益，晚走多得益”的现状，重塑政府形象，2004 年杨浦区纪委、检查委以中环线东段基地为试点，推行了一套“阳光六公开”的动迁新办法：“每家每户的评估单价公开，每个被动迁户的人口与面积公开，所有动迁房源公开，特困对象照顾名单公开，动迁居民签约情况公开，速迁户奖励条件公开”。以信息公开为核心，以政府与百姓相互沟通为保障，多种公共关系手段并用，一举解决了“动迁难”这个城市建设中的难题。上海的“阳光拆迁”经验，也为全国其他城市效仿至今。

阳光拆迁，只是上海市政府职能转变中的一例。随着政府公开信息成为常态，特别是 2007 年《中华人民共和国政府信息公开条例》颁行后，上海市政府在 2004 年就已先行先试的基础上，配套了一系列信息公开细则并付诸实践，取得了良好的公共关系效果。

2.2.3　在重特大活动中提升上海市政府整体形象

上海是全国中心城市和特大城市，改革开放特别是新世纪以来，在上海举办的重特大国际性和全国性活动对提升上海市政府公关素养有明显作用。除世博会等重特大国际活动之外，上海市政府公关的本土品牌“上海市市长国际企业家咨询会议”也堪称上海市政府公关事业中的亮点。

上海市市长国际企业家咨询会议（International Business Leaders' Advisory Council for the Mayor of Shanghai，IBLAC），是一个由世界级企业家们组成的“思想库”。这个会议机制的出现，体现出上海对全球智力资源的配置，属于城市国际化的顶层设计，即对国际资源的“上行”争取能力。咨询会议自 1989 年 10 月正式成立以来，尽管每年只召开一次大会，但通过外国企业家会员、常设秘书处和上海市政府的连线与沟通，形成了一个“上海参与世界经济合作与交流的重要平台”。这一高水平咨询会议是改革开放后在上海重新国际化过程中的产物，对于上海而言，发展外向型经济是重要出路，和近代以来上海成长的规律相符合，上海的发展不仅需要依靠自身的力量，也需要世界各国的帮助。根据对咨询会议秘书处的访谈，咨询会议的筹划和建立主要是20世纪80年代末期上海市方面的自主行为，采用极有竞争力的国际企业家俱乐部形式，由上海市市长邀请世界各国商业领域的著名人士组成。经过20多年的发展，成员已由最初7个国家的12名成员，增加到目前16个国家的50名成员。在现有的成员中，行业分布广泛，成员们长期以来为上海市政府提供了多角度、深层次的发展参考议题。上海市市长国际企业家咨询会议本身还有一定的先行实验实践性质，形成了“可复制”“可推广”的经验，如2000年以来，中国中央政府层面也由国务院发展研究中心牵头，成立了“中国发展高层论坛”，每年一届。北京市、江苏省、广东省也在2005年左右成立了类似咨询会议，在组织高水平咨询会议方面，上海市市长国际企业家咨询会议是全国首家。

上海市市长企业家咨询会议堪称上海市政府高端公关活动的典范，这项工作牵一发而动全身，对上海市政府公关工作的方方面面形成每年一次的检验。与亚信峰会等其他重特大活动不同，这种常设机制对上海市政府公关素养的形成有促进可持续发展的作用。通过对历年会议主题的梳理，我们不难发现，近三十年来，上海市市长国际企业家咨询会议“始终围绕不同阶段上海发展的关键问题展开讨论。从浦东开发开放到应对加入世贸组织，从城市规划发展到国有企业改革，从国际金融中心、国际航运中心建设到资源节约型、环境友好型城市构建，从城市创新能力提高到人力资源开发，议题既具前瞻性又有针对性，既符合上海实际又体现世界潮流。与会成员围绕这些议题，以卓越的智慧和丰富的经验积极建言献策，为推动上海改革开放和现代化建设做出了重要贡献。”

2.2.4 公务与公关相结合推进上海市政府工作

在新世纪以来的上海市政府公关发展阶段，公务与公关相结合，已逐渐成为上海市政府工作习惯。从“上海发布”等政务“两微一端”的开发与覆盖，到市管干部任免等公示制度和政府部门网站建设，再到全上海市政府新闻发言人制度建设，上海市政府公务活动的公开化程度，在全国也堪称走在最前列。有些公务活动，同时也是公关活动，这已成为上海市政府部门的共识。至于具体的上海市政府公务与公关相结合的案例，这里以上海市人民政府新闻办公室的主任致辞为例：

当前位置： 首页 >> 本办介绍 >>主任致辞

主任致辞

欢迎访问上海市人民政府新闻办公室网站。

作为上海市人民政府的一个职能部门，向世界说明上海，是我们的职责。我们致力于向社会公众发布政府权威新闻信息，协助中外媒体朋友客观、全面、准确地报道上海，以展示上海这座现代化东方大都市的崭新风貌和迷人魅力。

这是我办的官方网站，也是我们新的服务平台。借助这个互联互动的工作空间，我们将全力为媒体和公众提供更为便捷的政府新闻服务。

本网努力融新闻性、服务性和互动性于一身，是市政府重大新闻的官方发布平台、中外媒体在沪采访报道的服务平台，以及展示和推介上海的信息平台。本网及时发布市政府重要政务信息和我办的重要工作信息，提供市政府新闻发布会的网络直播和历次发布实录。在此，您还可以了解上海重要的对外文化交流活动和相关服务设施的信息。值得一提的是，本网“记者服务”栏目接受记者采访活动网上报名，提供在沪采访报道的重要线索和信息等服务。

本网也是我办工作的新起点和新动力，您的意见和建议，我们都将予以尊重。

感谢您的到访。

上海市人民政府新闻办公室主任

图 2－1　上海市人民政府新闻办公室官方网站主任致辞部分

从公关语言分析的角度而言，政府官方网站上这种平实文风的出现，就是公务与公关相结合的政务工作习惯已经出现的明证。有研究指出，2008 年后上海市政府加强了舆情分析与研判工作，上海市政府公关已不仅仅是与公务相结合，其专业化程度也在提高。在 2010 年“11·15 上海静安区胶州路火灾”期间，上海市政府危机公关小组已经能够准确预测舆情爆发的第一高点和第二高点及其产生原因，什么样的举措和发布口径能够使得舆情转向等。大火的发生当然是悲剧性事件，但政府部门有能力对应急突发事件进行有效管理，这同样是对人民生命财产负责任的表现。

另外值得关注的是，作为世界知名国际化大都市的上海，政府在外文信息发布方面的努力，同样有目共睹。

2.3 专题研究：上海市政府信息公开和发言人制度建设

2.3.1 上海市政府信息公开制度建设

政府信息公开制度“是实现法律赋予公民和其他社会主体知情权的基本途径，也是政府有意识地推进自身从管制型政府向服务政府、有限政府、责任政府转型的一项重要公共政策”。有研究这样回顾了上海市政府信息公开制度建设：“上海开展政府信息公开工作十年来，保障了申请人的申请权利，提升了政府工作的透明度，促进了依法行政，服务了人民群众的生产、生活和经济社会活动。但同时也遇到了主动公开量的增长未带来被动公开量的减少、全部公开比例渐趋下降、部分公开比例占比微小、免予提供理由答复占比高、免予公开理由答复占比低、行政争议量逐年上升、申请方式集中于当面申请、所申请信息集中和申请人集中等问题。未来，有必要在信息流通理论指导下，注重从内部公开、外部公开、主动公开和被动公开等各种信息流间相互作用的基础上，进一步推进政府信息公开工作。”

从上海市政府信息公开制度建设的回顾角度而言，2004 年 1 月 19 日，上海市通过了《上海市政府信息公开规定》。该规定自 2004 年 5 月 1 日起施行。随着 2008 年 5 月 1 日，中央政府层面的《中华人民共和国政府信息公开条例》的正式实施，在上述规定的基础上，上海于 2008 年 4 月 28 日对《上海市政府信息公开规定》进行了修改，并与当年 5 月 1 日正式实施。十多年来，上海的政府信息公开工作，提升了政府工作透明度，有利于经济社会发展，是上海市政府公关的具体成果。上海市政府信息公开制度建设至少有以下几个层面的作用：

①提升政府工作透明度。在政府信息公开制度的保证下，上海市政府工作透明度不断提升。近十年来，上海市政府信息公开内容，从过去侧重公文正式行文后的结果类信息公开，到现在开始在重大政策制定过程中以网上征集公民评议、举行听证会等形式，促进过程类，非公文类信息公开。而且，上海市政府信息公开的范围也不断突破狭义的政府信息定义，在党务信息公开上也走在了全国前列。自 2012 年起，上海开始探索在政

府门户网站等官方信息发布渠道设立“党务栏目”或“党政混合信息栏目”。在全市层面建立健全了党政混合信息公开制度。

②保障公民知情权。自 2004 年以来，上海市政府信息公开制度建设，有效保障了公民作为信息公开申请人的知情权。2004—2014 年，上海市政府信息依照申请公开答复比例显示，全部公开和部分公开信息数总计 67705 件，占所有答复总数（120115 件）的 56. 37%，即超过一半都是政府同意根据公民申请公开相关信息。其中，最高时同意公开率达到 84. 75%（2004 年），最低时也有 41. 75%（2011 年）。这些数据说明，公民作为申请人的政府信息知情权，在一定程度上得到了保障。

③政府信息为公众服务。上海的政府信息公开制度建设，从起初重点推进“关注度高、公益性强、公权力大”的部门的政府信息公开，已转变为现在的“涉及管理规范和发展计划、与公众密切相关的重大事项、公共资金使用和监督、政府机构和人事信息、重大决策草案五大方面的政府信息公开”。上海市政府在信息公开方面的公共关系工作，围绕规范性文件、规划、统计、收费、政府采购、财政预决算、应急预案、安全事故报告、行政监管、公务员招录、公共服务信息等各方面，进行“全方位公开”。同时，政府信息解读类服务也不断推陈出新，增强了上海公众对公共政策的理解。

④政府数据开放和利用。目前，上海市政府数据服务网运行良好，在全国形成了引领示范作用。从 2012 年起，上海向全社会开放了包括市商委、交通委和住房保障局等 9 家政府机关单位的信息，涵盖地理位置、道路交通、公共服务、经济统计、资格资质、行政管理等六大领域 193 项数据服务产品和 16 项数据服务应用。2015 年，上海市政府数据服务网 2. 0 版开通，28 个市级政府部门，涵盖经济建设、资源环境、教育科技、文化休闲、卫生健康、民生服务、道路交通、社会发展、公共安全、机构团体、城市建设、信用服务等 12 个领域共 190 项数据内容向社会开放。

⑤不断拓宽公民获取政府信息的渠道。除官方报纸、新闻发布会，免费发放的政府公报和档案馆、图书馆等传统渠道外，上海市政府网站、政务两微等网络发布方式，已成为上海公民获得政府信息的第一平台。2004 年起，“中国上海”门户网站就开辟了政府信息公开专栏；2006 年实现了“主动公开政府信息”的全文检索功能；2008 年起，“中国上海”门户网站对政府信息公开专栏设置进行了优化，增设“市政府信息公开意见箱”等网站互动功能。2011 年起，上海即开通了“上海发布”政务微博，主

动发布与上海民众生产生活密切相关的政府信息，2013 年，“上海发布”增设微信版。2012 年起，为方便市民咨询、求助和反映问题，上海还对过去设置的众多公务热线进行了有效整合，设立了“12345”市民服务热线。值得一提的是，上海市政府信息公开工作还在不断降低资费，有研究指出，上海依申请公开的政府信息，平均每件收费只有 0.61 元，收费构成明确为检索费、复制费与邮寄费。

2.3.2 上海市政府新闻发言人制度建设

政府新闻发言人制度建设，是政府公关的重要环节。从中国政府新闻发言人制度建设的角度而言，以 1982 年 3 月外交部新闻发布会为起点，当时钱其琛作为外交部新闻司司长代表中国政府发言，李肇星以翻译身份参与。那是一场“没有座位的新闻发布会”，当时有七八十位中外记者受邀出席，大家就站在钱其琛周围。作为新中国外交部的首位新闻发言人，钱其琛发布了一个只有三句话的简短声明：“我们注意到了 3 月 24 日苏联勃列日涅夫主席在塔什干发表的关于中苏关系的讲话。我们坚决拒绝讲话中对中国的攻击。在中苏两国关系和国际事务中，我们重视的是苏联的实际行动。”

自 1982 年以来，中国的政府新闻发言人制度建设经历了长足发展，无论在新闻发布数量还是质量上，都有了显著进步。基本建立起以国务院新闻办公室（中央外宣办）、国务院各部委、地方省市的三级新闻发言人制度。各级政府还通过分期培训，培养了相关干部。

在正式建立上海市政府新闻发言人制度之前，1998—1999 年，上海市政府已初步尝试每年举办 3～4 次对中外记者同时开放的新闻发布会。此外，针对境外媒体的需求，上海还曾配合上海市市长企业家咨询会议等重大政府公关事件，每年举办 1～2 场“外国记者见市长”活动。

上海市政府新闻发言人制度建设的正式启动，是 2003 年上海市政府在驻沪中外记者新闻通气会上“首度尝试了新闻发言人制度这一国际惯例”。“发言人制度的启动旨在营造公开、透明的信息环境，为驻沪中外记者提供规范的新闻服务。上海市政府发言人将起到沟通政府和新闻媒体，并通过新闻媒体沟通政府和广大公众的桥梁作用。”上海市政府新闻发言人制度建设是改革开放以来，上海经济社会发展的必然产物。作为现代化国际大都市的上海，需要更多地采用国际通行的政府公关方法，建立起与境内外新闻媒体、公众以及其他社会组织沟通和联系的渠道；建立政府新闻发言人制度，也是上海市政府职能转变，建设服务型政府的实际举措；这项制度的意义还在于充分保障公众的知情权，从而更好地实现人民对政府行为的监督。

上海市政府新闻发布厅自正式开放起，一直位于上海城市规划展示馆五楼，由该馆原学术报告厅改建而成，共有 126 个记者席位。厅内有现代化的摄影、摄像工作台，以及用于网络和电台直播的工作区，同时分散配置了音频、视频结构，可供参加发布会的国内外记者工作。经过十多年的上海市政府新闻发言人制度建设，上海市已形成比较完整的市政府、各局委办、各区县和市人大、市政协、两院及工青妇新闻发言人团队，并已形成相应的工作体制机制。在上海市政府新闻发言人制度建设不断走向成熟的过程中，还产生了新闻发布机构不断扩员的现象。

相关研究表明，2003 年建立的上海市政府新闻发布运作机制中，主要包括四个行为主体：上海市政府及政府部门、新闻发布机构、媒体与公众。其中，以上海市政府及政府部门为“信息源”，新闻发布机构负责“信息公布”，通过媒体再传递给公众。在该模式中，上海市政府新闻发布机制中存在三次“把关”：第一次“把关”由市政府及其组成部门完成；第二次“把关”由新闻发布机构进行；第三次“把关”由媒体完成。作为政府新闻发言人及其工作团队，他们最为担心的是媒体误读，并将错误内容发布并传播给公众。“如果发生这样的问题，新闻发言人与发言人小组会与媒体沟通，并在必要时做出澄清和更正”。

自 2008 年起，上海在政府新闻发布机构方面进行了扩员，特别是市人大、市政协、两院及工青妇新闻发言人的加入，突破了“政府”新闻发言人的范围，将其他重要公权力机构纳入正规新闻发布范畴，上海又一次在地方政府新闻发言人制度建设中成为“领头羊”。

与时代步伐相吻合，上海市政府新闻发言人制度建设在不断完善的同时，也在不断利用新媒体扩大政府新闻发言人制度的影响力。目前，上海市人民政府新闻办公室已建成“感知上海”网上国际新闻中心，并开设“政府新闻发言人”专栏。不忘初心、方得始终，“感知上海”网上国际新闻中心这样概括了上海市政府新闻发言人制度的目的：“建立新闻发言人制度，目的是在上海努力营造公开、透明的信息环境，为中外媒体记者提供规范的新闻服务”。

2.4 典型案例

2.4.1 浦东开发开放十周年活动与上海市政府公关

（1）项目背景

浦东新区，是上海自20世纪90年代以来跨越式发展的缩影，是中国改革开放的象征。自1990年4月18日，中国政府正式宣布开发开放上海浦东开始，上海干部群众在这片522平方公里的土地上用不到三十年时间，创造了城市发展的奇迹。在浦东开发开放之初，坊间就有“八百壮士下浦东”之说，生动说明了当时浦东开发的领导干部集体敢闯、敢干、敢为天下先的创造精神。正是在这批先行者开创型工作的基础上，浦东新区能够从无到有，再到今天在世人面前的外向型、多功能、现代化新城区；浦东新区经济在二十多年里能够持续快速发展，“经济总量占上海市的比重由1990年的1/12上升到2013年的三成，形成了以服务经济为主体的产业结构和创新驱动为主导的发展模式，成为上海经济快速发展的重要增长极”。

2000年，在浦东“面向新世纪的跨越式发展”道路面前，当时的浦东新区党工委、管委会，以及于当年正式成立的浦东新区区委、浦东新区政府（2000年8月浦东新区正式配齐四套班子，浦东新区管理委员会作为上海市人民政府的派出机构结束历史使命）组织了“浦东开发开放十年回顾与展望”系列活动，并于当年获得上海市优秀公关案例金奖，开创了政府部门因政府公关活动获得公共关系行业荣誉的记录。

浦东开发开放十周年的巨大成就表现在“综合经济实力跃上新平台”“重点开发区出形象、出功能、出效益”“对内对外形成全开放新格局”“城市建设现代化新城区框架”和“社会事业同步协调发展”五个方面。围绕这五方面内容，“浦东开发开放十年回顾与展望”系列活动中，浦东新区政府采用了多种公关传播方式，向上海、全国及全世界公众展现浦东开发的成果，并在此基础上对浦东未来的开发战略进行了广泛讨论。系列活动使得公众接受信息与主动参与感得以结合，制造了多个舆论热点。在上海市优秀公关案例评选中，专家认为，活动“主题突出、内容丰富，做到了既有一定声势，又避免过于集中的良好效果”。

“浦东开发开放十年回顾与展望”系列活动中的一个亮点，就是对重点开发区的推介，力求重点开发区“出形象、出功能、出效益”。当时，浦东新区是这样推介陆家嘴、金桥、外高桥和张江等重点开发区的："经过十年来的开发建设，浦东四个国家级重点开发区的发展面积达到 30 平方公里，进入了出形象、出功能、出效益的新阶段。"作为浦东新区政府的首任区长，胡炜先生曾亲自在"浦东开发开放十年回顾与展望"系列活动中介绍浦东的四个国家级重点开发区：

陆家嘴金融贸易区：区内已建成的一批现代化大楼，为功能机构入驻提供了智能化的办公设施，10 万平方米的中心绿地、1500 米的滨江大道以及正在建设中的世纪大道。为功能性机构入驻创造了良好的生态环境。目前，78 家中外金融机构、上海证券交易所等一批国家级、地区级要素市场，以及西门子、阿尔卡特等一批跨国公司地区总部和国内大集团总部集聚陆家嘴金融贸易区，尤其是小陆家嘴金融区的 CBD 功能日趋增强，人流、物流、资金流、信息流、技术流的集聚辐射效应开始发挥，金融贸易功能开发步伐进一步加快……随着上海商业城、东方明珠、金茂大厦和国际会议中心相继竣工投入使用，陆家嘴的会展旅游功能已崭露头角。

金桥现代工业园区：十年来，金桥开发区累计引进项目 340 个，吸引中外投资 53. 5 亿美元，进区项目规模大、技术新、档次高。1992 年以来，区内工业总产值以年均 40% 以上的速度递增，1999 年工业总产值达到 368. 92 亿元。其中经国家认定的高新技术企业产值 252. 1 亿元，占总量的 68. 3%。1999 年以来，上海通用汽车和上海华虹 NEC 电子等项目相继建成投产。汽车及零部件、微电子和计算机、现代通信、现代家电、生物医药、光机电一体化等高新技术和支柱产业规模进一步扩大。

外高桥保税区：保税区的封关运营面积达到 6. 4 平方公里，国际贸易、保税仓储、物流分拨和出口加工功能开始凸现。1999 年内集聚的 2000 多家贸易公司进出口总额达 47. 5 亿美元，其中出口 17. 6 亿美元，同比增长 72. 8%。9 个保税市场 1999 年交易额 17. 1 亿美元，同比增长 14. 8%。外高桥保税区海关全年实现进出口关税 21. 9 亿元，外高桥的区港联动继续推进。1999 年保税区的港口吞吐量已突破 771 万吨，比上年同期增加 33%，完成集装箱吞吐量 92. 7 万标准箱，同比增加 37. 3%。保税区与港务局已正式签署了《合资开发上海外高桥保税区仓储物流中心协议》。

张江高科技园区：张江高科技园区是上海市高科技创新创业的重要基地，1993 年正式启动以来，在基础建设和招商引资方面年年都有新进展。1999 年，园区开发面积从 17 平方公里扩大到 25 平方公里，重点突出技术创新区建设和生物技术、信息产业的功能开发。市委、市政府还出台了支持张江发展的19条政策，进一步推进了张江园区的高科技产业化和技术创新体系建设。目前，园区已初步形成科技创新区、国家生物医药科技产业基地、国家微电子信息产业基地和上海软件园联动发展的新格局。

（2）项目评价

回顾世纪之交，政府官员特别是地方政府主要领导人亲自撰文为任职地“站台”，实际上并不多见，这体现了浦东新区的超前意识。

尤为符合公共关系方法的是，浦东新区向各大媒体投送的上述信息被广泛采用，不仅是上海本地媒体，浦东新区的“浦东开发开放十年回顾与展望”系列活动也成为国家级媒体以及国际媒体的重要信息源，这样的效果是比较理想的。更有媒体将浦东新区提供的信息直接作为记者写稿的“新闻资料”，并刊印出来以飨读者。有目共睹的是，胡炜区长当时亲自推介的四个重点开发区，在21世纪的浦东开发开放中，发挥了关键性作用。目前，外高桥保税区、陆家嘴金融贸易区已被纳入中国（上海）自由贸易试验区，承担起新时期更为重要的国家使命。

2.4.2 迪士尼项目开发过程中的上海市政府公关

（1）项目背景

上海迪士尼乐园是中国内地首家迪士尼主题乐园，位于上海市浦东新区上海国际旅游度假区内，于2016年6月16日正式开园。目前，上海迪士尼乐园拥有六大主题园区：米奇大街、奇想花园、探险岛、宝藏湾、明日世界、梦幻世界；两座主题酒店：上海迪士尼乐园酒店、玩具总动员酒店。

早在上海世博会前，就有研究认为上海迪士尼乐园将是上海后世博时代的一张“经济王牌”，能够使上海第三产业发展突破目前的瓶颈，成为上海现代服务业发展的重要载体。根据当时的初步推算，上海迪士尼乐园项目的直接投入超过500亿元，每年吸引游客保守估算就达到1000万人次以上。实际上，从20世纪末—21世纪初开始，上海即开始酝酿引进迪士尼乐园项目，特别是近十年来的大量国际国内政府公关运作，才使得这样一个特殊的世界级项目平稳落地。

在上海迪士尼举行开幕典礼中，国务院副总理汪洋代表中央政府到场祝贺，并带来了国家主席习近平的贺信。开幕式当天有部分受邀嘉宾因没有带雨伞而站在雨中观礼。国务院副总理汪洋在致辞时曾开玩笑说："华特迪士尼总裁艾格先生与上帝关系不错，开园时下雨。在中国文化里水为财，这下的不是雨，下的是美元和人民币。有大喜临门之意"。这当即引来迪士尼员工、嘉宾的笑声和掌声。参会国外记者也向中国助手询问中国文化中雨水的更具体的含义。而这，仅仅是迪士尼项目中政府公关的一个重要环节。

关于上海引进迪士尼项目，早在香港正式引进迪士尼项目之前，上海方面就有了相关讨论，当时的评估是"沪港两地对迪士尼都有吸引力"，并判断"一个国家拥有两个迪士尼主题乐园是可以接受的"等。

香港迪士尼乐园于 2000—2005 年进入建设期和开园前后，上海加紧了对引进迪士尼项目的研究，与华特迪士尼公司的接触也愈加频繁。这与进入新世纪之后，上海不断探索城市综合竞争力新增长点的时代被禁紧密联系。从 2001 年起，以"文化产业推进城市综合竞争力"，就已经逐渐成为上海城市发展的共识。对于上海都市型旅游在 21 世纪的发展对策，曾被列入上海市哲学社会科学"九五"规划课题，进行系统研究。上海国资委旗下的上海建工集团更于 2001 年通过收购方式成功入主香港联交所上市公司——香港建设（控股）有限公司，直接参与香港迪士尼项目的建设。

实际上，从香港迪士尼乐园开工建设起，有关迪士尼乐园也将在上海落户的声音就一直没有终结。2002 年起，经过扎实的前期调研，上海开始推进文化产业发展并酝酿主题公园建设，当时就曾于华特迪士尼公司取得了初步联系，但在合作条件上出现分歧，双方谈判陷入僵局。至于原因，"普遍的说法是，迪士尼要价过高，包括公园周围方圆 25 公里内不允许有高层建筑、迪士尼要经营公园周围大部分的餐饮、酒店和娱乐设施等。"不过，从政府公关的角度来看，上海市方面采取了合理的方案，即保持与迪士尼方面的沟通，使得双方均表示不放弃计划。在 2003 年 11 月，时任上海市副市长姜斯宪更曾明确表示，在香港迪士尼 2005 年建成后，上海将在 2010 年左右启动建造主题公园的计划。

经过连续数年的沟通与接洽，2005 年上半年迪士尼方面的授权谈判代表与上海市陆家嘴集团公司就在上海兴建迪士尼乐园进行了正式会谈，双方初步计划在浦东共同注册一家股份公司，迪士尼以商业荣誉、技术和资金入股，陆家嘴集团公司则以土地入股。在后续谈判不断敲定各项具体事宜后，2009 年上海市将上海迪士尼项目申报国家发改委，并于同年 9 月 30 日获得批复核准。至此，上海市政府直接出面落实迪士尼项目即告一段落。

在 2010 年上海世博会期间，上海（申迪）集团有限公司正式成立。2010 年 11 月 5 日，上海申迪（集团）公司与华特迪士尼公司在市政府会议厅正式签署上海迪士尼项目合作协议。同日，时任上海市长韩正为申迪（集团）公司和上海国际旅游度假区管委会揭牌。目前，上海申迪集团由原上海市政府副秘书长范希平任董事长，申迪是这样介绍自己的："上海申迪（集团）有限公司是经上海市政府批准设立的全资国有企业，于 2010 年 8 月 8 日注册成立，负责与美国华特迪士尼公司合作，共同投资、建设和运营上海迪士尼主题乐园及配套设施，同时承担上海国际旅游度假区的土地开发、基础设施建设和相关产业发展任务。申迪集团同时承担上海国际旅游度假区建设工程指挥部办公室的相关工作。"也即，上海迪士尼主题乐园是上海国际旅游度假区的一部分，以主题乐园为核心，带动度假区其他产业发展，主题乐园共同投资、建设和运营，度假区的其他部分由中方开发和经验，彰显了上海在园区开发方面的经验和特色。

在 2005—2010 年迪士尼项目第二阶段谈判期间，有一段值得回顾的往事。2007 年习近平担任上海市委书记期间，上海各方在讨论落实迪士尼项目问题上，曾有上海迪士尼到底应该具有多少中国特色的争论。2015 年习近平主席访美期间，在第八届中美企业家圆桌论坛中曾谈及这段往事，他回忆道，当时的研讨中，他将上海迪士尼项目定义为"美滋美味"，应当对多种文化保持开放姿态。这个意见当时就传递给了华特迪士尼方面，在国事访问中，更传递给了广大美国投资者。上海迪士尼项目的开园，更在 2015 年习近平主席访美过程中，被列入 2016"中美旅游年"框架内的重要活动。这些事实表明，上海迪士尼项目的政府公关意义，已经超越了上海市政府公关的范畴，上升到国家公关的层面。

（2）项目评价

上海迪士尼项目中的上海市政府公关是一次长线、有针对性和特定关键公众人物参与的政府公关，经历了三个政府公关阶段：从世纪之交的接洽和布局，到第二谈判阶段的逐项落实，再到 2010 年正式成立"申迪"之后的实务性工作。上海迪士尼项目中的上海市政府公关，充分体现出上海市政府“开明睿智”“大气谦和”，富有战略性公关思考与技巧的一面。

作为世界顶尖的乐园项目，迪士尼方面在于上海接洽初期的“要价过高”是可以想见的。但上海方面能够准确捕捉到迪士尼方面希望进驻中国内地市场的路线图，结合自身发展需求，与迪士尼方面展开为期十年的耐心谈判，从第一阶段的“僵而不破”到第二阶段的“逐项讨论”，再到用中国方式开发上海迪士尼项目特别是盘活整个上海国际旅游度假区建设，上海在这次谈判中是成功的。

在与美方的接触和沟通中，上海市政府还善于与中国中央政府形成合力，将地方政府公关与国家公关相结合，使项目的公共关系效应最大化，这也是政府公关研究的增长点。

2.4.3　外滩踩踏事件中的上海市政府危机公关

（1）项目背景

2014年12月31日晚间发生的上海外滩踩踏事件，不少上海市民仍记忆犹新。此次事件是上海市近年来处理的造成重大伤亡和严重后果的公共安全责任事件。上海每年面临着这样一个现实：举办的各类大型群众性活动超过4000场次，位居全国前列。这些活动往往影响大、规格高，吸引着大量市民和来自国内外各地的游客。进入21世纪以来，新年迎新等人群自发聚集的群众性活动也呈现经常化、固定化态势。上海外滩踩踏事件，就是因元旦迎新期间，人群自发大量聚集在外滩部分路段，滞留时间较长，“瞬聚难疏”而导致的悲剧性事件。外滩踩踏事件、静安火灾事件等突发事件考验着上海市政府应急管理的水平，也考验着上海市政府危机公关的能力。

根据2015年1月21日上海市政府正式对外公布的“12·31”外滩拥挤踩踏事件调查报告，此次踩踏事件的简要经过和后续处理结果如下：

①事件发生经过。

2014年12月31日晚22时37分，外滩陈毅广场东南角北侧人行通道阶梯处的单向通行警戒带被冲破以后，现场值勤民警竭力维持秩序，仍有大量市民游客逆行涌上观景平台。23时23分至33分，上下人流不断对冲后在阶梯中间形成僵持，继而形成“浪涌”。23时35分，僵持人流向下的压力陡增，造成阶梯底部有人失衡跌倒，继而引发多人摔倒、叠压，致使拥挤踩踏事件发生。

②现场救援情况。

23 时 35 分拥挤踩踏事件发生后，在现场维持秩序的民警试图与市民游客一起将临近的摔倒人员拉出，但因跌倒人员仍被上方的人流挤压，多次尝试均未成功。此后，阶梯处多位市民游客在他人帮助下翻越扶手，阶梯上方人流在民警和热心的市民游客指挥下开始后退，上方人员密度逐步减小，民警和市民游客开始将被拥挤踩踏的人员移至平地进行抢救。许多市民游客自发用身体围成人墙，辟出一条宽约三米的救护通道。现场市民游客中的医生、护士都自发加入了抢救工作，对有生命体征的受伤人员进行紧急抢救。

23 时 41 分 22 秒起，上海市“120”医疗急救中心陆续接到急救电话。23 时 49 分起，先后有 19 辆救护车抵达陈毅广场，第一时间开展现场救治和伤员转运。上海市公安局及黄浦公安分局迅速开辟应急通道，调集警用、公交及其他社会车辆，将受伤市民游客就近送至瑞金医院、长征医院、上海市第一人民医院和黄浦区中心医院抢救。同时，迅速组织力量千方百计收集伤亡人员信息，及时联系伤亡人员所在单位和家属。

③事发后应急处置与善后情况。

事件发生后，市委、市政府主要领导迅速赶赴现场指挥应急处置工作，并分别赶往医院看望慰问受伤人员和伤亡人员家属。同时，连夜召开紧急会议，决定成立医疗救治、善后处置等专项工作组和联合调查组，各组当即开展工作。

调动全市优质医疗资源全力以赴救治伤员，在专家会诊评估的基础上，按照“一人一方案、一人一专家”的要求，逐一明确医疗方案，尽一切可能挽救生命。通过多种途径尽快确认伤亡人员身份，及时向社会公布遇难者名单，并对出院伤者进行随访。指派专人全力做好伤亡人员家属的接待、安抚，组织专业人士对受伤人员和伤亡人员家属进行心理疏导。通过组织集体采访、书面发布、“上海发布”政务微博及微信等形式，及时向媒体和社会发布相关信息。

1 月 1 日上午，市委、市政府召开全市党政负责干部紧急会议，全面部署各项善后工作和全市面上安全防范工作，并在会议开始前向遇难者表示深切哀悼。1 月 4 日，市领导分别参加市十四届人大三次会议各代表团会前组团活动和市政协十二届三十八次主席会议，会前全体与会人员肃立默哀，向遇难者表示深切哀悼。1 月 7 日，市委、市政府召开全市安全工作会议，要求全面开展各类安全隐患排摸，针对薄弱环节和短板，一个一个认真梳理，一件一件细致解决，切实做好人员密集场所的安全管理工作。

报告认定“这是一起对群众性活动预防准备不足、现场管理不力、应对处置不当而引发的拥挤踩踏并造成重大伤亡和严重后果的公共安全责任事件”。上海市政府还对外正式发布了“‘12·31’外滩陈毅广场拥挤踩踏事件责任人员处理决定”。

外滩踩踏事件中的上海市政府危机公关中，上海市有关方面能够在第一时间完成救护伤员、安抚遇难人员家属、迅速组建调查组、及时发布事故信息等系统性任务，与上海突发事件应急处理机制的建设分不开。上海踩踏事件发生后，在政府危机公关的公共传播方面，仅上海市新闻办官微“@上海发布”就在一个月内主动发布相关微博 69 条，其中 1 月 1 日—5 日之间有 44 条，引发众多网民的评论和转发，有效引导了事件处理阶段的信息流，同时也达到了控制谣言、化解舆论危机的目的。

（2）项目评价

无论从危机传播管理，还是从应急管理机制的角度，上海市在大型群众性活动的管理上，积累了相当的经验。在外滩踩踏事件面前，上海市的政府危机公关做到了尽量将损失最小化，保证社会舆情可控，没有发生次生性危机，并且能够在一个月之内完成整个事件的初步善后处置，并出台调查报告和处理相关责任人。横向比较而言，这已经体现出上海市政府危机公关的较高水准。

第3章　上海国际公共关系三十年

本章主要考察1986—2016年上海国际公关的重大事件，进而归纳出上海国际公关的五个基本特点：城市国际公关观念较强，吸纳外国人口和外资效果突出；大量接待外国元首访问，提高城市国际地位；举办各种国际大型活动，传播上海沟通世界；辅助国家外交，支持创建国际政治经济合作平台；市公关协会积极参与，服务助推城市国际公关。在分析上海国际公关环境优势基础上，指出未来上海国际公关发展的方向将着重是服务于上海建设“全球城市”这一新目标，并与国家“一带一路”发展战略相结合。

3.1　发展概述

本节以1986年上海电视节的创建为起点，以2002年上海世博会的成功申办、2013年国家“一带一路”战略的提出和2016年上海作为“全球城市”建设的新定位作为重大时间分段标志，对三十年来上海国际公关的发展历程进行考察与分析。从中有两大发现：第一，鲜明的政府主导性。城市国际公关行为大都离不开政府主导，甚至政府成为重要主体，如上海世博会的申报和举办。这与公共外交的情况相类似。第二，活动传播是重要形式。活动传播不是公关传播的唯一形式，但却客观地成为城市国际公关传播的重要形式，如F1大赛，虽然参与者小众，但因为存在一个稳定并逐渐扩大的关注群体，加上活动规格高，随着卫星电视的直播和转播，增进了这部分群体对上海的了解和赞誉。所以，系列国际活动成为上海国际公关的重要主线。

3.1.1　1986—2001年的上海国际公关

这15年，属于上海国际公关事业的起步阶段。上海地处东亚地理中心和西太平洋的东亚航线要冲，长期的“华洋杂居”，使上海成为海派文化的代表。1984年，上海成为全国第一批沿海开放城市之一；1990年，中央政府决定开发开放浦东。这些条件使上海国际公关工作起步早、起点高、成效大。这15年的上海国际公关活动主要通过四大文艺节事、两大体育赛事、三大经济论坛和一个国际组织的建立呈现。

上海电视节。创建于1986年12月，是中国第一个国际电视节，经上海市人民代表大会常务委员会批准设立。作为全球为数不多的集评奖、市场交易与创投、论坛于一体的综合性国际电视节，上海电视节始终秉承专业、前瞻、创新的特色，发挥文化交流功能、产业集聚功能及经济带动功能，在业界享有广泛的声誉和影响力。经过20多年品牌打造，已成长为亚洲规模最大、最有影响力的综合性国际电视节活动之一。上海电视节主体活动包括：以权威性、公正性闻名国内外业界的电视评奖活动——"白玉兰奖"国际电视节目评选；以国际性、专业性见长的影视节目交易平台——国际影视节目市场及亚洲的动画项目创投平台——亚洲动画创投会；汇集中外电视专业领域顶尖技术设备国际新媒体与广播影视设备市场；秉承"全球话题、行业经验"以打造行业风向标为诉求的"白玉兰"国际电视论坛。此外，上海电视节还设有MIDA（国际纪录片评奖活动）、电视剧互联网观众票选、"白玉兰"优秀电视节目展播及大学生电视节等特别活动。第1至第10届基本上是两年一届，从2005年的第11届起改为每年举办1届。至2016年已经举办22届。

上海市市长国际企业家咨询会议。1989年10月创办。20世纪80年代末，上海开始谋划建设世界级城市。时任上海市市长的朱镕基认识到进一步发展外向型经济是上海经济发展的重要出路，认识到上海的发展不仅需要依靠自身的力量，也需要世界各国的帮助。基于这种思考，1988年，他接受了中国国际信托投资公司执行董事、中国国际投资咨询公司董事长经叔平先生关于邀请国际上著名的企业家担任顾问的建议。在获得国务院领导同意后，经上海市外国投资工作委员会与美国安达信公司亚太地区主管合伙人麦克米伦先生半年多的共同筹备，上海市市长国际企业家咨询会议于1989年10月在上海西郊宾馆进行了首次会议。此后每年秋天举行的市长咨询会议，都针对上海经济发展中的1～2个突出问题进行专题讨论，为上海市市长提供咨询和建议。成员已由最初7个国家增加到16个国家。上海市市长咨询会议一般于每年10月最后一个或11月第一个星期日召开，会期一天。会议规模一般在500人左右（中方40%，外方60%），中方出席人员名单由市政府办公厅依据会议主题提出建议，报市领导审定，一般包括市府副秘书长以上所有领导、委办局及区县主要领导、上海大型国企和集团的主要领导、上海高校和科研院所主要领导。外方一般包括成员、特邀演讲嘉宾、市长客人、成员所在国驻沪总领事、观察员、成员助手等。

首届东亚运动会。1993 年 5 月在上海举办。东亚运动会是东亚规模最大的综合性运动会，由东亚运动会联合理事会主办，每四年举办一届。参与国包括中国、日本、韩国、蒙古国、朝鲜、关岛等。国际奥林匹克委员会承认东亚运动会为正式的东亚地区运动会。首届东亚运动会设有 12 个项目：田径、游泳、足球、篮球、羽毛球、体操、举重、柔道、赛艇、拳击、保龄球及武术。软式网球列为示范赛。参赛国家及地区共 9 个：中国、日本、韩国、朝鲜、蒙古以及特邀成员关岛等，共派出 1283 名男女选手参加。在 10 天的竞赛中，总共决出 534 枚奖牌。其中金牌 170 枚，中国选手夺得 105 枚金牌，名列第 1，日本、韩国分别获得金牌 25 枚和 23 枚，名列第 2、第 3 位。共有 7 人 14 次破 13 项亚洲纪录。自第七届起，东亚运动会改革为东亚青年运动会，参赛运动员的年龄原则上在 14～18岁之间，首届东亚青年运动会将在 2019 年举行。

第 11 届世界中学生运动会。1998 年 10 月在上海举办，这是世界中学生运动会首次在欧洲以外的国家举行。世界中学生运动会由国际中学生体育联合会主办，限 17 岁以下的在校中学生参加的国际综合性运动会。1990 年以前每两年举办一届，后改为每四年一届。上海举行的第 11 届世界中学生运动会有 28 个国家和地区的 1300 多名运动员参加比赛，15 个国家和地区的运动员获得了奖牌。中国体操运动员邢傲伟发挥出色，获得了 6 枚金牌，成为本届运动会上获金牌最多的运动员。获得金牌总数前三名的国家是：中国（41 枚）、意大利（13 枚）和法国（10 枚）。

第 5 届《财富》全球论坛。1999 年 9 月在上海举办，也是《财富》全球论坛第一次在中国举办。本届主题为“中国：未来的 50 年”，讨论的都是有关中国的问题。《财富》全球论坛创办于 1995 年，由全球商业新闻领导者美国《财富》杂志主办。论坛只通过邀请方式组织，出席者仅限于各大跨国企业的董事长、总裁、首席执行官及高级管理人士，探讨全球经济问题，不定期选择在全球经济界最受关注和最具吸引力的地点举行。因其总能敏锐地觉察到世界经济的脉搏，被称赞为“把握世界经济走向最清晰和最直接的窗口”。

上海国际艺术节。1999 年 11 月创办。是经中华人民共和国国务院批准，由中华人民共和国文化部主办，上海市人民政府承办的国家级国际艺术节，是我国最高规格的对外文化交流节庆活动之一。以吸收世界优秀文化，弘扬中华民族艺术，推动中外文化交流为宗旨。每年举办一届。其宗旨是：吸引世界优秀文化，弘扬中华民族艺术，推动中外文化交流，繁荣文化市场。上海国际艺术节活动的内容，包括舞台艺术演出、文化艺术展览、群众文化活动、剧目和各类艺术品交易等。上海国际艺术节期间不定期举办国际性的艺术比赛或单项活动。

上海之春国际音乐节。前身是创办于20世纪60年代的上海之春音乐舞蹈月和始于20世纪80年代的上海国际广播音乐节，这两项活动于2001年正式合并成为上海之春国际音乐节。每年举办一次，以“和平、友谊、交融、和谐”为宗旨，并对参赛节目进行评选，设有“金编钟奖”。上海之春国际音乐节主要活动包括：音乐舞蹈新人新作展演；上海地区群众性合唱邀请赛；国际广播音乐节目“金编钟”奖展播及评选颁奖活动；国内广播音乐节目主持人大赛；国际及国内音乐；舞蹈祝贺演出；国际音乐学术报告会；全国部分地区新民乐会演暨研讨会；《东方风云榜》十大金曲评选颁奖演唱会；国际音像制品博览会等项。

2001年亚太经合组织（APEC）会议。2001年10月在上海举办，这是APEC会议首次在中国举行。亚太经合组织是亚太地区最具影响的经济合作官方论坛，也是亚太地区最高级别的政府间经济合作机制，总部设在新加坡。亚太经合组织目前共有21个正式成员和3个观察员。21个成员是中国、澳大利亚、文莱、加拿大、智利、印尼、日本、韩国、墨西哥、马来西亚、新西兰、巴布亚新几内亚、秘鲁、菲律宾、俄罗斯、新加坡、泰国、美国、越南及中国香港地区和中国台湾地区；3个观察员为东盟（ASEAN）秘书处、太平洋经济合作理事会（PECC）和南太论坛（SPF），观察员可参加APEC部长级及其以下各层次的会议或活动。APEC的宗旨和目标为“相互依存，共同利益，坚持开放的多边贸易体制和减少区域间贸易壁垒”。在围绕亚太经济合作的基本方针所展开的讨论中，以下7个词出现的频率很高，它们是：开放、渐进、自愿、协商、发展、互利与共同利益，被称为反映APEC精神的7个关键词。APEC主要讨论与全球及区域经济有关的议题，如促进全球多边贸易体制，实施亚太地区贸易投资自由化和便利化，推动金融稳定和改革，开展经济技术合作和能力建设等。APEC也开始介入一些与经济相关的其他议题，如人类安全（包括反恐、卫生和能源）、反腐败、备灾和文化合作等。会议包括领导人非正式会议、部长级会议、高官会议、工商领导人会议、中小企业部长会议、妇女领导人会议等。

3.1.2　2002—2012 年的上海国际公关

2002 年上海申博成功，是上海国际公关进一步发展的重大成果。2008 年上海世博会的成功举办，大大提升了上海的国际形象，也吸引了更多外资进入上海。2011 年，中共上海市九届十六次全会通过了《到 2020 年将上海建成国际文化大都市》的决议，这对转型发展，全面提升上海的国际地位和影响力具有重大意义。这 10 年举办的国际公关活动无论在数量上还是质量上都比前 15 年有长足发展。

F1 中国大奖赛。2004 年起开始在上海嘉定奥迪国际赛车场举办，上海是中国首个承办这项赛事的城市。中文名称叫“世界一级方程式锦标赛中国大奖赛”，这是由国际汽车运动联合会（FIA）主办的当今世界最高水平的赛车比赛，年收视率高达 600 亿人次，与奥运会、世界杯足球赛并称为“世界三大体育盛事”。F1 赛车为单座，座舱敞露在外，巨大的轮胎也是暴露在车身外面的，没有翼子板遮挡，由各赛车公司或车厂的赛车运动部单独设计和制造。F1 比赛的时间是年度联赛制度，每个分站产生一名分站冠军，全年各分站成绩总积分最高的赛手成为当年度的 F1 世界冠军。全年一般有 17 站比赛，其中有 11 站比赛在欧洲举行，只有 6 站比赛在欧洲以外的地方举行。通常约在三月中开跑，十月底结束赛季。F1 赛事本身是一项烧钱的运动，其意义在于推广城市形象，同时能带动当地旅游、酒店等行业获益。

上海国际田径黄金大奖赛。创办于 2005 年，每年 9 月在上海举办，2010 年改名国际田联钻石联赛。国际田联正式批复的室外赛事之一，中国举办的国际顶级田径大赛，是继网球大师杯、F1 之后又一落户上海的世界一流单项体育赛事。参加该赛事的田径选手按照国际田联的规定必须是年度排名前 40 位的选手方具备参赛资格。上海国际田径黄金大奖赛旨在提高全民对田径运动的关注、推动中国田径运动开展、提高中国田径水平。上海国际田径黄金大奖赛有限公司是此项大奖赛的赛事投资管理公司，公司的股东成员包括上海盛盈投资管理有限公司（系上海盛融投资有限公司与香港晨兴集团的合资公司）、太合传媒投资有限公司、众辉国际体育管理有限公司。上海国际田径黄金大奖赛有限公司努力整合最具社会关注度的两大元素——体育和娱乐，向大众呈现一场颇具规模的“体育 - 娱乐嘉年华”。

2006 年 A1 汽车大奖赛中国总决赛。2006 年 4 月在上海举办。A1 汽车大奖赛（A1 Grand Prix）简称 A1 GP 或 A1，是由国际汽联（FIA）正式批准的首个世界级国家杯赛，每年 9 月至次年 4 月间在世界上至少 11 个国家的顶级赛道举办比赛。A1 世界杯汽车大奖赛是经过国际汽联批准的国际大型汽车赛事，级别仅次于 F1 的汽车赛事。这是一项以国家名义参加、依靠赛车手技术而不是赛车质量获胜的比赛。根据 A1 大赛参赛规定，比赛中，所有参赛选手必须使用相同规格的高水平单座方程式赛车，各参赛国只准组建一个车队代表该国参赛，每支车队只允许一辆赛车参赛，赞助商必须是该国品牌，车手必须拥有该国国籍。时间上基本与 F1 错开，让世界赛车迷多了一种娱乐方式。2006 年 A1 汽车大奖赛中国总决赛吸引了 25 个国家派出车队前来参赛，中国国家赛车队也首次派出车手参加总决赛。25 个参赛国家是：奥地利、澳大利亚、巴西、加拿大、中国、捷克、法国、德国、英国、印度尼西亚、爱尔兰、意大利、印度、日本、黎巴嫩、马来西亚、墨西哥、荷兰、新西兰、巴基斯坦、葡萄牙、俄罗斯、南非、瑞士和美国，这些国家占据世界人口总数的 80%。累计有 8 万人次观看了 2006 年在上海举办的 A1 汽车大奖赛中国站总决赛。

第 8 届世界短池游泳锦标赛。2006 年 4 月在上海举办，也是第一次在中国大陆举办。由国际游泳联合会主办的在 25 米游泳池里进行的世界锦标赛，每两年举办一次。2006 年上海世界短池游泳锦标赛进行了 5 天共 40 个项目的比赛，共有 117 个国家和地区的 1045 名优秀选手参加了本次比赛。此次比赛共打破了 5 项世界短池纪录，21 项世锦赛纪录。观众人数 42000 人。

环崇明岛女子国际公路自行车赛。发端自 2003 年举办的“瀛通杯”全国公路自行车精英赛（男子赛），从 2007 年起改为环崇明岛女子国际公路自行车赛，每年举办一届。2007 年有 10 个国家和地区的 14 支队伍的 77 名运动员参加角逐，赛事等级为个人计时洲际 1.2 级、多日洲际 2.2 级。2009 年环崇明岛女子国际公路自行车赛首次由国际自行车联盟、国家体育总局和上海市人民政府共同主办，赛事等级为个人计时洲际 1.1 级、多日洲际 2.1 级，是洲际顶级赛事，有 12 个国家和地区的 14 支车队 83 名运动员参加比赛。2010—2012 年承办国际自行车联盟女子公路世界杯赛，这在中国、在亚洲都是首次举办。2010 年环岛赛和世界杯赛成为上海世博会系列活动之一，共有 15 个国家和地区 17 支排名前列的国家队和职业队共 99 名运动员参加比赛，并首次采用航拍技术宣传赛事。2014

年第12届环崇明岛女子国际公路自行车赛暨2014年国际自行车联盟女子公路世界杯赛（上海崇明站），国际同盟派出专业摄录团队赴崇明现场与央视合作拍摄赛事，通过网络进行全球播出。

第12届世界特殊奥林匹克运动会。2007年10月在中国上海举行。这是世界夏季特殊奥林匹克运动会首次在中国、在亚洲、在发展中国家举办，也创造了特奥会规模之最。世界特殊奥林匹克运动会（Special Olympics），简称特奥会，是专门为智能低下，言语不清的神经和精神障碍患者甚至是生活不能自理的儿童举办的国际性运动竞赛活动。有来自世界170多个国家和地区的1万多名特奥运动员、教练员，2万多名运动员家长、专家学者和嘉宾以及3万~4万名志愿者参加这次盛会。正式比赛项目有保龄球、室外滚球、帆船、高尔夫、举重、篮球、马术、排球、乒乓球、手球、水上运动、体操、田径、网球、羽毛球、自行车、皮划艇、柔道、溜冰、足球、棒球等21个。表演项目有舞龙舞狮、赛龙舟、板球、机能运动等4个。非体育项目有执法人员火炬跑、社区接待计划、健康运动员计划、家长论坛、青少年峰会、学校教育计划等。上海以举办这次特殊奥林匹克运动会为契机，努力为智障人士创造一个良好的生活、学习和工作环境，体现特殊奥林匹克精神，展示特奥运动员的风采，表达人们对智障人士的关爱和对特奥事业的支持。这是中国为履行推动建设和谐世界的重要行动，在人文层面凸显中国负责任大国形象。特奥倡导的平等包容、尊重人性的精神，是中外文化共同的财富。2007年世界夏季特殊奥运会上，中国特奥代表团获得463枚金牌、336枚银牌和258枚铜牌。此次中国特奥代表团是迄今为止中国参加国际赛事规模最大的体育代表团，代表团由1713人组成，其中运动员有1274人。他们参加了全部21个项目的比赛和4个项目的表演。

陆家嘴论坛。2007年12月成立，2008年成功举办第一届。由上海市政府和中国人民银行、中国银行业监督管理委员会、中国证券监督管理委员会、中国保险监督管理委员会共同主办，每年举行一次，旨在为各国政府领导人、金融界领袖和知名专家学者提供一个共商全球金融领域重大问题的国际性、高层次对话平台，以促进和深化金融领域的全球对话与合作，并以此加快上海国际金融中心建设。作为一个金融领域的专业性论坛，致力于加强中国与世界金融体系的双向融合，深化中国金融改革，促进上海国际金融中心建设，提升中国在国际金融市场的地位。论坛的目标是成为我国金融领域最具影响力的论坛，同时也成为世界上少数几个最有影响力的经济金融论坛之一。首届论坛的主题为“世界格局中的中国金融”；2009 年论坛主题为“全球化时代的金融发展与经济增长”；2010 年论坛主题为“后危机时代的经济结构调整与金融变革”；2011 年论坛主题为“新时期的金融体系及其宏观管理”；2012 年论坛主题为“金融治理改革与实体经济发展”；2015 年论坛主题为“新常态下的金融改革与扩大开放”；2016 年论坛主题为“全球经济增长的挑战与金融变革”。

浦江创新论坛。创设于 2008 年，由中华人民共和国科学技术部和上海市人民政府共同主办，论坛主席为科技部前部长徐冠华院士。论坛围绕“创新”主题，紧扣时代脉搏，携手全球创新力量，聚焦创新驱动战略，关注创新体系建设，洞悉产业变革风云，以全球视野谋划和推动创新。论坛吸引了来自海内外政界、学界、企业界众多高层知名人士作精彩演讲，境内外主流媒体广泛报道，并针对全球创新领域中的各类热点问题展开深度交流探讨，形成了一批对经济发展和创新活动具有重要价值的深刻见解，产生了重要的社会影响力，成为国际科技交流与创新合作的一张闪亮名片。

第 14 届世界游泳锦标赛。2011 年 7 月在上海举办。是迄今为止在中国举办的唯一一届世界游泳锦标赛（FINA World Championships），这是由国际泳联总会主办的最高级别的大型国际性游泳赛事。第 14 届世界游泳锦标赛有来自 181 个国家和地区的近 3000 名运动员参加比赛，分别参加游泳、跳水、花样游泳、水球、公开水域 5 个大项、共 66 枚金牌的角逐，中国队派出 117 名运动员参加全部项目比赛。

3.1.3 2013—2016 年的上海国际公关

习近平总书记在 2013 年 9 月和 10 月分别提出建设“新丝绸之路经济带”和“21 世纪海上丝绸之路”的战略构想，强调相关各国要打造互利共赢的“利益共同体”和共同发展繁荣的“命运共同体”。2015 年 3 月 28 日，国家发展改革委、外交部、商务部联合发布了《推动共建丝绸之路经济带和 21 世纪海上丝绸之路的愿景与行动》。“一带一路”战略构想的提出，契合沿线国家的共同需求，为沿线国家优势互补、开放发展开启了新的机遇之窗，是国际合作的新平台。“一带一路”战略在平等的文化认同框架下谈合作，体现的是和平、交流、理解、包容、合作、共赢的精神。在国家新的战略背景下，上海的国际公关也出现了新的内容。

第四次亚信峰会。2014年5月在上海举行。亚洲相互协作与信任措施会议，简称亚信峰会，是一个有关安全问题的多边论坛。峰会和外长会议均为每四年举行一次，两会交错举行，间隔两年。现有成员国26个、观察员国和组织12个。亚信的宗旨是通过制定多边信任措施，加强对话与合作，促进亚洲和平、安全与稳定。现已制定军事政治、新威胁新挑战、经济、生态、人文等五大领域信任措施。第四次峰会由习近平主席主持，本次峰会主题为“加强对话、信任与协作，共建和平、稳定与合作的新亚洲”。峰会发表《上海宣言》，阐述成员国对国际和地区形势的共同看法，宣示对解决有关热点问题的一致主张。此次亚信峰会是历史上规模最大的一次盛会，共有46个国家和国际组织领导人、负责人或代表应邀与会，其中包括11位国家元首、2位政府首脑及10位国际组织负责人。联合国秘书长潘基文也参会并访华。

第19届跳水世界杯。2014年7月在上海举办。1985年上海曾经举办过第4届（首次由美洲以外的国家举办）。跳水世界杯是由国际泳联主办的世界最高级别的跳水单项赛事，与世界游泳锦标赛和奥运会并称“世界跳水三大赛”，每两年举办一次，其中奥运年一般都与奥运测试赛合并。本届跳水世界杯共设置男女3米板、10米台单双人共8个项目。

金砖国家新开发银行落户上海。2014年7月在上海成立，2015年7月正式开业。是由金砖国家组织成员共同建立的国际性金融机构，目的是为避免在下一轮金融危机中受到货币不稳定的影响，计划构筑的一个共同的金融安全网，可以借助这个资金池兑换一部分外汇用来应急。开发银行简化金砖国家间的相互结算与贷款业务，从而减少对美元和欧元的依赖。首任行长是印度人瓦曼·卡马特，任期5年，之后将按巴西、俄罗斯、南非、中国的顺序轮流产生。英国《金融时报》评价称：金砖国家开发银行将成为1991年欧洲复兴开发银行成立以来设立的第一个重要多边贷款机构。金砖国家新开发银行和应急储备基金初始资本均为1000亿美元。金砖国家开发银行主要资助金砖国家以及其他发展中国家的基础设施建设，拓展了中国和金砖国家在合作方面新的空间；应急储备基金是一种救助机制，不是盈利机制，用于金砖国家应对金融突发事件，其中中国提供410亿美元，俄罗斯、巴西和印度分别提供180亿美元，南非提供其余的50亿美元。

此外，据官方发布，2016年上海市拟举办的国际重大体育赛事有2016年“微笑杯”中韩全明星慈善赛、F1中国大奖赛、2016年国际自行车联盟女子公路世界杯赛、国际田联钻石联赛上海站、中国龙舟公开赛（上海普陀站）暨第十三届上海苏州河城市龙舟国际邀请赛、2016 年上海世界华人龙舟邀请赛、上海国际足球邀请赛、世界体育舞蹈联合会世界大奖赛总决赛、上海黄浦江世界赛艇名校赛、上海国际半程马拉松赛、魔都国际漂移争霸赛、“环长三角”国际公路自行车赛等。这些国际体育赛事活动在上海举办，对增进上海运动员与沪外运动员之间的友谊、增加外国公众对上海城市的了解、提升上海的体育运动优势形象等，都有很好的助推作用。

3.2 发展特点

3.2.1 城市国际公关观念较强，吸纳外国人口和外资效果突出

上海具有海派文化基础，长期的“华洋杂居”，使上海开放包容。1984 年上海成为 14 个沿海开放城市之一；1990 年浦东开发开放；2013 年 1 月对 45 国游客实行 72 小时过境免签政策，9 月自贸试验区揭牌。2013 年 4 月，“2012 魅力中国—外籍人才眼中最具吸引力的十大城市”评选揭晓。上海、北京、深圳、苏州、昆明、杭州、南京、天津、厦门、青岛入选，上海位列第一名。本次评选活动于 2012 年 9 月至 12 月进行，共吸引 17.54 万余人次外籍人才参与，对中国地级及以上候选城市（不含港、澳、台）进行投票。这是国内截至目前唯一一个完全由外籍人才参与评选，由中国政府“友谊奖”获奖外国专家、“外专千人计划”专家等组成的专家评委团队评出的引才引智“中国城市榜”。所有这些，也都造就了上海良好的外商投资环境，增强了外商在上海的投资信心，进而影响外商把短期临时性投资转为长期性战略性投资。

在 2010 年第六次全国人口普查中，在我国大陆居住三个月以上或能够确定将居住三个月以上的香港特别行政区居民 234829 人、澳门特别行政区居民 21201 人、台湾地区居民 170283 人，外籍人员 593832 人，合计 1020145 人。按居住地分，人数排在前十位的省市是：广东省 316138 人，上海市 208602 人，北京市 107445 人，江苏省 64177 人，福建省 62564 人，云南省 47396 人，浙江省 36380 人，山东省 33098 人，辽宁省 23834 人，广西壮族自治区 23445 人。从城市来看，上海则是吸纳外国人口最多的城市。据统计，截至 2012 年年底，上海拥有 73 个国家的总领事馆，20

个国家76家媒体在沪常驻，外籍居民17.3万人，外国留学生5.1万人，当年入境外国游客539.3万人次，位居全国第一。

3.2.2　大量接待外国元首访问，提高城市国际地位

北京、上海、西安是外国元首来华访问首选的“老三站”，在接待外国元首来访数量上，北京和上海的地位一直保持不变。

联合国秘书长、八国集团国家元首都单独访问过上海。尤其是一些重大国事访问，外国元首经常会选择在到北京之前，先抵达上海，这成为一个有趣的现象。作为一个非政治中心城市，能迎来大量外国元首到访，这对提升城市的国际地位和影响力有着重要意义。接待外国元首来访已经成为一个城市开展国际公关活动的一项重要内容。

3.2.3　举办各种国际大型活动，传播上海沟通世界

活动公关是一种高效的传播沟通方式，对提高城市知名度发展地方经济作用显著，被越来越多的城市竞相运用。上海在引进和举办国际大型活动方面成就突出，不仅数量多、类型广、层次高，而且许多活动属于第一次在中国举办。

三十年来，上海举办的文艺类国际活动主要有上海电视节、上海国际电影节、上海国际艺术节、上海之春国际音乐节。体育类国际活动主要有首届东亚运动会、第11届世界中学生运动会、F1世界锦标赛、上海国际田径黄金大奖赛、2006年A1汽车大奖赛中国总决赛、第8届世界短池游泳锦标赛、环崇明岛女子国际公路自行车赛、第12届世界特殊奥林匹克运动会、第14届世界游泳锦标赛、第19届跳水世界杯。会展类国际活动主要有上海市市长国际企业家咨询会议、第5届《财富》全球论坛、2001年亚太经合组织（APEC）会议、陆家嘴论坛、浦江创新论坛、2010年上海世博会、2014年亚信峰会。这些国际活动规格较高或者参与人数众多，媒体报道覆盖面大，有的已举办多年形成了相当好的品牌效应，对传播上海、沟通世界起到很好的作用。

3.2.4　辅助国家外交，支持创建国际政治经济合作平台

与首都北京相比，上海具有弱政治性，利于平衡对外传播中官方和民间声音的比重；同时上海又是中国最大的经济中心城市，这样的地位非常利于开展辅助国家外交的工作。

典型的事例如2001年6月在上海成立上海合作组织（SCO），支持创建国际政治合作平台。2014年7月在上海成立金砖国家新开发银行，支持创建国际经济合作平台。这些公共产品的提供主体是国家，但在兼顾公共外交的理念下，进行某些国际组织选址的下移，对提高相关城市的知名度，以及辅助国家公共外交工作的有效实现都具有创新意义。

3.2.5 市公关协会积极参与，服务助推城市国际公关

上海市公共关系协会是1986年建立的全国第一个省级公共关系社团组织，三十年来，协会一直注意与美国、英国、德国、俄罗斯、日本、新加坡、印度尼西亚、马来西亚等国公共关系协会和专业机构的联系和交流，或组团出访，或邀请对方来沪参加活动，并和其中不少协会和机构签订了合作备忘录。另外，协会还和国际商业传播人员协会（简称IABC）签署了合作协议，在上海合作开展国内首次具有权威性的国际商业传播专业资格认证。

在上海城市国际公关活动开展过程中，协会起到了积极的服务助推作用。例如举办各种国际公共关系论坛和专题研讨活动，广邀中外人士参加"经济全球化时代公共关系论坛"（2001）、"上海国际公共关系峰会"（2005）、"中外公关业合作交流论坛"（2006）、"公共危机管理的现状与未来——上海公共关系论坛"（2008）、"大数据时代的都市形象和公共关系论坛"（2014）等，传播公关前沿理论知识。

3.3 专题研究：上海国际公关的环境优势和发展方向

城市国际公关是指以某一城市作为行为单元，通过形象建设和传播沟通的方式，促成国际公众合作的活动。我国城市国际公关具有以下特点：第一，政府主导（一般由地方政府主导，有时以中央政府主导、地方政府配合），市民为主体，城市为传播沟通平台。第二，以对外经济贸易合作、开展国际文体活动交流、接待领袖访问、市民参与国际议题设置、引进国际组织入驻为主要内容。第三，有实践先导和理念先导两种路径。实践先导源于地理优势，早于理念先导；理念先导源自城市管理者国际公关意识的觉醒。上海城市的地理优势和管理者国际公关意识的结合造就了上海城市的高国际化，并且是将这种优势转化成国际公众合作效果的重要保障。

3.3.1　上海国际公关的环境优势

第一，地理优势。上海位于中国海岸线的中点，是长江的入海口，对长江三角洲、整个长江流域和全国拥有强大的辐射作用。地理优势决定着上海成为全国的经济中心，经济总量全国第一，并拥有世界货物吞吐量最大的港口以及中国大陆首个自由贸易试验区，城市繁华，就业机会多。上海成为世界各国了解中国的窗口、进入中国的门户。

第二，历史优势。近代上海是引进和传播西方科学的中心，中西文化交流的桥梁。20 世纪上半叶，上海来自 58 个国家的外籍居民曾多达 15 万人（约占当时全市人口的 4%），留下众多的历史文化印迹。1972 年签署的《上海公报》更是揭开了中美两国关系正常化的新篇章。丰富的文化积淀是稀缺资源和宝贵财富。

第三，观念优势。长期的"华洋杂居"，使上海富有宽广的国际视野，成为海派文化的代表，这种文化既具有江南文化的灵动雅致，又有西方文明的民主和契约精神，还有着国际化大都市的繁华与时尚。海派文化中开放多元、自由平等、开拓创新的精髓，有助于上海的国际公关收获更多的认同与合作，同时还有利于中国文化在世界范围的传播与交流。

以上三方面的优势造就了上海"海纳百川、追求卓越、开明睿智、大气谦和"的城市精神，以及"公正、包容、责任、诚信"的城市价值取向。海纳百川，是上海历史与现实最鲜明的特征，就是要兼容并蓄、学习别人长处的同时，真正发挥上海面向世界、服务全国的作用；追求卓越，是上海突出的城市品格，体现于上海城市发展中所表现出来的勇于争当世界第一的精神；开明睿智，是上海传统文化资源，开明意味着不因循守旧、不抱残守缺，睿智意味着城市智慧更进一步的充分激发；大气谦和，是上海现代化的基石，体现出一个开放城市需具有的国际大都市的广博胸怀。

城市优势加上主观努力，使上海的现代化和国际化程度较高。1994 年元月，美国卓越国际公司副总裁给上海市领导写信，指名道姓痛陈上海许多窗口单位服务质量不高，人的素质不高。市领导将此信转给《解放日报》编发，一个旨在沟通海内外的交点适时地诞生了；一场由公众引发、媒介参与、政府策划的上海有史以来规模最大的政府公关举措——窗口形象塑造，席卷了上海滩；千余家窗口单位再塑造新形象，千万名职工市民重树文明意识。一个契机，让世界瞩目上海，再次展示了现代化城市的风采。根据 2014 年度美国专业调查机构（PRI）所做的中国城市国际知名度排名，上海仅次于北京和香港位列第三。在城市美誉度上，也有着很好的体现。据《新民晚报》2015 年 6 月 4 日发表的调研信息显示，在被问及“你喜欢上海吗”时，受访的外省市人士中，64.73% 的人选择了“喜欢”，外籍人士选择“喜欢”的比例为 86.08%。问卷结果表明，生活在上海的大部分外省市人士和外籍人士，对上海的整体印象不错。在被问到“如果您喜欢上海，那么上海最吸引您的地方是哪里”时，三类人群不约而同地选择了“机会多，发展空间大”和“国际化程度高、文化多元”这两项。

3.3.2 上海国际公关的发展方向

2016 年 5 月 11 日，李克强总理主持国务院常务会议通过《长江三角洲城市群发展规划》，明确提出“提升上海全球城市功能”的发展目标，上海作为“全球城市”的定位首次写入国家级规划文件中。上海的城市定位发生变化，从 2020 年的现代化国际大都市，转变为 2040 年的全球城市。未来上海国际公关的发展方向，将着重服务于上海建设“全球城市”这一新目标，并与国家“一带一路”战略相结合。

全球城市（Global city），又称世界级城市，指在社会、经济、文化或政治层面直接影响全球事务的城市。全球城市一词由萨森（Saskia Sassen）于 1991 年首创。英国伦敦、美国纽约、法国巴黎和日本东京传统上被认为是四大世界级城市。现代意义上的世界城市是全球经济系统的中枢或世界城市网络体系中的组织结点，对全球政治经济文化具有控制力与影响力是世界城市的两个核心功能，一般有以下特点：国际性、为人熟知；积极参与国际事务且具影响力；相当大的人口；重要的国际机场；先进的交通系统；吸引外来投资，并设有相关的移民社区；国际金融机构、律师事务所、公司总部（尤其是企业集团）和股票交易所，并对世界经济起关键作用；先进的通信设备；蜚声国际的文化机构；浓厚的文化气息如电影节；强大而有影响力的媒体；强大的体育社群及举办国际体育盛事的能力；拥有大型且繁忙的港口。

根据城市国际公关的学理定义，城市国际公关是指以某一城市作为行为单元，通过形象建设和传播沟通的方式，促成国际公众合作的活动。作为公共关系两大基本方式之一的形象建设，一般指对组织实力和组织行为进行构建与优化（比如提高科技创新能力、市民英语交流能力、浦东机场准点率等），满足和发挥全球城市所需的条件和作用。在此基础上，熟练整合新旧媒体的运用，主动、积极、准确地向世界介绍自己，以获得国际公众的了解、认同与合作。增加外国元首来访量，提高所吸引外资的质量，扩大国际组织入驻和外国人来沪定居数量。

2014年上海市政协对外友好委员会发表的《提升上海对外交流影响力　促进现代化国际大都市建设的建议》一文中，提出了一些颇具操作意义的观点，对上海今后开展国际公关工作亦有很好参考价值：第一，发挥文化方面的对外交流影响力。通过办好国际文化节事、巩固和提升区县与社区文化活动、挖掘"上海历史文化"的遗址遗迹等，增强上海的文化实力。第二，提升举办大型活动的成功经验，展示城市综合影响力。建议探索创新上海市市长国际企业家咨询会和陆家嘴论坛，力争做成国际品牌；根据实际情况，新设"国际海洋合作论坛""世界文化论坛"；在充分考虑必要性和可行性的基础上，积极申办2028年奥运会。第三，抓住"中国（上海）自由贸易试验区"的难得机遇，创立崭新的关于上海的国际形象。对于自贸区既要"做得好"，也要"说得准确"。在宣传推广中，既要充分展示上海的信心和创新意识；也要注意强化自贸区的国家概念和谨慎态度，说明自贸区是可以复制的中国改革开放新版本的提前实践。第四，"请进来、走出去"，发挥上海作为国际大都市的国际交往影响力。要进一步重视与外国驻沪总领事馆、办事处的接触和交往，形成对外交流的"正能量"；认真研究上海合作组织发展的实际需要，为扩大各领域的合作搭建平台、创造条件；优化政策环境，吸引人居署等国际组织入驻。同时，积极探索上海在国外设立城市办事处的可行性。

总之，围绕上海建设全球城市这一目标，在"一带一路"国家战略背景下，上海的国际公关事业必须大力加强与国际公众的互动和交流，特别是加强与友好城市、全球城市及"一带一路"国家公众的联系与合作。在继续开展好国际各类重大活动公关的同时，邀请全球城市的公关学者和城管专家来上海传播他们的经验，共同讨论咨询上海全球城市打造的路径和方法。同时，在培养国际公关专业人才方面，也积极开展国际合作，保证上海国际公关事业的高品质和可持续发展。

3.4　典型案例

3.4.1　上海世博会的成功举办

第41届世界博览会于2010年5月1日至10月31日在中国上海市举

办，这也是第一次由中国举办的世界博览会。总投资达450亿元，参展方数量240个国家地区组织，参观人数7308.44万人，单日客流103.28万人，创造了迄今为止世界博览会史上最大规模纪录和参观人数之最。

(1) 项目背景与调研

世界博览会是由一个国家的政府主办，有多个国家或国际组织参加，以展现人类在社会、经济、文化和科技领域取得成就的国际性大型展示会。其特点是举办时间长、展出规模大、参展国家多、影响深远，被誉为世界经济、科技、文化的奥林匹克盛会。首届世界博览会于1851年在英国伦敦举办，主题是“万国工业”。从2000年开始每5年举办一次。

上海此前尚未举办过如此大规模、长时间的展会，对项目的策划和实施都是一个极大的挑战。

(2) 项目策划

目标：提高公众对“城市时代”中各种挑战的忧患意识，并提供可能的解决方案；促进对城市遗产的保护，使人们更加关注健康的城市发展；推广可持续的城市发展理念，成功实践和创新技术，寻求发展中国家的可持续的城市发展模式；促进人类社会的交流融合和互相理解、互相尊重。

主题：城市，让生活更美好。

场馆位置：中国2010年上海世界博览会会场，位于南浦大桥和卢浦大桥区域，并沿着上海城区黄浦江两岸进行布局。世博园区规划用地范围为5.28平方公里，包括浦东部分为3.93平方公里，浦西部分为1.35平方公里。围栏区范围约为3.22平方公里。

组织委员会：建立了以王岐山、吴仪为主任委员，俞正声、韩正等人为副主任委员的组委会，以保障各种所需资源的有效配置和关系协调。

会徽：以汉字“世”为书法创意原形，并与数字“2010”巧妙组合，相得益彰，表达了中国人民举办一届属于世界的、多元文化融合的博览盛会的强烈愿望。会徽图案从形象上看犹如一个三人合臂相拥，好似美满幸福、相携同乐的家庭，也可抽象为“你、我、他”的广义人类，对美好和谐的生活追求，表达了世博会“理解、沟通、欢聚、合作”的理念，突显出中国2010年上海世博会以人为本的积极追求。会徽以绿色为主色调，富有生命的活力，增添了向上、升腾、明快的动感和意蕴，抒发了中国人民面向未来，追求可持续发展的创造激情（见图3-1）。

图3-1　上海世博会会徽

吉祥物：海宝（HAIBAO）。取“四海之宝”意，主体为蓝色“人”字造型。在国际大型活动吉祥物设计中率先使用文字作为吉祥物设计的创意，是一次创新。蓝色则表现了地球、梦想、海洋、未来、科技等元素。海宝体现了“人”对城市多元文化融合的理想；体现了“人”对经济繁荣、环境可持续发展建设的赞颂；体现了“人”对城市科技创新、对发展的无限可能的期盼；也体现了“人”对城市社区重塑的心愿；他还体现着“人”心中城市与乡村共同繁荣的愿景。海宝是对五彩缤纷生活的向往，对五光十色的生命的祝福，也是中国上海对来自五湖四海朋友的热情邀约（见图3-2）。

图3-2　上海世博会吉祥物

（3） 项目实施

展馆分布：A 片区：中国国家馆、除东南亚外的其他亚洲各国国家馆。B 片区：主题馆、东南亚和大洋洲部分国家馆、国际组织馆、公共参与馆、演艺中心。C 片区：欧洲、美洲和非洲各国国家馆。D 片区：部分企业馆。E 片区：部分企业馆、城市未来馆、城市足迹馆、城市最佳实践区。

出入口：共设 13 个出入口，其中浦东 5 个、浦西 3 个、黄浦江沿岸水上入口 4 个、轨交专线 1 个。

门票：基准价为 160 元，为平衡参观人流量，票价将根据不同的时间、不同的人群以基准价为基础上下浮动。鼓励市民避开白天高峰，夜场票价会相对便宜。

高峰论坛：2010 年 10 月 31 日，上海世博会高峰论坛在世博园区举行，论坛通过了《上海宣言》，呼吁认真总结上海世博会展览展示、论坛和城市最佳实践区的思想成果，汇集各国城市发展的宝贵经验和人类探索城市发展的共同智慧，在全球范围内进行推广。《上海宣言》倡议，将 2010 年 10 月 31 日（含以后）定为世界城市日。

（4） 项目评估

上海成功举办 2010 年世界博览会，为上海的城市建设、环境保护、经济和社会发展、提升城市品位和市民综合素质带来了巨大的机遇。世博会带来的主要经济效应有：推动上海产业结构的调整、带动基础设施建设的升级、对 GDP 的贡献效应、增加就业机会以及后续经济效应等。另外，世博会还将给上海带来其他效应，如推动发展中国家在国际经济活动中的参与度，提高上海的知名度和区域辐射效应等。

上海世博会有 12 项纪录入选世界纪录协会世界之最：上海世博会的参展规模，共有 190 个国家、56 个国际组织参展；志愿者人数最多，园区共 79965 名，其中国内其他省区市有 1266 名，境外有 204 名，共分 13 批次向游客提供了 129 万班次 1000 万小时约 4.6 亿人次的服务；正式参展方的自建馆，大约有 40 个国家和国际组织报名建设，其数量为历届之最；上海世博会主题馆屋面太阳能板面积达 3 万多平方米，雄伟壮观，是目前世界最大单体面积太阳能屋面；主题馆墙面入选中国世界纪录协会世界上面积最大的生态绿墙，该绿墙面积为 5000 平方米；投资为 286 亿元，财政总预算将达到 3000 亿～4000 亿元；世界上保留园区内老建筑物最多的世博会园区，约有 2 万平方米历史建筑得以保留，世博会博物馆与城市足迹馆都设在原江南造船厂的老建筑内；首次同步推出网上世博会；世界上单体量最大的公厕；世博会园区面积最大，园区在市中心占地 5.29 平方公里。

从 2002 年上海申办世界博览会成功到 2010 举办，就成了上海迄今为止最宏大的一项公共关系活动。前后八年时间里，上海各界为此投入了大量的人力物力，并为了确保这一活动的成功，还专门对公共关系公司进行了招标，由其承担一部分对外宣传和推广事务。可以说，在这整个过程中，上海市各级政府部门和政府官员的公共关系意识不断得到增强，运作能力也不断得到提升。一些政府机构还主动申报案例，积极参与上海市优秀公共关系案例评选活动。上海世博会的筹办和举办，成功打造了上海的城市形象，也吸引了更多的外资企业进入上海。

2013 年 12 月 6 日，第 68 届联合国大会通过决议，决定自 2014 年起，将每年的 10 月 31 日设立为“世界城市日”。这是上海世博会闭幕日高峰论坛上发表《上海宣言》提出的倡议，也是中国首次在联合国推动设立的国际日，成为上海世博会提供给世界的一个公共产品。

3.4.2　上海国际电影节品牌的打造

创办于 1993 年 10 月，是当今世界 9 大 A 类竞赛型国际电影节活动之一，中国第一个获国际电影制片人协会认可的全球 15 个国际 A 类电影节之一，和戛纳国际电影节、威尼斯国际电影节、柏林国际电影节等著名电影节齐名。由上海市政府主办，上海国际电影节组织委员会承办。开始每两年举办一届，从第 5 届（2001 年）起改为每年举办一届。在每年 6 月一周的上海电视节之后，为期 9 天的电影节接着举办，这已经成为上海系列节事活动中一个闻名中外的文学艺术国际传播交流活动品牌。上海国际电影节图标如图 3－3 所示。

图 3－3　上海国际电影节图标

（1）项目背景与调研

20世纪80年代中期，上海的一批老电影艺术家张骏祥、徐桑楚、谢晋、白杨、秦怡、吴贻弓等纷纷倡议要在中国举办国际电影节。1992年上海市人民政府向国务院申请举办上海国际电影节，同年6月4日国务院办公厅复函同意。

（2）项目策划

宗旨：增进各国、各地区电影界人士之间的相互了解和友谊，促进世界电影艺术的繁荣。

竞赛单元：金爵奖国际影片评选（金爵奖是上海国际电影节的核心，是电影节赋予优秀电影人最新作品的最高荣誉。保持真我，有力量、有创意直指人心的艺术与商业兼容的高品质影片是金爵奖的首选）。亚洲新人奖评选（推动亚洲电影原创力与生产力的结合，同时向世界推荐亚洲电影产业新生力量，关注中国乃至亚洲电影的未来）。手机电影节短片大赛（通过短片这个影像载体，为电影产业的持续发展孵化、发现新人，拓展发行渠道，探索新媒体领域中新疆域）。

电影市场：电影交易市场（通过产业服务平台的结构性搭建，以国际标准为要求、强化专业服务功能，广邀国际买家，借此推动中外多元电影内容产品的交流与交易）。电影项目市场（电影项目与资本对接的桥梁，也是发掘、推广电影新锐的重要平台。其中，中国电影项目创投以世界范围推广中国新锐电影力量为目的。邀请行业内权威人士担任评审，从报名项目中选取8个最具创意的中国导演及其项目。电影节期间，组委会为8个项目的导演和制片人提供专业培训，提供他们向中外投资方、制作公司及专业媒体等进行公开陈述的平台。经国际评委现场评审，产生“最具创意项目”，并给予相当数额的启动资金作为鼓励）。

电影论坛：以“发现中国、发现价值”为宗旨，把脉症结、激荡思想，共探通衢——发掘产业新引擎，达到助推中国电影全面升级的目的。每年的论坛由“主席讲坛”“产业论坛”和“电影新浪潮”“电影大师班”四大板块十多个专场组成，为业内交流合作搭建平台，为产业发展提供风向标。

国际电影展映：影展单元每年都会集中展映数百部来自世界不同国家和地区的优秀影片，成为最受大众热捧的观影嘉年华。

亮点：开幕红毯。不仅集聚世界各国著名电影人，同时完整呈现华语影坛的最新风貌，成为展示年度华语电影力量的最佳窗口。

（3）项目实施

第 1 届上海国际电影节于 1993 年 10 月 7 日至 14 日在上海举行。主会场设在上海影城，大光明等 8 家电影院为分会场。来自世界各国 1000 名来宾出席了这一中国首次举办的国际电影盛会。评委会主席由中国著名导演谢晋担任，美国好莱坞著名导演奥立弗 · 斯通、日本导演大岛渚、中国香港导演徐克、澳大利亚导演保罗 · 考克斯、俄罗斯导演卡伦 · 沙赫纳扎洛夫、巴西导演赫克托 · 巴本科出任国际评委。在 20 部参赛片中评出了 4 项金爵奖和一项评委会特别奖，中国台湾中影公司出品的《无言的山丘》获最佳影片奖。有 20 万观众观摩了来自 33 个国家和地区的 167 部参赛参展影片和评委个人影片回顾展。国际影片交易市场共有来自海内外 16 家制片商设展台。电影节还邀请了著名国际影星索菲亚 · 罗兰、德博拉 · 拉芬、桃井熏等参加电影节有关活动。共有 200 余名中外记者对电影节进行了采访报道。

第 2 届上海国际电影节于 1995 年 10 月 28 日至 11 月 6 日举行。有 46 个国家和地区的 232 部影片参加了本届电影节的各项活动，其中参赛影片 19 部。评委会的 7 位国际评委分别来自中国的孙道临、中国台湾的李行、墨西哥的杰奎琳 · 安德烈、法国的让 · 贝克尔、波兰的克日斯托夫 · 扎努西、德国的曼弗雷德 · 杜尼约克、俄罗斯的斯坦尼斯拉夫 · 罗斯托茨基，瑞士影片《打破沉默》获最佳影片奖。电影节增设了由 300 余名中外记者参加的“轩尼诗杯”最佳影片创意奖评选活动，中国影片《红樱桃》获奖。共放映了 776 场次电影。在国际电影学术研讨方面比第一届有所突破，增设了中外电影业学术交流活动。电影节举办之时，恰逢世界电影 100 周年诞辰、中国电影 90 周年诞辰，为此，在电影节期间，发行了“纪念中国电影诞辰 90 周年”邮票、《中国电影大辞典》等纪念品。国际影片交易市场初具规模，中国上海电影制片厂、美国二十世纪福克斯公司等中外 22 家电影机构参加了影片交易。

第 3 届上海国际电影节于 1997 年 10 月 24 日至 11 月 3 日举行。有 19 部电影参赛，200 多部电影参加展映。这次参赛的影片，是从 300 多部中外电影中挑选出来的，其中包括胡柄榴的《安居》和冯小宁的《红河谷》。电影评选委员会由 7 人组成，分别来自 7 个国家和地区，主席是石方禹，成员中还包括吴思远等。除参赛电影外，本届电影节还有200多部中外电影参加展映。其电影节的专题之一是“中国女性导演作品研讨”，将放映黄蜀芹、黄玉珊、王小棣以及许鞍华、张婉婷等女性导演的作品。另外这届电影还将举行导演张骏祥回顾展。竞赛结果英国电影《丛林人》(The Woodlanders) 得到评审团高度评价，并获得最佳电影“金爵奖”及最佳导演奖（Phil Agland)。《安居》获得评审团特别奖，片中女主角潘予还获得最佳女主角奖。

第4～第19届情况略。

(4) 项目评估

上海国际电影节创办至今，已经吸引了150多万中国观众，有近万名中外电影制作人及影星到访。默多克、吕克・贝松、安东尼・明格拉、丹尼・博伊尔、斯蒂芬・戴德利、比利・奥古斯特、山田洋次、吴宇森、王家卫、冯小刚、姜文、徐克、何平、陈可辛、成龙、贾樟柯、娄烨、张元、王小帅、王全安、彭浩翔、钮承泽以及文化界名人陈丹青、刘震云等都曾在电影论坛演讲，国际各大重要电影节主席、美国各大电影公司CEO、韩三平、任仲伦、江志强、于冬、王中军、覃宏等业界名人，各大投资界大佬阎焱、熊晓鸽、朱云来、沈南鹏、王冉等都是电影论坛的常客。创办以来在专业架构及服务、社会影响力等方面迅速提升，被誉为是“全球成长最快的国际电影节”，越来越多的电影人把参加上海电影节作为重要的影片推广机会。

上海国际电影节已经成为上海系列节事活动中一个闻名中外的文化领域国际传播交流活动品牌。《新民晚报》2015年6月4日的调研文章信息显示，在被问及“上海的文化节日，您认为比较成功、知名度比较大的是哪些”时，上海本地人与外省市人的选项排列完全一致，即上海国际电影节、上海旅游节、F1上海站中国大奖赛、上海国际马拉松赛、上海国际艺术节、城隍庙元宵庙会、上海之春国际音乐节。外籍人士选项依次为：上海国际电影节、F1上海站中国大奖赛、上海国际马拉松赛、上海国际艺术节、上海旅游节、上海之春国际音乐节、城隍庙元宵庙会。无论是在上海本地人、外省市人或外籍人士心目中，上海国际电影节都是影响力最大的活动。这样的活动也因承载着展现上海的国际化形象，加强上海与世界的文化经济交流与合作而具有良好的城市国际公关意义。

第 4 章　上海企业公共关系与品牌三十年

公共关系活动是企业品牌形象塑造与品牌推广的主要工具之一。企业在处理企业与社会、公众、媒体关系时，充分利用公共关系的职能为企业塑造良好的品牌形象，提高企业的品牌价值。本章从企业公关的角度介绍上海本土企业或者在沪企业在公关及品牌方面三十年来的成长和成就，重点介绍上海本土企业公关和品牌的情况。

4.1　发展概述

三十年来，上海企业由不重视公关与品牌，到依靠专门为企业出谋划策的所谓“点子公司”，再到品牌建立和维护开始应用公共关系方法，到现在系统性的应用公共关系策略规划。上海企业公关与品牌开始了专业化的发展，开始从理论上与企业的发展战略相结合，将公共关系应用于实践，企业开始进行企业形象设计（CIS）、企业社会责任（CSR）、营销公关、危机公关等。

三十年来，上海企业与品牌事业已取得了丰硕成果，各行业形成了一大批国家级名牌产品和品牌企业。

4.1.1　1986—1995 年的企业公关与品牌

这 10 年，上海企业公关和品牌基本上处于起步阶段。企业公关主要表现在一些外资和企业，酒店行业最早开始出现公关部和公关经理这一职位。郭小齐在 1986 年 11 月发表的文章《当今企业管理中的公共关系学》中就曾提到“公共关系学，目前已传入中国。一些美籍华裔公共关系专家，曾到上海讲学，受到上海企业界的欢迎。”1986 年，工商银行上海分行就开始在局限讨论如何运用公关方法加强银行业的社会形象。他们的做法是，首先调查、搜集事实和意见，分析评估储蓄所在公众心目中的形象，从中发现问题。如收集意见书、柜台评议、召开储户座谈会等。然后确定公关工作所要达到的近期和远期目标，制订具体活动项目。如举办储蓄杯体育比赛，加强与储户的联系等。之后再通过多种形式和渠道把储蓄工作的作用、成绩传播扩散到公众中去。如召开宣传会、组织与储户联欢、发布消息和报道等。最后还要进行评估和调整，用以调整下一步的活动。1987 年 1 月成立的中日合资三菱公司，在国内电梯行业中是后起之辈，鲜为人知。公司抓住厂庆一周年契机，精心筹划，好戏连台。元旦晚上，上海电视台收视率较高的“大世界”开播 100 期文艺晚会上，公司举办了一出“冬天里的红玫瑰”文艺节目，明星荟萃，家家户户都被吸引在电视机前。公司日方总经理斋藤贤志全家登台即兴演唱中国歌曲《大海啊，大海》，使晚会出现了高潮。掌声未息，斋藤当众宣布：“今天出生的市区婴儿，是公司的同龄人，增送精美礼物一份。”第二天，兴高采烈的“三菱娃娃”的家长，闻讯从四面八方赶来。一下子，“三菱娃娃”成了街头巷尾人们议论的话题。一传十，十传百，传到城市的各个角落。这一招形式新、投资小、见效大。

由于上海经济的先发优势，在短缺经济时代，上海的企业和品牌公关仍然形成了全国影响力，很多地域以能买到来自上海的产品和品牌为荣耀。与此同时，现在耳熟能详的一些上海企业与品牌在这个时间纷纷建立或者注册，其中包括上海家化、美加净、恒源祥、冠生园、永久、大白兔奶糖等。与此同时，随着 1986 年 10 月国务院《关于鼓励外商投资的规定》的发布，政府要开始鼓励外国投资者在中国境内举办中外合资经营企业、中外合作经营企业和外资企业。1990 年 4 月党中央、国务院做出了开发、开放浦东的重大决策。上海开始涌入大量的外资企业，这为上海企业公关与品牌形象的发展起到了积极的推动作用。在外企的带动下，上海的一些企业在 1990 年代初，开始纷纷导入 CIS，例如，在 1994 年上海家化就成为我国最早导入 CIS 的企业之一。

20 世纪 90 年代，在上海南京路、淮海路等主要商业街区，不少出售饮料的商店门前撑起的遮阳布上，印着“可口可乐”的字样，给夏日炎炎驻足喝饮料的行人带来丝丝凉意。公共汽车的站台上竖立着一个个造型新颖的塑料候车亭，来往行人候车或避雨时抬头可见“晶晶亮，透心凉”的可口可乐公司广告用语。这是中美上海申美饮料食品有限公司开展的公关手段，注重社会效益。当时新建的上海火车站广场上空空荡荡，申美公司出资 20 多万元在广场上筑起一座颇为壮观的“凯旋门”，既美化了市容，又扩大了企业在社会上的影响。每年 9 月新学年开学，公司照例要给全市 10 余万新入学的小学生每人送上一份礼品：一把塑料尺和一张课程表，上面印着雪碧、芬达等饮料名称，加上巧妙的手段，使这家公司的产品在上海市场上步步为营，生意甚为红火。

4.1.2　1996—2005 年的企业公关与品牌

与第一个10年相比，上海企业公关和品牌已经有了明显了进步。这个时间企业与品牌竞争开始加剧，市场由短缺开始饱和。在这10年，上海企业公关和品牌呈现出三个主要的变化：

一是品牌意识急速增强，纷纷引入CIS形象识别系统及其他很多塑造品牌的公关与营销手段。但是在2003年吴友富教授等人撰写的《上海市公关行业调查报告》中显示，这个阶段办过的较为重要的公关活动包括：产品推广（占48%）、邀请消费者参与活动（占44%）、赞助活动（占22%）、记者招待会和新闻发布会（占22%）、公益活动（占19%）、周年庆典（占11%）、节日庆祝活动（占11%）以及直接以企业形象为内容的宣传活动（占4%）等。在这些活动中，产品推广和邀请消费者参与的活动占了多数；而有关企业形象的活动则最少。这表明企业目前通常将公共关系活动当成推销的手段，比较忽视的是企业形象的塑造。

二是纷纷成立股份公司或者进行企业改制，加速市场化和资本化进程，在企业形象与社会中责任上面开始有了大量的投入；一部分上海品牌开始重新进入全国市场，甚至国际市场，获得市场认可，形成强大的品牌影响力。

这段时间主要的企业与品牌事件包括：1996年，上海罗莱家纺导入CIS形象识别系统，行业内第一家导入CIS形象识别系统的企业。1997年，冠生园成为丰华国有股的持股人，同时冠生园向社会公开招聘上海公司总经理，成为上海市首家对外公开招聘经营者的国有企业。1999年，回力鞋被认定为中国驰名商标。“回力”鞋类产品历获国家质量银质奖、化工部及上海市优质产品奖，连续数年获上海市名牌产品称号和上海市出口免检证书，并荣获第21届西班牙国际质量奖。2005年，恒源祥成为北京2008年奥运会赞助商，是奥运史上纺织和服装类别一家赞助商。

4.1.3　2006—2016 年的企业公关与品牌

最近这十年，上海企业进入了蓬勃发展的时期，主要体现在几个方面：

一是大型甚至巨型的企业品牌开始形成，其中包括像上海宝钢、复兴集团、上海家化、百联集团等。另外，如 2007 年上市的具有英伦风格荣威 750 是一款真正意义上的进入中高级市场的国产高档车，也是前期人们所期待的中高级轿车市场的一款重量级产品，对国内中高级轿车技术标准带来深远的影响。这关系到民族自主汽车能否改变一直以来在世界汽车市场上“低价低质”的印象，甚至关系到其能否担当引领国内自主品牌走向世界的重任。

二是政府层面开始出台政策推动企业品牌和企业社会责任落地和发展壮大。2007 年 11 月上海市发布实施了《上海市加快自主品牌建设专项资金管理暂行办法》以下简称《办法》，该《办法》的核心内容是由上海市政府设立专项资金重点支持企业开展自主品牌建设，支持中华老字号企业发展以及发展品牌建设的公共服务项目等。对获得“中国世界名牌产品”的企业，最高给予一次性 200 万元奖励，对获得“中国名牌产品”等称号的企业，最高给予一次性 100 万元的奖励。该《办法》的出台，进一步表明政府部门对品牌建设的重视，标志着政府开始从执行层面落实党的十七大“加快培育我国的跨国公司和国际知名品牌”的号召。与此同时，上海市 2008 年 11 月发布了地方企业社会标准，并开始在全国率先开始进行一年一度的企业评选。2010 年 12 月 1 日，浦东新区在“第三届中国企业社会责任报告国际研讨会”上发布《上海市浦东新区区域责任竞争力报告 2007—2010》。该报告是以地方政府名义发布的社会责任报告，系统总结了浦东新区政策环境、企业社会责任和社会组织三个方面协调发展对提升区域责任竞争力的作用。浦东新区的这一举措，对于社会责任在中国发展具有里程碑的意义。

三是企业之间合并、收购业务频繁。例如，2015 年 10 月 8 日，大众点评网与美团网达成战略合作，将组建成立一家估值达到 150 亿美元的新公司，业务涵盖餐厅点评、电影片订购等本地服务。同年的 10 月 26 日，携程和去哪儿也宣布合并。这是继滴滴与快的、58 与赶集之后，互联网垂直领域巨头合并事件的重大事件。

4.2 发展特点

4.2.1 企业公关与品牌意识逐渐加强

上海企业公关意识在 20 世纪 80 年代初期就开始出现。在外资的带动下，上海本土企业纷纷开始成立公关部门或者有公关职能的企业部门。到20世纪90年代，很多企业纷纷导入CIS，并开始了企业社会责任方面的探索。

对商标的重视程度能在一定层面体现了企业的品牌意识。自1991年以来的十年间，上海的商标申请和注册量一直在全国第5名和第6名之间徘徊。如1991年上海的商标注册量仍仅占广东的40%，1995年下降到35.7%，1998年下降为31.5%，2000年只占到广东的23%。上海市工商行政管理局2001年提供的年度数据显示，2000年本市的商标申请量和注册量分别为9415件和6208件，分列各省市（不包括我国台、港、澳地区）第5和第6名；与排名第一的广东省相比，上海的商标申请和注册量只占其1/4左右。这与上海的经济规模和城市地位的确不相称。根据国家工商总局商标局2016年公布的数据，国内注册申请量排名前5位的省（市）依次为广东省（512877件）、北京市（302456件）、浙江省（231125件）、上海市（207394件）、江苏省（155670件）。上海排第四位，与第一位的广东相比，与前些年有明显的提升。

4.2.2　企业传播品牌形象的渠道逐步多样化

三十年来，上海企业对于品牌形象的传播渠道由非常单一的报纸、杂志渠道，到电视电影，再到网络，自媒体，经历了单一到全方位的发展阶段。在这个过程中，上海凭借地域优势和经济发展优势，一直在传播渠道的丰富性和深度中处于优势地位，很多做法对全国其他地区的企业产生了深远的影响。

进入21世纪后，上海企业公关与品牌传播方法和渠道从以往传统的四大媒体向新媒体过渡，呈现多样化发展的态势。传统的公关方法、手段与媒介，继续发挥着重要作用，企业日益重视危机公关的作用，各式各样的赞助形式为企业公关助力。由于近些年来，各种国际赛事、活动、会议等在上海频繁举办，这为上海的企业公关和品牌提供了更为丰富的平台，配合上新媒体的及时性和互动性，给上海企业公关和品牌带来了新的生命，影响更为深远。以2010年上海世博会为例，各家企业乘势进行网络上的宣传，相关的微博、微信推送达到了空前盛况，影响不仅是国内，国际社会也到处是来自上海的品牌信息。

4.2.3 企业面对的品牌危机事件越来越频繁

随着环境日益复杂、科技不断发展、通信技术渐趋成熟、大众传播媒体的推波助澜以及公众消费意识的苏醒，企业危机事件频频爆发，范围也越来越大。新一代利用互联网驱动透明化革命，越来越多的企业危机都与互联网相关。

2008年3月31日，东航云南分公司飞入云南省内的18个航班全部返航，由于飞机的返航影响到航班的后续运力安排，滞留在机场的旅客达到1500多人。航空公司对外宣称，飞机是由于“天气原因”无法着陆。经过调查，返航事件真相大白，这是一起由众多飞行员实施的“罢工”事件，其根源是飞行员工资待遇过低，长期得不到改善，跳槽时又要面临巨额赔偿。作为返航事件最大受害者的东航集团，除了招致广大乘客的不满和严重缺乏信任，还要遭受数亿元的巨额经济损失。2014年7月20日，上海广播电视台曝光上海福喜食品有限公司肉类原料质量问题。而上海福喜所生产的麦乐鸡、肉饼等产品，被供应给麦当劳、肯德基餐厅等客户。麦当劳人员来检查时，上海福喜工作人员会事先知会车间，不在原料中混入次品，以应付检查。在这一节目中，有自称是原福喜质量部管理人员，提供了两本质量控制记录，其上记录了更改生产日期、批号的情况。

4.2.4 上海市政府逐渐加大对品牌建设的支持力度

2007年11月，上海市发布实施了《上海市加快自主品牌建设专项资金管理暂行办法》，该《办法》的核心内容是由上海市政府设立专项资金重点支持企业开展自主品牌建设，支持中华老字号企业发展以及发展品牌建设的公共服务项目等。对获得“中国世界名牌产品”的企业，最高给予一次性200万元奖励，对获得“中国名牌产品”等称号的企业，最高给予一次性100万元的奖励。该《办法》的出台，进一步表明政府部门对品牌建设的重视，标志着政府开始从执行层面落实党的十七大“加快培育我国的跨国公司和国际知名品牌”的号召。

近几年，上海市先后出台了《关于本市加强品牌建设的若干意见》（沪府办〔2012〕93号）、《上海市加快自主品牌建设专项资金管理办法》〔沪经信法（2012）766号〕、《2013年上海市加快自主品牌建设专项资金项目》。2015年10月，为加快推进上海产品经济向品牌经济转型升级，加强本市自主品牌建设和发展，提高产业核心竞争力，上海推出了《上海市推进品牌经济发展专项支持实施细则》，有效期至2018年。

4.2.5　互联网对企业公关的影响渗透逐步明显

众所周知，从20世纪90年代开始，互联网已经成为信息传播的主要途径。由于其成本低廉，传播迅速，已经成为人们获取信息的主要渠道。上海作为全国经济发展程度最高的地域之一，受到互联网的影响就更明显。如今，上海企业公关与品牌传播已经普遍从传统媒体时代进入互联网时代。从以往的经验来看，互联网是一种媒介，只是公关媒介的组成部分。现在看来，我们不得不重新审视其影响力。当然，传统媒体依然具有可观的受众，绝对的公信力，但是传统媒体的受众，其公关传播的价值已经大打折扣。相反，互联网媒体的受众，则横跨各年龄层次，尤其以其中18～35岁人群具有极强传播性，通过互联网媒体所实现的传播，往往能够以四两而拨千斤。在互联网时代，企业公关在选择及方式上，就必须做到深入思考，否则，将会事倍功半。因此，我们必须认识到，也必须承认，互联网媒体已经足以撼动传统媒体，超越之势已然明显，互联网时代的公关已经来临。

移动互联网进一步打通了时间和空间限制。互联网思维改变着企业对于消费者的沟通和品牌思维，企业需要时刻关注市场动态，了解消费者的最新需求。同时，沟通是企业公关与品牌塑造过程的首要元素。面对互联网时代，企业要学会驾驭当下的技术潮流，掌握大数据、数据挖掘、市场分析、分层技巧、因素分析技巧等，并利用这些技术来分析潜在用户在多大程度上会青睐自己的品牌。如今的营销不能是单向传播而应是互动传播，快速的传播才能影响网上社群。

4.3　专题研究：品牌借势“世博”公关

4.3.1　上海世博会概况

上海世界博览会（Expo 2010）于2010年5月1日至10月31日在中国上海市举行，此次世博会是中国举办的首届世界博览会。上海世博会的主题是“城市，让生活更美好”（Better City，Better Life）。中国政府为上海世界博览会投资了317.01亿元（世博会运营支出119.64亿元，世博会园区主体建设支出197.37亿元），创造了世界博览会史上迄今为止最大规模纪录，同时7308万的参观人数也创下了历届世博之最。

上海世博会申办历程：1999年12月，在国际展览局第126次全体大会上，中国政府正式宣布申办2010年世博会。2000年3月17日，中国政府成立2010年上海世博会申办委员会，时任国务委员吴仪担任主任委员。2001年5月，中国政府通过外交途径向国际展览局递交举办2010年上海世博会的申请函。2002年1月30日，中国政府向国际展览局递交举办2010年上海世博会的申办报告。2002年11月29日至12月5日，时任中共中央政治局常委、国务院副总理李岚清率中国代表团参加国际展览局第132次全体大会并作申办陈述。2002年12月3日，经国际展览局大会投票表决，中国获得2010年世博会举办权。

4.3.2 企业世博公关案例

(1) 通信——让城市生活更美好

在三大运营商的对比优势中，中国电信拥有传统的固网优势、城市光网优势，3G领域则以优质网络见长，但是在移动客户存量和创新应用领域不及移动，在终端领域则稍逊于联通。因此中国电信充分把握世博年这一能充分体现全业务通信运营商优势地位的有利时机，做好深度公关宣传，其无与伦比的固移融合网络优势就成为制胜对手的关键，而这也为其发展终端与应用争取了更多时间。其世博公关策略是围绕一个核心思路，建立两大支撑点，使用四大营销法则：一个核心思路——全景世博、聚合营销；两大支撑点——品牌互动策略与社会责任凸显原则；四大营销法则——借势营销，线上线下互动营销，体验式营销，渐进式营销。主策略是在“全景世博　聚合营销”统领下，基于“品牌互动策略”与“社会责任凸显”原则，全面统筹中国电信世博公关营销，充分使用四大营销法则，以传播世博年上海电信产品、业务和服务作为营销出发点与落脚点，同时注重在不同阶段以不同的产品与营销方式，结合世博本身的阶段性和公众兴奋点去实施分阶段公关宣传，让受众认知、接受乃至忠诚于中国电信品牌，让中国电信从作为世博会合作伙伴的身份中获得最大的品牌和营销收益。

(2) 西藏圣鹿食品赞助世博品鉴推广活动

2010年上海世博会举行期间，西藏特色产业股份有限公司在西藏自治区政府大力支持下，作为上海世博会西藏馆的支持合作企业，积极参与了西藏馆的建设和运行工作。来自雪域高原的“圣鹿”及“九天圣鹿”品牌系列食品，被授予“2010年上海世博会西藏馆指定贵宾礼品”称号。

上海金一文化传播有限公司受西藏特色产业股份有限公司委托，以上海世博会作为面向全球的宣传平台，为其旗下的“圣鹿”及“九天圣鹿”品牌食品亮相上海策划、执行推广活动，通过受众的深度体验和媒体多维报道，增进消费群对“圣鹿”品牌的认知度，打造“尊贵品质、西藏圣鹿”的品牌形象。

西藏圣鹿食品采取了以下公关策略：召开“圣鹿”世博赞助活动新闻发布会，举办“圣鹿之夜”顶级晚宴。为了支持上海世博会的成功举行，西藏特色产业股份有限公司提供了一系列对世博西藏馆的赞助活动。公司旗下的“圣鹿”及“九天圣鹿”品牌系列食品被授予“2010年上海世博会西藏馆指定贵宾礼品”，并于2010年6月11日上午举行新闻发布会。2010年6月11日晚，在上海桂林公馆举办各界人士参加的“圣鹿之夜”顶级晚宴。活动邀请西藏自治区政府领导、上海市相关机构领导、上海世博会西藏馆小组领导、商界人士、文化精英和新加坡等国及中国香港地区共50余位嘉宾参与。上海世博会西藏馆馆长在宴会上致辞，宣布“圣鹿”品牌所获荣誉称号，“圣鹿”系列食品亮相发布。嘉宾们在充满浓郁藏族风情的原生态环境氛围中，品尝采用西藏圣鹿天然珍贵食材，精雕细琢烹饪而成的特色菜肴，欣赏西藏林芝歌舞团的歌舞表演和藏族钢琴王子的音乐演奏。活动注重加强受众的体验，让嘉宾与媒体深入了解西藏文化事业的发展进步，亲身感受“圣鹿”食品“天之精华，地质珍宝”的尊贵品质，并且在了解的过程中享受西藏、享受健康，增加西藏“圣鹿”食品的品牌形象和影响力。

（3）欧普照明世博企业日公关传播

中国政府早在哥本哈根大会召开之前就首次提出了2020年之前的减碳目标，决定到2020年国内生产总值二氧化碳排放比2005年下降40%～45%。自哥本哈根气候大会后，“低碳”迅速成为一个热词。欧普照明中标国家“政府补贴，绿照工程”在世博会之前已经有3年之久。作为“节能惠明”工程之一，绿照工程实施以来获得了公众的一致好评。但仅仅依靠一个“绿照工程”，不能让公众深入了解节能减排的理念，欧普照明还需要在节能产品生产的专业领域内，深入浅出诠释节能减排的意义，并教会公众如何才能在日常生活中做到节能减排。为此，欧普照明开展了一场跳出庐山之外的节能教育课，站在公众角度思考节能减排问题。

公关主题为“你的参与能够改变未来”，一口号的形式直抒胸臆，不论是欧普照明发起的节能减排行动，还是“政府补贴，绿照工程”项目，甚至是，其他任何形式的节能减排行动，都需要公众的参与，只有越来越多的人参与才能还地球绿色新颜。节能减排教育形式一：欧普照明政府补贴绿照工程启动仪式。由政府代表、世博领导、欧普高层和明星共同点亮场地中心五米高的节能灯数，寓意“政府补贴，绿照工程”即将启动。节能减排教育形式二：欧普照明节能减排教育展。在世博会民营企业馆内圈出一块场地，分为一个主视区及4个区域：第一区域为节能，较白炽灯节能、省电、省钱、减碳的实物展示；第二区域为“你的参与能够改变未来”宣传互动角，参观者可在节能宣誓墙前留影，并在节能站领取节能灯免费兑换券；第三区域为“政府补贴，绿照工程”成果展；第四区域为欧普先生作为公众代表，展示如何在日常生活中使用节能灯节能、省电、省钱、减碳。

在2010年上海世博会被广泛关注时起，欧普照明节能减排教育内容大面积曝光。欧普照明节能减排教育展两天半共吸引7500人参观，白炽灯免费兑换节能灯成功率60%以上。“政府补贴，绿照工程”启动仪式和欧普照明节能减排教育展结束后7个工作日内，除参与出席7家媒体和54家线下媒体对此事进行了报道外，100家媒体跟进报道或转载，刊出内容均为客观、正面。在传统媒体的舆论环境下，网络新媒体传播影响人数达到1903607人。

4.4 典型案例

4.4.1 丈量960万平方公里：荣威W5传播案例

（1）项目背景

2011年上海车展，荣威W5作为上汽集团集成全球优势资源推出的首款SUV战略车型产品正式面世。荣威W5拥有专业级SUV才具备的核心技术，同时以“跨领域专业SUV”的定位开创了城市型SUV之外的新蓝海。

荣威W5的广告语——“每个人都是自己的英雄，每条路都可能成为传奇”一经推出即在广大网友和媒体中产生共鸣。荣威 W5 定位于社会中坚人群，他们拥有一颗担当的心，敢于承诺，执于坚持，勇于突破，平凡者亦是英雄。荣威 W5 之于他们而言，不仅是对生活的热爱与追求，更是信仰之所依，灵魂之寄托。

此次荣威 W5 与强势媒体合作推出“丈量 960 万平方公里土地”活动，邀请媒体人驾驶着荣威 W5 去丈量中国壮美山河的每一寸土地，重温历史故事，感受祖国大地壮阔风景与人文风貌，丈量璀璨的华夏文明历史，记录探寻历史、凝聚民族之魂的全部旅程；

此次活动不仅是一次人车合一的探险之旅，完美展现荣威 W5 作为“跨领域专业 SUV”从容面对各种艰险路况的专业越野性能；更是一次草根英雄们精神放牧，追寻自由的心灵之旅，契合“每个人都是自己的英雄，每条路都可能成为传奇”的品牌诉求。

（2）项目策划

哲基公关基于荣威 W5 以下几个重要的考量元素进行攻关策划：

①自主品牌首款中高端 SUV 的市场定位；

②“跨领域专业 SUV”的产品定位；

③区别于“城市型”SUV 的高技术含量和高越野性能；

④对“70”和“80”后目标消费群体的深入洞察。

哲基公关制订了持续时间达 6 个月的“以文化做沟通、以体验展实力”的荣威 W5 公关策划。

在荣威 W5 的公关策划过程中，高晓松的酒驾事件和王功权的私奔之歌一时间成为街头巷尾热议的话题，一个因为放弃辩护而得到公众的谅解，一个因为不做解释而成为大家揶揄的对象，对于个体与社会之间的关系的两种截然不同的态度获得了相应的结果。

结合目标消费群体的关键词“成熟、责任、胸怀”，于是，荣威 W5 的“丈量 960 万平方公里的土地”的传播主题就呼之欲出了，“丈量”既是一个过程，也是一种思索，“国家利益”和“个人担当”之间的关系，荣威 W5 的“每个人都是自己的英雄，每条路都可能成为传奇”的精神诉求都能在“丈量”中体现出来。

为更好地传播这个主题，哲基公关在传播的内容、载体和方式上做了如下的部署：

一是根据目标消费者兴趣设定内容，选取的历史及纪实题材作为传播内容，滇缅抗战的中国远征军和崔永元的《我的抗战 2》都成为“向英雄致敬”的最好方式。

二是根据目标消费者的触媒习惯和传播内容来选取载体，哲基公关选送案例——荣威 W5 丈量 960 万平方公里和新媒体相结合；电视（CCTV）和平面相结合；汽车媒体和人物类媒体如《南方人物周刊》等相结合。

三是根据不同阶段设定不同的传播主题和方式，专业媒体试乘试驾为先，紧接电视栏目合作加路演，再以平面网络组合的深度体验，引起消费者对“国家利益”和“个人担当”的思索和共鸣，同时传播荣威 W5 高超的产品性能。

（3）项目实施

①丈量第一季——重走英雄路。

2011 年 7 月 6 日开始，“丈量 960 万平方公里土地‘远征极边第一城’荣威 W5 媒体试乘试驾活动”在云南腾冲举行。试驾的史迪威公路和腾冲县城具有特殊的历史意义，它曾是一条决定中华民族命运走向的抗战生命线；它曾是一座抵御外侮拱卫边陲的极边第一城；热血的中国远征军在那里上演了可歌可泣的捍卫国家利益的动人故事。

为了凸显“重走英雄路”主题，哲基公关通过腾冲宣传部，邀请了抗战老兵卢彩华老人在腾冲抗日博物馆中亲身讲述了那段烽火岁月，当身临其境地处在被遗弃的军火武器中，相信媒体对国家的强盛，民族的进步和个体的荣辱之间的关系会有更深刻的理解。

沧海横流，方显英雄本色，荣威 W5 的以其优越的性能和出色的表现赢得了媒体的交口称赞。通过此次试驾活动，使得媒体全面地了解荣威 W5 的产品性能，树立“专业”的媒体口碑。

哲基公关在活动中承担了活动规划、媒体规划、媒体沟通引导、现场执行和媒体接待以及媒体发布跟踪等职责。在媒体、工作人员多方积极参与及高度配合下使活动获得成功。荣威 W5“远征极边第一城”历时 11 天，行程 200 多公里，77 家，共 100 多位来自全国各地的专业、大众、网络媒体驾驭着荣威 W5 重走“史迪威公路”，丈量历史，致敬英雄。

②丈量第二季——点亮中国心。

2011 年 9 月 18 日，崔永元携《我的抗战 2》剧组全部成员，于北京召开新闻发布会启动项目宣传，荣威 W5 与崔永元剧组紧密合作，成为崔永元在接下来各站城市（成都、天津等共 8 城市）巡映、采访抗战老兵的专用车，用实际行动“点亮中国心”，重新唤醒公众对国家利益和民族大义的热忱。

2011 年 9 月 23 日，在《我的抗战 2》全国巡映成都站中，从来与商业绝缘的崔永元甚至主动说出了：“荣威 W5 的广告给我强烈的震撼就是它的主题与《我的抗战》的主题不谋而合，这是我所不曾想到的，但此片（荣威 W5 广告片）与《我的抗战》一起放映时还真很难区别开来。”相信小崔一定非常认同“每个人都是自己的英雄，每条路都可能成为传奇”与《我的抗战》所要表达的意思是暗合，而并非巧合，才会说出这样的话。

与此同时，哲基公关与《南方人物周刊》进行了深度沟通，通过对抗战老兵的采访，《南方人物周刊》刊发了《国家的老人》《恰同学少年》等系列文章，也引起了社会上巨大的反响。

丈量第二季——点亮中国心，沿袭荣威 W5 的“丈量”概念，以《我的抗战 2》项目合作为传播切入点，形成活动、媒体、消费者由点及面的分层扩散传播，持续深化品牌形象，赢得用户共鸣。

③丈量第三季——凝聚民族魂。

2011 年 9 月底开始，荣威 W5 联合近 20 家媒体（包括杂志、报纸和网络），由媒体选报丈量线路，拉开了“丈量 960 万平方公里的土地”第三季的帷幕。媒体以“平面 + 网络”组合的形式，以荣威 W5 为座驾遍走中华大地，感受各地不同的壮阔风景与人文风貌，丈量璀璨的华夏文明，传诵平凡人生中的不平凡事迹，凸显“每个人都是自己的英雄，每条路都可能成为传奇”的精神诉求。

在丈量第三季启动之初，与媒体沟通线路选择时，上汽提出了以下三点：

一是每条路线均需要有 1 家平面媒体 +1 家网络媒体联合行动，形成资源互补；

二是能够体现荣威 W5“丈量 960 万公里的土地”所引导的关于国家利益和个人担当的基调；

三是对于定位跨领域专业 SUV 的荣威 W5 要有一定挑战，能够体现产品专业性能；并且引导媒体在活动过程中，积极进行微博互动。

从以上的路线表就可以看出，上市不到半年，志在放牧精神、开拓疆域的“跨领域专业 SUV”荣威 W5，足迹就已遍布华夏大地，从绝岭雪域到古墙石堡，从大漠飞沙到海滨小镇……“丈量”一词与荣威 W5 跨越天南地北的雄健身影，一同成为信念与勇气的代名词。

在丈量的过程中，荣威 W5 不仅仅在同样的季节，领略着不同的景色，更重要的是随着媒体一篇篇文章的刊出，20 年间用绿色覆盖了 7 万亩沙地的殷玉珍、有钱没钱一样看病的王布和、收养了 32 个孤儿的温海泉校长等等感人至深的平凡英雄们展现了他们人性的光芒，而这些，再次恰如其分地深化了“每个人都是自己的英雄，每条路都可能成为传奇”。

（4）项目评价

荣威 W5“丈量 960 万平方公里土地”活动走遍大江南北，行程遍布祖国各地，通过微博、网友作业、论坛游记、视频等立体渠道的深度传播，在荣威 W5 上市之初即成功塑造荣威 W5“丈量活动品牌”，阐释出荣威 W5 所传达的精神诉求——责任和担当。在行业中成为 SUV 事件营销的经典案例，为自主品牌高端产品营销开创了新的思路

各条线路的精彩报道深入人心，不仅将荣威 W5 跨领域专业 SUV 的产品专业性能体现得淋漓尽致，同时深度沟通了荣威丈量活动希望表达的文化诉求和精神内涵。激发了每个人心中的“丈量精神”，鼓励网友去走心中的传奇之路，做自己心中的英雄。网友通过浏览活动内容时，认识并认可荣威 W5 的专业越野能力，分享了参与荣威丈量之旅的草根英雄们的精神放牧之旅。

荣威丈量同时开创了与媒体深度合作的新形式，用一个精彩的创意和主题抛砖引玉，从而激发更多原创内容的无限积极性和创造性，而不同媒体、用户又用其自身不同的内容创作优势为荣威丈量打造出更多内容素材，百花齐放，精彩纷呈。

2011 年的荣威 W5 丈量 960 万平方公里土地活动告一段落后，积累下数以万计的精美图片，讲述了上百个沿途精彩的故事，数十个动人视频和草根英雄的故事……每条线路都成为一条荣威 W5 丈量的路书，为网友和喜爱“丈量”的草根英雄们提供了专业参考。

4.4.2 让品牌穿上新衣：上海航空公司

（1）项目背景

上海航空公司成立于 1985 年，是国内由地方组建的自主经营、自负盈亏的股份有限公司。1995 年，上航按照“产权清晰，权责明确，政企

分开，管理科学”的要求和《公司法》的规定，完成了公司制的改造，推进了经营机制的转换，从而成为上海市首批进行现代企业制度试点单位和上海市重点扶持的 54 家大型企业集团之一。上航成立伊始，就确立了“安全第一，旅客至上，优质服务，树立信誉”的经营理念。在发展历程中，公司始终把安全和优质服务作为上航生存和发展的“生命线”，取得了较好的经济效益和社会效益。

（2）项目策划

面对我国加入世贸组织后即将面临的国际同业竞争，上航的领导层清醒地意识到：这既是压力，更是机遇和挑战。要生存，求发展，就必须重新思索和规划上航的未来。怎样丰富和拓展企业文化，以使上航更具发展潜力和竞争优势，并对外树立起更加鲜明良好的企业形象，是摆在上航领导面前的一项严峻课题。

①CIS 设计。

上航贯彻 CIS 系统的主要内容包括：理念识别系统（MI）、行为识别系统（BI）和视觉识别系统（VI）。

MI：“CS 理念”即旅客满意，是上航企业文化理念的精髓。上航“生命线”思想的核心是“旅客至上”。在“旅客满意”的企业文化理念指导下，公司进一步拓展并提出了一系列服务文化新理念。主要有“乘上航，到家了”“服务在旅客开口之前”“宁愿自己烦千遍，不让旅客一事难”“‘三心’服务”“‘五好’服务”“六大真情服务”等。

BI：作为航空公司，空中运输及空中服务就是它的产品。因此上航成立以来就一直把“安全正点和优质服务”作为自己生存和发展的“生命线”。为保证上航始终如一的安全优质服务，公司历时一年多编撰完成了《上海航空公司职业道德规范手册》。公司还通过向中外旅客发放意见征询表，调查旅客实际需求，并将旅客的服务需求，作为追求产品差异化、人性化以及最终确立具有上航特色的系列服务品牌的立足点和出发点。

VI：初创时期的上航使用商标图案为蓝底白鹤，体现出清秀柔和的风格，但缺乏刚劲和力度。1998 年年初，上航为适应公司新形势和树立新形象，决定重新设计商标，经过多次评审与修改，正式确定了上航的新商标——飞翔在红尾翼上的白鹤。商标寓意象征吉祥如意、展翅飞翔的白鹤将带领全体上航人翱翔蓝天（见图 4 - 1）。如今，商行名称和商标已成为公司形象的重要组成部分，并被评为上海市著名商标。为了树立现代化航空公司的崭新形象，公司制定了《上海航空公司视觉识别系统应用手册》，对公司商标使用、环境布置、车机着色等都有明确规定。上航总部迁至市中心后，为了提高知名度，且给人以耳目一新之感，公司对所有售票处的门面标志和形象做了统一规范布置，上航标识如图 4－1 所示。

标识标准形及设计说明

图 4－1　上航标识

1998 年上航以开通国际（地区）航线为契机，全面创建以旅客满意为追求，以创建服务精品，推进商行全员、全过程、全方位的规范优质服务再上新台阶为目标的“旅客满意工程”。1998 年 9 月 1 日，上航在虹桥机场举办新闻发布会，对外宣布创建“旅客满意工程”正式启动。上航计划用 2～3 年时间，围绕创建“旅客满意工程”，抓好以下 5 个具体工程的建设和管理。认真推行《上海航空公司运输服务质量标准》，实现服务质量规范达标为“旅客满意工程”，努力使服务质量继续保持行业先进；创建精神文明、精品服务样板为“旅客满意工程”的重点工程，继续保持和创建民航总局命名的上海—北京、上海—昆明、上海—深圳等 5 个精品航线文明航班，并结合民航华东局和公司层面的文明航班、文明售票处等 15 个文明窗口的创建，全面推动创建精神文明精品样板服务活动深入开展；树立品牌意识，追求产品差异化、人性化，营造新的服务特色为“旅客满意工程”的创新工程，通过创办“800 免费电话订票”“家庭式温馨服务”“绿色通道”客运服务、“常旅客”优惠服务，努力追求高品质的产品组合、优良的服务措施和良好的企业信誉；以搞好机上食品供应、音像广播、客舱设备、报纸杂志、客舱卫生等各项保障工作为“旅客满意工程”的配套工程，进一步降低旅客、货主的投诉和抱怨；大力加强检查监督力度，强化服务质量三级管理机制为“顾客满意工程”的质量监控工程，把服务质量的监控进一步落实到每个环节和控制点。

在如何有效地调动员工积极性问题上，上航建立完善的激励制度为突破口，在全体员工中推出了“能进能出”的劳动合同制，“能上能下”的管理岗位聘任制，“能多能少”的奖金分配制。同时，公司还在内部实行岗位流动制。对表现优秀的员工调整流动到奖金分配收入高的岗位培养重用；对表现平平的员工则调整流动到奖金分配收入低的岗位直至淘汰。从而不仅使员工熟悉和掌握各服务岗位的工作，而且极大地调动了员工的积极性和创造性，同时也培育了各部门“无边界”工作的管理文化和团队协作精神。

②“35 小时”公共关系。

2002 年 2 月 15 日，正值中国传统春节的大年初四。当人们还沉浸在春节的喜庆气氛中时，当天下午 15 时，上海航空公司公务机经营部收到香港国际救援公司的求助电：2 月 14 日，有一个 28 人的香港旅游团在广西南宁、桂林因遭遇车祸，造成 7 人死亡，多人受伤，其中 6 人重伤。经送南宁医院紧急救治后，香港国际救援中心（亚洲中心）期望上航能够迅速派出公务专机飞往广西南宁，紧急将受伤香港同胞送回香港救治。对此，上航立即承诺：为了急救香港受伤同胞，上航虽然原来没有香港航班，但将全力以赴接受这个特殊航班的飞行任务！在公司经济效益和抢救香港同胞的需要难以兼顾的时候，上航坚持“旅客至上”“诚信为本”“公众至上”的理念，毫不犹豫地把救人和旅客利益放在首位。

上航在接到求助电后 10 分钟就做出决定，开始急救工作：值班领导在听取汇报后，立即组织人员制定应急运送方案，并将方案送往香港国际救援（亚洲）公司。之后，在已排定的春运航班中，迅速做出调整，将原飞行上海—武夷山的航班改为飞至南宁执行急救任务。这样就不得不因意外而延误原来上海到合肥的正常航班。当商务部客运人员向 28 位赴合肥旅客说明延误原因后，旅客们非但不责怪，反而非常理解、支持急救决定。上航客运处为他们送上了晚餐和新鲜水果，对他们的支持表示感谢。16 日上午 11 时，上航完成了机组准备、飞机客舱保障、航务资料等三套航班保证预案。考虑到受伤的香港同胞，上航派出最优秀的机组执行这个特别航班，并决定拆除 6 排客舱座椅，摆放 6 副担架救运重伤香港同胞。

飞机飞行不像其他交通工具，它需要申请和办妥航班保障、航线许可、出入海关、检验检疫、机场保障等一系列手续和资格。因此，商行采取了非常规的对外公关和协调手段，以求得到上级和其他单位的全力支持。这次急救航班牵涉到方方面面，但都始终得到了四面八方的全力支持和配合。上航在 16 日 13 时，完成了所有外部协调工作，真是“一路绿灯，一路放行”！16 日 17 时 45 分，急救公务包机离沪飞往南宁。16 日

21时10分，飞机降落在南宁机场，并于17日1时40分，将受伤的香港同胞送到香港机场。由于广西“二·一四”重大交通事故中还有2名重伤的担架香港同胞不能随即回港，在南宁接受治疗。所以，在他们病情转为稳定时，上航又再次义不容辞地担负起急救运送任务。至19日2时23分，上航急救专机安全返回上海。

(3) 项目实施

上航凭借其先进的企业文化和经营服务理念，积极创建“旅客满意工程”，不断推出服务新项目。事实证明：上航取得了经济效益和社会效益的双丰收，旅客满意率稳步提高，受到了中外旅客的交口称赞。上航的“公众至上”原则是公共关系核心原则。急救公务包机运送受伤香港同胞，展示了自己的良好形象，得到了社会舆论的好评，数十家报纸、电台、电视台争相报道。同时，也收到了良好的经济效益。自急救包机后，上航公务机经营业务迅速增加，在3～5月的3个月内，共接到公务包机业务20次，营业金额达177.6万元。上航领导自豪地说：“企业就是花上几万元、几十万做广告也不一定能达到这样的效果”。

近年来，上航连续三届荣获“上海市文明单位”和“上海市优秀企业”。尤其在1998年民航运输市场持续疲软、国内全民航出现严重亏损的情况下，上航却脱颖而出，运输总周转量、客运量分别比上年增加了34%和24%，赢利达2500万余元；1999年又赢利5100万元；2000年赢利6200万元；2001年1～9月赢利近1.8亿元。成为全民航为数不多的安全、效益较好的企业之一。

(4) 项目评价

创建“旅客满意工程”，让每一位乘坐上航的旅客感到实实在在的满意，这是上航企业文化的内涵和追求。从售票到值机，从引导到登机，从地面到空中，上航体贴入微、热情周到的温馨服务，如春雨般浸润了每一位旅客的心田。

“35小时”处理突发事件，组织措施周密，实施有力，环环相扣，体现了上航公司良好的关系管理能力。具有极强的“公众至上”的人文主义精神，非常符合公共关系的操作理念，由此感动了香港方面，最终使得公司社会效益和经济效益双丰收。

4.5　本章附录

中国“500”最具价值品牌——上海地区（2015 年）

单位：亿元

排名	品牌名称	品牌拥有机构	品牌价值	主营行业	影响力	发源地	上市
15	上汽	上海汽车工业集团总公司	1148.18	汽车	世界	上海	是
29	交通银行	交通银行股份有限公司	952.17	金融	中国	上海	是
30	宝钢	宝钢集团有限公司	879.47	钢铁	世界	上海	是
44	上海电气	上海电气集团股份有限公司	512.93	机械	世界	上海	是
46	中华	上海烟草集团有限责任公司	510.96	烟草	中国	上海	否
50	中国华信	中国华信能源有限公司	412.58	能源	世界	上海	是
71	太平洋保险	中国太平洋保险（集团）股份有限公司	336.65	金融	世界	上海	是
78	豫园商城	上海豫园旅游商城股份有限公司	334.21	综合	中国	上海	是
101	锦江国际	锦江国际（集团）有限公司	232.91	餐饮、酒店	中国	上海	是
120	SMG	上海广播电视台、上海文化广播影视集团有限公司	203.98	传媒	中国	上海	否
139	绿地集团	绿地控股集团有限公司	181.87	地产	中国	上海	是
142	圣象	圣象集团有限公司	180.82	建材	中国	上海	是
144	光明	光明乳业股份有限公司	179.32	食品、饮料	中国	上海	是
150	新民晚报	上海报业集团	168.58	传媒	区域	上海	否
161	老凤祥	上海老凤祥有限公司	159.55	珠宝	中国	上海	是
167	上海银行	上海银行股份有限公司	138.25	金融	中国	上海	否
183	老庙	上海老庙黄金有限公司	135.62	珠宝	中国	上海	否
200	北极绒	北极绒（上海）纺织科技发展有限公司	117.86	纺织、服装	中国	上海	否
210	双钱	双钱集团股份有限公司	116.65	化工	中国	上海	是
216	联华超市	联华超市股份有限公司	115.48	零售	中国	上海	是
224	春秋旅游	上海春秋国际旅行社（集团）有限公司	110.35	旅游服务	中国	上海	是
253	上港集团	上海国际港务（集团）股份有限公司	104.92	物流	中国	上海	是

续表

排名	品牌名称	品牌拥有机构	品牌价值	主营行业	影响力	发源地	上市
256	亚一	上海亚一金店有限公司	104.79	珠宝	中国	上海	否
274	上海机场	上海机场（集团）有限公司	99.84	航空服务	中国	上海	是
286	世茂	世茂房地产控股有限公司	96.69	地产	中国	上海	是
309	申银万国	申银万国证券股份有限公司	91.52	金融	中国	上海	否
323	罗莱	上海罗莱家用纺织品有限公司	87.03	纺织、服装	中国	上海	否
354	美特斯·邦威	上海美特斯邦威服饰股份有限公司	72.85	纺织、服装	中国	上海	是
382	凯盛	上海凯盛床上用品有限公司	56.36	纺织、服装	中国	上海	否
395	莫代尔	上海莫代尔品牌管理有限公司	45.93	纺织、服装	中国	上海	否
412	梅林	上海梅林正广和股份有限公司	42.74	食品、饮料	中国	上海	是
415	自然堂	上海自然堂生物科技有限公司	42.16	日化	中国	上海	否
431	银天下	银天下集团	40.06	金融	中国	上海	否
453	冠生园	冠生园（集团）有限公司	34.97	食品、饮料	中国	上海	否
464	三枪	上海三枪集团有限公司	33.32	纺织、服装	中国	上海	否
470	六神	上海家化联合股份有限公司	32.99	日化	中国	上海	是
474	大白兔	冠生园（集团）有限公司	32.79	食品、饮料	中国	上海	否
479	海螺	上海海螺服饰有限公司	32.11	纺织、服装	中国	上海	否
500	阿明	上海阿明食品有限公司	20.16	食品、饮料	中国	上海	否

第 5 章　上海公共关系公司三十年

1986—2016 年这三十年期间，上海公关公司规模快速扩大，上海逐渐成为中国公关行业的中心之一。20 世纪 90 年代初，上海本地公关公司纷纷建立，并得到发展壮大，然而与国际公关公司以及国内公关公司在上海建立的分公司相比，比重仍然较小。随着公关公司规模的扩大，对公关人才的需求越来越大，但是专业人才却非常紧缺。具有代表性的上海公关公司有：哲基传播、嘉利公关（上海）、信诺传播上海分公司、蓝色光标上海分公司等。

5.1　发展概述

上海公关公司发展的三十年大致可分为三个阶段，1986—1999 年是国际公关公司开始进入上海市场并带动国内公关公司开始建立的萌芽阶段；2000—2009 年是上海本地公关公司开始成长，促使上海公关公司规模逐渐扩大的发展阶段；2010 年至今则是上海公关公司经历了上海世博会的国际舞台，规模快速扩大，逐渐成为中国公关行业的中心之一的繁荣阶段。

5.1.1　萌芽阶段：1986—1999 年

1986 年前一些著名的跨国公关顾问公司就开始尝试进入中国市场，1991 年后则陆续登陆上海市场。1991 年年底，爱德曼国际公关有限公司在上海建立办事处，是上海地区的首例。之后，作为最早在中国市场捷足先登的伟达公关公司，经过近 10 年的发展，于 1993 年在上海设立了办事处。直到 1999 年进入上海市场的还有博雅、奥美等为数不多的国际公关公司。

中国新华社下属的中国新闻发展公司成立了中国第一家公共关系公司——中国环球公共关系公司，1992 年后与博雅公关的合作协议到期，之后独立运作，也在上海建立办公室展开公共关系服务。这个阶段国内公关公司虽然多以北京为中心，但是如蓝色光标、海天网联等国内公关公司也非常重视上海市场，分别在建立之初和第二年开始便进入上海市场，建立上海分公司。

20 世纪 90 年代初，三联公关事务所、神龙公关等一批上海本地公关公司开始建立，但由于自身人才的匮乏以及公关市场的不成熟，运作规则的不规范，许多公关公司在 20 世纪 90 年代中期，纷纷关门倒闭或另谋出路。而生存下来的一些中资上海公关公司开始渐渐转向市场化、专业化、职业化，逐渐在公关市场上确立了自身的地位。1996 年，视点公关成立，1998 年高禾公关、上海涵青策划顾问有限公司成立，1999 年哲基传播、埃特公关成立，开始建立起上海本地公关公司的力量基石。特别是哲基传播与埃特公关，通过之后十几年的发展，现在已经成为具有代表性的上海本地公关公司。

5.1.2 发展阶段：2000—2009 年

2000 年，中国政府成立 2010 年上海世博会申办委员会，这个大背景为上海公关公司的发展提供了土壤和机遇。在上海市公关协会的组织下诸多上海专业公关公司加入其中，为上海世博会获得举办权发挥了积极的宣传作用。紧接着，2001 年中国申奥成功并加入 WTO，自此上海公关公司进入了发展阶段。

2001—2002 年，视点公关为联合利华旗下奥妙品牌策划的“奥妙新妈妈”活动案例获得了国际商业传播人协会（IABC）举办的“金鹅毛笔奖”银奖，这是上海本地、也是中国本土公关公司第一次获得该奖项，获得国际同行的认可。2001 年，由埃特公关为联合利华夏士莲品牌策划和执行的“夏士莲黑发迎 08 奥运”公关案例荣美国 2001 Mercury Excellence Awards 银奖，以及上海市优秀公关案例评选金奖。2001 年，哲基公关为上海通用汽车公司“赛欧”上市制定了推广活动方案“2000：中国家用轿车元年”，该案例获得了第五届中国优秀公共关系案例评选银奖及最佳创意奖。

2002 年、2004 年上海市公关协会进行了上海公关行业的调查，在接受调查的公司中，国际性的公关公司规模较大，一般的上海本地公关公司则规模较小。上海公关公司的人数从 3 ~ 50 人不等，员工年龄结构较年轻，学历水平较高，学历水平都在大专与本科以上，但是缺乏公关、传媒、广告背景的专业人才，工资薪酬方面国际公关公司较高，上海本地公关公司较低。媒介关系管理、大型活动管理能力是公共关系能力的重要体现，也是上海公关公司最重要的公关服务项目。从这两次的调查报告结论中可以看出上海公关公司尚不成熟，处于发展阶段的初期。

在上海公关公司的发展阶段中，公关公司提供的公共关系服务内容发生了变化，并逐渐形成了引流潮流的趋势。对上海这一国际性大都市而言，日用消费品的快速消费、促销消费是日趋发达的行业，国际性时尚之都的各类时尚信息发布则不断引领着流行浪潮。随着各国的流行时尚等著名品牌纷纷“登陆”上海这块热土，IT 行业就成为传递各种时尚与生活信息的有力推动者。因此日用消费品、服装时尚发布、IT 业务为发展阶段中上海公关公司里最重要的三项业务。

5.1.3　繁荣阶段：2010 年至今

2010 年，上海公关公司借着上海世博会为转折点，进入了蓬勃发展的繁荣阶段。上海世博会的规模和参观人数都创下了历届世博会之最，为中国展示了国家形象，为上海展示了城市形象，同时也为上海公关公司提供了巨大的展示舞台。在世博会的整体宣传及众多场馆的背后，都有上海公关公司的参与实施和具体运作，为世博会的成功举办起到了独特且不可替代的作用。其中，伟达公关上海公司被上海世博局聘用为 2010 上海世博会公共服务供应商，嘉利公关负责上海世博会日本国家馆的服务项目，蓝色光标上海公司被列入世博局“官方推荐”的服务商名册，视点公关和博雅公关上海公司则共同负责可口可乐馆媒体事务的运作，可以说上海世博会为上海的公关公司及整个行业都带来了提升的契机。

2010 年开始中国公关公司和整个行业进入爆炸式增长的阶段，根据中国国际公关协会每年进行的中国公关行业调查报告可以看出，公关行业的年营业额自 2010 年起每年都有 20% ~30% 的年增长率，至 2015 年高达 430 亿元。其中，上海的公关公司呈现出健康并快速发展的态势，是业务和人员增长最快的地方，上海公关公司进入了快速发展的繁荣阶段。据不完全统计，截至目前，上海市场中，包括新媒体公司等涉及公关业务的公关公司有近千家，而专业的公关公司则有两百家左右。

在繁荣阶段，随着公共关系服务市场越来越细分化，涉及领域更加广泛，金融、互联网、通讯、旅游以及房地产均占一定市场份额，上海公关公司的服务市场正向全面发展中，其中，文化体育、金融、房地产等服务市场则爆发出巨大的潜力。

5.2 发展特点

5.2.1 上海公关公司发展态势不均衡

上海公关公司在三十年的发展过程中呈现了发展态势不均衡的特点。国际公关公司进入上海市场后带领了国内公关公司，特别是上海本地公关公司的建立，从发展态势来看，国际公关公司在上海设立的办事处或分公司的发展规模、业绩声誉都最好，其次是国内公关公司上海分公司，相较而言，上海本地公关公司起步较晚，发展落后于前两类公关公司。

以第一家进驻上海的爱德曼公关公司为首，随着业务的不断发展，行业规模的逐步扩大，几乎所有的国际公关公司在上海设立了办事处，部分国际公关公司与国内公关公司合作或收购国内公关公司，建立上海分公司或子公司，以良好的业绩和发展趋势与其他公关公司分庭抗礼。例如，伟达（中国）公共关系有限公司在上海设立的分公司被选为2010年世博会的官方公关公司，为促进上海世博会积极正面的形象提供了本地及全球专业的公关服务，为上海世博会的成功举办做出了贡献。爱德曼国际公关（中国）有限公司于2007年注册成立了上海分公司，全面推进其在上海的公关事业。2010年11月罗德公关收购了上海同声公共关系咨询有限公司，成为罗德集团旗下子公司——奕远公关，是一家立足上海、服务全国的专业公关咨询企业。

中国本土的公关公司多数集中在北京，但随即纷纷建立上海分公司。已跻身霍尔姆斯报告全球公关公司排名第9位的蓝色光标于1997年建立了上海办事处。中国最早成立的大型综合传播顾问公司之一的嘉利公关顾问有限公司于2000年成立了上海分公司，并成功并购博能公关，开创中国公关顾问公司资本运营之先河。国内公关公司上海分公司在上海公关市场上表现优异，例如，宣亚国际品牌管理（北京）股份有限公司上海分公司，凭借整合传播优势，高度整合互动，创意行销，内容及事件营销，从6家公司中脱颖而出，一举赢得上海家化美加净2016年度整合公关业务。

哲基公关和埃特公关作为上海本地发展起来的代表性专业公关公司，通过十几年的发展业务拓展迅速，营业收入大幅提升，发展势头颇为喜人。其中哲基公关已连续多年进入中国国际公关协会年度CIPRA排行榜中的TOP榜单。然而，上海本地公关公司与前两类公关公司相较而言，整体数量较少，占上海公共关系市场份额较小，在公关行业中所占比重较轻，还在不断发展和追赶中。

5.2.2　公关人才需求旺盛，各类人才紧缺

上海公关公司在三十年间迅速发展，规模快速扩大，对于公关人才的需要非常旺盛，特别是2010 年上海世博会的成功举办，为上海公关公司进入国际平台竞争提供了契机，同时亦激发了对公关专业人才的大量需求，然而各类人才的紧缺是上海公关公司在发展过程中始终呈现出的特点。

首先，最严重的是专业人员的缺乏，尤其是高级专业公关人员的紧缺成为制约整个行业持续壮大的“瓶颈”。造成这种局面的原因是多方面的：其一，由于专业公关公司发展历史很短，在教育体制中就存在培养专业公关人员的空白，因此，许多公关人员都是依靠工作中的摸索实践而成熟起来的。其二，据调查公关公司的周平均工作时间都在 50 小时以上，这种高度紧张的节奏也使得公关公司无暇顾及对人员的培训。其三，与人员缺乏的局面相对比，国内的公关公司却如雨后春笋般不断涌现，这便造成了公关行业人员流动频率居高不下，因此，许多公关公司就不愿意加大对人员培训的投资。其四，即使在社会培训方面，虽然，公关行业的资质正在不断完善的过程中，但目前没有一项权威性的专业公关人员培训过程能够获得整个行业的共同认可。

其次，复合型公关人才也极为紧缺，公关公司服务的领域涵盖企业、政府、非营利组织等，服务的行业也出现了不断细分的趋势。有些公司向产品专业化方向发展，比如现在已经有公关公司发展成了撰稿公司，它将服务当成自己的产品，不仅为机构和企业提供服务，而且还为其他的公关公司提供服务；还有一类公关公司向客户专业化的方向发展，即比服务的客户更了解行业内的专业知识和市场行情。随着公关行业发展日趋成熟，以及市场对公关行业认识的逐渐清晰，目前公关工作已不再是人们想象中的以处理人际关系为主。公关工作正在更广泛地渗透到各行各业。通信、汽车、医药等专业性强的行业对于公关工作有着更高层次的需求，所以现在公关行业也要求其从业人员具有客户所在行业的专业知识。由此可见，公关人才需求正在逐渐多样化。

5.3 专题研究：上海哲基公共关系咨询服务有限公司

5.3.1 公司背景

上海哲基公共关系咨询服务有限公司成立于1999年，成立以来为数以百计的客户制订公关传播策略，执行公关传播方案，管理危机和风险，建立优秀的企业形象，并协助建立品牌资产，客户范围包括世界“500强”跨国公司、本地大中型企业、行业协会和大型会展等，在汽车、奢侈品、洋酒、房地产等领域均服务于高端的优秀品牌。

5.3.2 发展历程

1999年10月，上海哲基公共关系咨询服务有限公司成立。2009年10月：哲基十年，十年立基。十年间哲基从一家由寥寥几人的公司，发展为逾百人的全国十强公关公司，服务行业涵盖汽车、奢侈品、快速消费品、地产、洋酒、IT等。在与世界“500强”企业以及中国优秀民族企业共同走过的岁月中，哲基依靠团队的丰富传播理论和传媒经验，凭借灵动的创意和精确的实施能力，协助他们的合作伙伴在全国市场取得骄人和瞩目的成功。

2011年6月：哲基被授予“2011中国公共关系行业杰出雇主品牌大奖”。

2011年7月：哲基被中国国际公共关系协会（CIPRA）授予“杰出贡献奖”。

2011年9月：中国国际公共关系协会（CIPRA）在上海举办首场上海地区会员讲座，活动由上海哲基公共关系咨询服务有限公司积极承办，哲基被授予“优秀组织奖”奖牌。

2011年9月：哲基参与再生电脑公益行活动，捐献20台电脑及相关设备，哲基志愿者亲自奔赴安徽金寨江店中心学校为其搭建电脑教室，并为学生们上了生动有趣的电脑课。

2011年11月：“2012（第八届）中国汽车工业杰出成就奖”颁奖盛典在北京隆重举行，哲基荣获“最佳传播团队奖”，这是公关公司首次获得“中国汽车工业杰出成就奖”的相关奖项，也标志着哲基为推动中国汽车工业发展所做出的努力与贡献获得业界高度肯定。

2012 年 4 月，哲基首本内部杂志《1028》创刊号正式发布，这是一本由哲基人主办的年轻刊物，以图文并茂的形式体现时下年轻一代的生活状态和思考，它将会成为哲基人与亲朋好友间增进交流、分享经验的互动平台，更会成为哲基向外界传播信息的一个使者，让更多人了解哲基。

2012 年 4 月，第二届公共关系行业人力资源高峰论坛暨杰出雇主颁奖典礼于北京隆重举行。活动上 2012 中国公关行业杰出雇主品牌获奖名单发布，哲基第二次荣获中国公共关系行业杰出雇主品牌大奖。

2012 年 11 月，哲基传播荣获 2012 金投赏代理公司组公关服务金奖。

2013 年 3 月，哲基接受委托，开始全面助力上海 K11 购物艺术中心一系列对内对外公关传播业务的开展。

2014 年 5 月，哲基荣获第十一届中国最佳公共关系案例大赛非营利组织公共关系类别金奖。

2015 年，哲基执行董事王虎任公关公司工作委员会 2015 年度主任委员，并于 2016 年 1 月，成为年度公关公司工作委员会常委之一。

5.3.3　公司评价

哲基传播是经营规模最大的上海本地公关公司之一，同时华东地区的公关业务也增长迅猛。经过十多年的运营，已经在客户管理、团队管理、供应商管理等方面建立了成熟的管理模式。通过整治力度，公司在汽车、洋酒、奢侈品等领域都是国内较早开展公关传播代理业务的领军企业，具有很多的优秀、经典案例，一些创新手段已经成为行业的操作规范。如今哲基已经是业内著名品牌，公司领导在行业内也具有很高声望，有利于吸引更多人才加盟。

5.4　典型案例

5.4.1　嘉利公关

（1）公司背景

嘉利公关顾问公司成立于 1996 年，2010 年成立上海分公司。曾为近百家跨国公司、知名企业和各类组织提供公共关系和市场顾问服务，兼具国际标准同时又充分利用本地资源的公关咨询服务得到了各领域一流企业或组织的首肯。2002 年以来一直被中国国际公关协会评选为中国十大公关公司之一。

目前业务涉及 IT&T、汽车、房地产、大众消费品、机构推广、时尚娱乐、体育旅游、医疗健康、传媒出版等产业以及政府、非营利性机构等。随着中国公共关系产业和市场环境的逐渐成熟，嘉利公关已发展成为中国本土最大和最具影响力的公关公司之一。

嘉利的总部位于北京，在上海和广州设有两家分公司，伦敦和东京拥有两个办事处。嘉利公关立足于公共关系的专业服务精神，立志为行销与传播事业的发展做出贡献。

（2）发展历程

2010 年，嘉利公关正式成立上海分公司，重点服务于日本企业。

2012 年 8 月，上海嘉利承担了宾得理光映像仪器商贸（上海）有限公司日常品牌传播项目，过对 2012 年新品发布及上市的新闻策划及发布，上海嘉利已初步完成品牌认知度传播，2012 年年底，针对几大重要节日，上海嘉利还为宾得理光进行了小规模 EPR 传播的策划。

2013 年，上海嘉利受 3M 委托开始筹划在举办媒体答谢会的相关事宜。同年，为 Onlylady 精心设计并完美执行了第六届美容天后的评选及举办了颁奖典礼。为苏宁集团更名为苏宁云商集团召开了全新的新 VI 发布会。举办上证第三届全球基金峰会暨金基金奖颁奖典礼。为普利司通进行微信运营及上海车展运营。承担 2013 双龙汽车上海国际车展公关传播项目。为丝凯露 - D 进行 6 月网络推广。为统一饮养四季举办“我爱记歌词”活动进行公关传播。举办三星冰箱线上活动及 2013 东洋轮胎青岛全国代理商大会。举办统一鲜橙多“盖世漂亮会”。承担雷丁济南新能源展传播及营运。

2014 年，上海嘉利负责的富士通中国论坛及相关展览在上海浦东国际会议中心隆重举行，巴士在线 2014 媒体推介会暨晚宴先后在北京丽晶酒店和上海兴国宾馆顺利举行。成功举办 AEGIS MEDIA 无线汇屏数据成果发布会、中国财富管理 2014 高峰论坛暨第六届金理财。重庆金冠汽车制造股份有限公司携手梅赛德斯奔驰，及意大利 IVRE 时尚设计公司在北京举办高端定制新车品鉴会。举办驾驭 LEXUS 雷克萨斯全混动车型试驾体验赛。进行星客特 2014 北京国际车展公关传播、3M2014 下半年公关传播、村田制作所 2014 广州国际电气技术展公关传播、悦诗风吟大豆神仙水互动推广、巴斯夫催化剂工厂扩建工厂竣工典礼、如新健康中国行河南大河公益课堂活动、电通安吉斯乔迁盛典、发记甜品杭州招商会。

2015年，成功举办佰草集年度盛典、PPTV聚力2015新年媒体见面会、家化迎新年会及春季新品发布会和秋季经销商大会、PPTV第一体育2015年战略发布会及西甲之夜、3M“保卫童年——我的童话水世界”公益活动启动仪式，进行虎贝尔品牌升级公关传播及村田广州建筑电气展公关传播，举办村田制作所机器人啦啦队首次亮相中国媒体见面会、开新二手车帮卖东莞开业发布会、亿方云网络新品发布会，承担多摩仕奥瑞化境·设计讲坛公关传播项目、网易游戏2015CHINAJOY公关传播。举办网易《新倩女幽魂》首秀礼及济南玩家见面会、道格拉斯AK47洋酒新品类发布会、丰田纺织中国研发中心开业典礼、圣象20周年庆典、NU SKIN“活着 就为改变世界”创新趋势论坛、东方星美首届佰草集护理师美丽精英选拔赛全国总决赛。

2016年，成功举办了罗氏年会，进行悦诗风吟雪耳霜H5及论坛推广项目、菲诗小铺气垫CC白色情人节推广项目、晨光文具赞助博鳌亚洲论坛传播、村田制作所首次亮相上海酒店工程与设计展览会及寻根之旅媒体活动、网易（杭州）《西楚霸王》游戏发布会传播。

（3）公司评价

嘉利公关的企业愿景是以沟通创造企业、品牌和人的价值。企业文化是尊重、开放、超越、共享。企业使命是：关注企业、媒体、组织、社会和人，通过建立良好的沟通促进他们的和谐发展。尊重并激发员工的自我价值，鼓励员工实现自我超越以及对家庭的承诺。以自身的行为，维护和建设良好的商业环境和社会环境。嘉利公关上海分公司拥有同样的企业愿景、文化和使命，快速地成长，为上海公共关系市场的快速发展贡献了力量。

5.4.2　信诺传播

（1）公司背景

信诺传播上海分公司于2007年成立。信诺传播（AcrossChina Communication）是一家立足于品牌传播与活动传播的权威机构。自成立以来，一直以专业系统的策略咨询与极具创新的服务产品来满足客户在传播上的需求，为包括众多全球“500强”在内的知名企业、国际组织、城市及政府机构提供整合传播解决方案。

公司多年来致力于行业人才的培养。已连续多年支持并参与中国科学技术协会的“紫荆·绿荷·玉山计划”，为国内的多所高校学生提供实习机会。公司还专门制定“信诺传播英才计划”，联合西藏民族学院和中国国际公共关系协会，面向少数民族学生，培养国际型活动传播专业人才。2008 年，信诺传播和上海外国语大学合作，成立上海外国语大学公共关系研究院，当时这在上海公共关系机构中绝无仅有，在全国本土公司中也颇为鲜见。

公司积极推动行业的专业化发展，通过多种形式对外分享专业知识和实践经验。公司倡导健康的行业环境，广泛参与行业标准与规范的制定，内容涵盖企业社会责任、行业自律、绿色传播等多方面，如《公关行业企业社会责任指导纲要》《中国公关行业绿色办公行动指南》《公关服务行业自律公约实施细则》和《2011 年绿色活动行动指南》等。

同时，公司借助专业优势积极推动文化传播的社会实践和思考。2011 年，公司与外交学院联合主办首届“信诺传播杯”高校（北京）国家形象设计与传播创意大赛，以国家形象设计与传播为主题，倡导全社会关注中国文化传播、关注公共外交、关注国家形象。大赛得到了多个相关政府部门的认可与支持，以及北京多所知名高校、学界和相关行业的积极响应。

（2）发展历程

2007 年信诺传播上海分公司成立。

2009 年，信诺传播举办了诺基亚玩乐派对、诺基亚音乐潮拜演唱会。承担优思明新品上市媒体整合传播、采乐消费者教育项目。举办“友爱更坚强！系列活动”、生命的信心主题艺术展、宾利车主优品尊享夜暨范思哲 08 春夏时装秀、AGNONA 08 秋冬系列贵宾预览。举办西门子助力中国 2010 年上海世博会倒计时一周年暨“城市梦想接力计划”启动仪式。举办苏尔寿 175 周年家庭日活动、BMS China/SASS 员工奖励大会、奥运火炬传递三星全球火炬手接待项目、2012 微软 GCR 年会。举办承志和合，开启未来 - GE 总裁访华客户招待酒会。

2010 年，信诺传播成功举办微软合作伙伴大会。

2011 年，信诺传播举办了 MINI 重装上阵 MINI R5X 全国上市发布会、诺基亚乐随享中国发布会、2010 沃尔沃品牌体验日、甲骨文全球大会、

FUN RUN 超级晚、强生 DePuy“骨动中国”媒体互动日、BMW E－Mobility Night & F18 PHEV Launch、2011 百威音乐王国、2011 百优解“最爱路线”精神科医生爱心中国行、BMW CLUB3 唱享三系激擎新生代、2011 西门子家庭日、BMW F20 发布活动－舞台剧设计、2011 Volvo 品牌体验日、MINI COUNTRYMAN 上市发布会。

2012 年，信诺传播举办了腾讯网络游戏风云榜、诺基亚 800C 发布盛典、中国移动网络智力运动会、the BMW 7 Series、2012 北京国际车展 BMW 展台运营、VOLKSWAGEN Golf Event、BMW M 空降行动、BMW 星德宝 5S 盛大开业、全新 BMW3 系上市发布会、2012 smart times 科比中国行、梅赛德斯－奔驰 M 级纵横之旅、BMW X 之旅、梅赛德斯奔驰 CLS 艺术之夜、势在・必型・2012 新一代梅赛德斯－奔驰 GLK 级豪华中型 SUV 集结总行动。

2013 年，信诺传播举办 2013 联合利华美容护理单元上市会、阿斯利康倍林达中国上市会、“全民耍大牌”——全国网络智力运动会、2013 宝马车展（上海/广州/成都）、引领未来——华晨宝马战略新闻发布会、2013 smart 城市大行动热点巡展活动、辉腾柏秋纳弗洛限量版上市巡展、2013 宝马文化之旅、“7 星升舱，幸福续航”英菲尼迪 JX 巡展成都政府第十二届华商、大会、全新 BMW 4 系双门轿跑车上市发布会、英菲尼迪广州车展及 Q50 上市发布。

2014 年，信诺传播上海分公司举办了汉舍卫浴营销大会、静安嘉里中心盛典活动媒体发布、联合利华家乐立顿全国年会、雅培新品发布会、联合利华美容护理单元上市会、玫琳凯美丽直通车粉巴巡展、劳斯莱斯三亚体验活动、2014BMW 西区 6 系 &7 系试乘试驾、BMW 东南区 X5 媒体试驾活动、家乐浓汤宝上海全新计划上市会、2014 全球供应商大会/Global Suppliers Day 2014、2014 罗博报告最佳之最颁奖晚宴、上汽财务融资经理挑战赛、沃尔沃建筑设备 2014BAUMA 贵宾体验活动、2014 奔驰 AMG 性能中心经销商大会、舍弗勒驾驶体验、奔驰艺术中心贵宾接待项目。

2015 年，信诺传播上海分公司举办了 2015 沃尔沃环球帆船赛客户晚宴、2014－2015 沃尔沃环球帆船赛三亚站、沃尔沃建筑设备客户尊享活动、沃尔沃公开赛、施耐德电气 smartsturxure 发布会、沃尔沃卡车节油大赛、GSK 展柜制作、东风雪铁龙科技创享体验营 &C4L 上市发布会、土豆映像节东风雪铁龙 C3－XR 品牌植入、BMW 东南区 2 系 Happy 2 Go 夏令营、2015 罗博报告最佳之最颁奖晚宴、标致雪铁龙 BZ3 全球首秀暨媒体赏鉴会、奔驰艺术中心贵宾接待项目。

2016 年，信诺传播再次冲刺 IPO。

信诺传播至今取得了如下的诸多荣誉：2006 年度中国本土十强公关公司、2007 中国创意产业年度大奖、2007 品牌中国金谱奖中国年度十大杰出品牌机构、2007 上海市优秀公共关系案例最佳创意奖、2008 年度最佳项目管理奖、2009 年度中国公关十佳案例奖、2009 中国十大创新会议组织者、2010 年度中国公共关系行业年度绿公司称号、2010 年度中国最佳绿色会议公司华表奖、2010 校园公益奖、2011 中国公共关系行业杰出雇主、2011 年度中国最佳品牌会议公司、2011 年度公关行业绿公司、2012 中国公共关系行业杰出雇主、2012 年度最佳会议组织机构、2012 最佳绿色专业会议公司、2012 中国最佳绿色会议组织奖、2012 年度最具广告传播价值整合营销传播机构、2012 中国创意产业年度大奖领军企业奖。

信诺传播上海分公司百忧解最爱路线中国行获得 2011 年上海市公共关系协会举办的优秀公关案例评选活动公众参与奖。

（3）公司评价

信诺传播自成立以来，一直倡导并践行企业社会责任。信诺传播在推动客户品牌传播和实现市场价值最大化的同时，通过为客户设计沟通交流平台，协助客户积极投身公益，表达企业的大爱。另外，通过传播文化和艺术，努力提高人们的幸福值，推动社会的和谐文明建设。

公司始终秉承“欲立则信，诺定责成”的企业信条，借助专业优势积极推动文化传播的社会实践和思考，并从企业人格化、人性化的角度，结合企业文化内涵及行业特征，在为社会创造价值的同时，关注行业，回报社会，并在教育、环境保护及行业健康发展等方面做出一系列积极的努力。

5.4.3 蓝色光标

（1）公司背景

蓝色光标数字营销机构（BlueDigital，简称蓝标数字），是蓝色光标传播集团旗下提供数字整合营销服务的专业机构。公司成立于 1996 年，前身为蓝色光标公共关系机构，1997 年成立上海办事处，2013 年更名为蓝色光标数字营销机构。新的蓝色光标数字营销机构全面整合了传统公关和数字营销的专业能力和资源，形成从消费者洞察、到内容创意、全渠道应用和企业销售促进解决方案提供的全价值链服务体系，致力于通过一站式的数字整合营销服务实现客户商业价值最大化，为客户在数字时代的品牌和产品沟通需求提供更专业的整合营销解决方案。

公司总部位于北京，全国设有 4 个分公司和 23 个分区办事处，在亚太、北美、欧洲均拥有业务网络。现有员工超过 1100 人，持续服务于包括超过 40 个财富“500 强”企业在内的近 200 个国内外领先客户。

（2）发展历程

1997 年 6 月，上海办事处成立。

2005 年，服务网络覆盖中国 24 个城市。

2006 年，在香港 MEDIA 杂志举办的亚太公关大奖中被评选为“年度公关公司”。

2007 年，蓝色光标公关关系机构跻身霍尔姆斯报告全球公关公司 250 强。

2009 年，蓝色光标传播集团入选福布斯“中国潜力企业 200 强”。

2010 年 2 月 26 日，于深圳证券交易所上市（股票代码：300058）。

2011 年，收购思恩客、精准阳光品牌，收购美广互动。

2012 年，收购今久广告公司，在霍尔姆斯报告中跃居亚洲最大、全球第 24 位的公关公司。

2013 年，投资英国公关集团 Huntsworth、收购全球最大社会化媒体传播公司 We Are Social、收购西藏山南东方博杰广告有限公司；作为唯一一家中国公司跻身《广告时代》世界最大的 50 家广告公司，按收入排名第 17。

2013 年 4 月 12 日，公告收购博杰广告的草案，本次收购完成后，蓝色光标将持有博杰广告 100% 股权。

2013 年 4 月 25 日蓝色光标宣布将以约 3. 5 亿元收购全球公关巨头 Huntsworth19. 8% 的股份，成为其第一大股东。

2014 年，收购全球顶级设计公司 fuseproject、收购北美传播巨头 Vision 7、收购香港独立广告公司 METTA；成立蓝标电商、蓝标移动互联。

2015 年，成立国际事业群组，海外总部在硅谷投入运营，收购多盟、投资亿动，一跃成为中国移动广告第一代理机构。

2015 年，名列霍尔姆斯报告全球公关公司排名第 14 位，问鼎 2015

PR Week 亚洲排行榜。

（3）获得荣誉

国际荣誉：

2016 霍尔姆斯报告全球公关公司排名第 9 位，首次跻身该榜单前十强。

2015 年 4 月，由“PR Week”评定的 2015 年度全球排名显示，蓝标集团首度问鼎公关代理公司亚洲排行榜（Asia Agency Rankings 2015），并首度跻身全球排行榜前十强（Global Agency Rankings 2015）。

2015 年，蓝标集团及旗下公司在第八届金投赏国际创意节上共斩获 15 项大奖，包括 4 金、2 银、6 铜及 3 个提名奖。

2012 年，跃居亚洲最大公关公司，名列霍尔姆斯报告全球公关公司排名第 24 位，获 SABRE AWARDS 国际案例大赛全球金奖。

亚太地区荣誉：

2006 年 11 月在香港 MEDIA 杂志举办的 2006 年亚太公关大奖中，蓝色光标赢得“年度公关公司”第二名，这是第一次本土公关公司在亚太最权威的评奖中获此殊荣。

中国地区荣誉：

2014 年中国广告长城奖——媒介营销奖金奖。

2014 年金网奖——社会化传播营销奖金奖，整合营销类金奖。

2014 年金旗奖——最具公众影响力社群互动营销大奖。

2015 年艾菲大中华区全场大奖、年度评委会特别推荐大奖、企业声誉组金奖等三大奖项：“‘See You Again，加德满都’百度全景尼泊尔古迹复原行动”。

2015 年 ONE SHOW 中华创意奖。

2016 年 5 月 12 日，中国品牌价值“500 强”评审委员会揭晓第十届中国品牌价值“500 强”榜单，蓝色光标排名第 334 名。

第 6 章　上海公共关系学术研究三十年

过去的三十年，是见证公共关系在上海起步、探索和发展的三十年，教材、译著和专著层出不穷，论文不仅数量增速快，而且越来越朝着国际研究高水平迈进，上海市公共关系协会、高教学会、高校、公关公司、企业等先后举办或承办多场公共关系学术会议，公共关系研究机构蓬勃兴盛。本章节从上海公共关系的专著、译著、论文、公关学术会议和公共关系研究机构等方面阐述公共关系在上海的发展。

6.1　发展概述

公关是舶来品，20 世纪 40 年代随战争传入中国，但随着改革开放的浪潮才被系统引入中国大陆，广州的白天鹅宾馆、白云山制药厂、中国大酒店、北京长城饭店是 20 世纪 80 年代早期公关在中国发展的典范，成为中国公共关系史上具有里程碑意义的事件。在上海，公共关系研究先后经历起步、探索和发展三个阶段。

6.1.1　起步阶段：1986—1995 年

在公关起步阶段，一方面上海学者引进和介绍西方公关知识和理论，另一方面利用公关为社会主义现代化建设服务。在教材上，毛经权《公共关系学》、居延安《公共关系学》、潘肖珏《公关语言艺术》、吴友富《现代管理与公共关系》、张云《公关心理学》等公关教材先后出版和发行，发行量大，影响深远。在译著上，1989 年以吴友富为代表的公关学者翻译《公共关系与实践》和《媒体公关 12 法则》，引进和介绍美国公共关系知识和理论，对公共关系理论在中国的大陆传播发挥了重要贡献。在此阶段，论文相对比较少，如“搞好公共关系，加快企业发展”“市场经济下政府公关的新功能”等探讨公关在企业中的运用。总体来讲，此阶段上海学者提出和初步解决公关的定义、价值，以及策略。毛经权、居延安等介绍了西方国家的公关定义，尽管对“什么是公关”存在争议，但是管理、传播和关系学说被社会各界更多的人所接受。从公关价值上看，社会主义经济体制改革、政治体制改革和“四个现代化”都呼唤社会主义公关。在策略上，毛经权在《发展公共关系学》中梳理了从调研问题、明确目标、寻找公关对象——尤其是“有影响力的人物”、实施公关、发布信息等公关业务流程，强调了“人际沟通”和“情感投资”的重要性。但是，1989 年《公关小姐》的开播引发公关职业形象危机。1992 年党的十四大的召开确立了社会主义市场经济体制，给公关的发展带来了曙光，迎来了第二波“公关潮”。

6.1.2 探索阶段：1996—2005 年

经过十年的发展，公关进入了探索时期，上海学者继续积极引进西方公关知识和理论。进入 21 世纪，公关又回到“快速车”道上，研究取得了不少成绩。在专著上，出现了诸如范徵《第三代 CI：企业形象的战略管理》、余明阳《公共关系学》、叶茂康《公共关系写作教程》等著作。在研究论文上，2004 年和 2005 年论文数量明显增加，不仅探讨“大公关”理论和公关学科定位等问题，而且涉及政府公关、党组织公关、危机公关以及医院管理公关等行业公关实践。在此期间，为了推进经济全球化下公关的功能、品牌与公关、运用公关创造上海品牌等问题探讨，上海市公关协会或高校主办或承办的公关学术论坛开始发展，例如，2001 年“经济全球化下的公共关系”国际论坛、2002 年中外公关专家大对话、2004 年上海国际公共关系峰会、2004 年纪念世界公共关系 100 周年座谈会等。在研究机构上，高校是公关理论研究的前沿主阵地，东华大学城市形象研究所和复旦大学国际公共关系研究中心分别在 2002 年和 2005 年成立，上海城市形象、世博会与城市发展、形象传播战略、城市形象与软实力等课题研究为公关实践提供智力支持。

6.1.3 发展阶段：2006—2016 年

在第三个十年，中国社会经济的发展为中国公关行业的发展提供了巨大的发展空间，也是公关研究突飞猛进的十年。在专著上出现了纪华强《公共关系基本原理与实务》、吴友富《整合营销》、孟建《医院形象与危机公关》等公关理论前沿著作。论文研究议题趋于多样化，既探讨强力公关、受众研究、公关效果评估、公关伦理等理论，也拓展至体育公关、海关公关、展会公关等。调查研究、内容分析、文本分析和个案研究等研究方法越来越被广大学者使用。为提高学术理论研究和实践应用，上海市公共关系协会、中国高教学会公共关系教育专业委员会、高校、公关公司以及企业共同举办了一些学术会议，特别是从2006年以来每两年一届的上海公共关系国际高峰论坛以及《公共关系研究》的出版发行，有力推动了公关理论的发展和创新。上海外国语大学公共关系研究中心、上海市公共关系研究院、华东师范大学品牌文化与公共关系研究中心和上海海关学院海关公共关系研究中心先后成立，为公关理论研究和应用实践提供了重要平台。

6.2　发展特点

6.2.1　从引进国外公关到立足本土发展和创新

西方公共关系研究在20世纪70年代中期迈入独立学科之列。尽管在理论研究上与欧美发达国家有一定的差距，但是中国公关研究的成绩是有目共睹的。三十年来，中国公关研究经历起步、探索和发展，介绍国外公关理论，到初步用西方公关理论来研究中国行业领域的本土公关实践，再到批判借鉴西方理论，立足中国的国情和传统中华文化使公关理论中国化，把发展中国特色的公共关系理论体系作为奋斗目标。早在1987年，廖为建在“建立和发展具有中国特色的公共关系”文章中就提出，要立足于中国的政治、经济和文化等基本国情，发展有中国特色的公共关系。随着公共关系在中华大地快速而迅猛地发展，构建具有中国特色的公共关系理论体系成为迫切而重要的任务。

6.2.2　公关研究成果数量大幅增加，质量不断攀升

经过三十年的发展，研究力量从无到有，从有到优，从优到特。公关研究报告定期跟踪公关的发展特点和最新动态。在专著上，在第一个十年出现大量的公关入门教材，到了后二十年，既注重理论探讨性，也注重与行业发展紧密的公关。在论文上，不仅数量增加，而且质量不断攀升，特别表现在研究议题和研究方法上，不但学界积极探讨公关理论，公关公司和企业也在结合具体行业领域进行实践探究。在公共关系学术会议上，上海市公共关系协会、高校、公关公司以及企业不断优化整合力量共同主办或承办国内和国际会议，提高理论研究和实践水平。在研究机构上，不但机构和研究人员数量增加，而且研究的影响力与日俱增。2008年北京奥

运会和2010年上海世博会两大国际事件给中国引导负面国际舆论和塑造国家形象带来新的契机，在专题性公关研究上，吴友富主持“中国国家形象塑造”，纪华强先后承担“公共卫生突发事件与大众传媒”课题和教育部“媒介化解社会风险”子课题的研究，郭可主持“国际舆情分析和我国对外宣传策略研究”，孟建主持“2008奥运会：中国对外形象传播战略研究”“中国2010上海世博会沟通推介内容研究”“媒介化社会背景下的中国软实力建构与传播战略研究”“国家形象建构与跨文化传播战略研究”和褚云茂主持“中国城市可持续发展战略研究”等课题硕果累累，推动着公关研究朝着更深和更广的层次发展。

6.3 上海的公共关系研究报告、著作、论文与杂志

6.3.1 基本情况

在过去的三十年，上海的著作、论文、公关报告与杂志先后出版，论文也取得了不少成绩。

公关著作。自20世纪80年代末以来，公关著作数量大幅度增加，如雨后春笋，呈现百花齐放格局，如：居延安《公共关系学》、潘肖珏《公关语言艺术》、张云《公关心理学》是全国公关教材系列的畅销书。在出版著作中，既有教材，也有带有一定研究性质的专著，从基本的常识到深入的研究，从宏观概略到微观具体，是公关学者和行业工作者的案头书和重要参考资料。

译作。在公关刚引进中国大陆的时候，离不开欧美的经典著作。吴友富等翻译《公共关系与实践》和《媒体公关12法则》起到抛砖引玉的效果，促进了公关在上海和中国的传播和发展。随后，范徵等翻译《节事营销传播》、于朝晖等翻译《公共关系本质》、纪华强等翻译《公共关系史：17—20世纪》、葛岩等翻译《地区危机传播：实用媒介策略》等都是国外公关经典著作。

研究论文。在起步阶段（1986—1995年），研究议题主要集中于公关概念、功能、原则和行业公关介绍，在研究属性上侧重应用型研究，研究方法以介绍和描述为主。在探索阶段（1996—2005年），论文数量开始出现明显上升趋势，特别是2004年和2005年，议题开始多样化，上海学者着力探讨“大公关”理论、公共关系的含义与学科定位、公关与企业知名度以及行业公关的实践探索。少数论文使用实证研究方法，研究属性仍

然以应用型研究为主，基础理论研究和内观型研究初露端倪。在发展阶段（2006—2016 年），不但有强力公关、公关效果评估、整合传播、品牌与公关、文化公关中的文化、企业社会责任、公关伦理、受众研究、公关角色等理论探讨，而且拓展至奢侈品营销、博客、网络、房地产、海关等新行业公关。学位论文，尤其博士论文，是反映学术水平的重要指标之一。公关方向的博士论文在全国屈指可数，在第三个十年，以公关作为核心概念的博士论文开始出现，如：2007 年复旦大学吴世家博士《中美公共关系高等教育比较研究》和钱海红博士《媒介公共关系的理念与运作模式研究》，2008 年复旦大学关家莉博士《跨国企业的全球化公关策略》，以及 2011 年上海外国语大学杨晨博士《中国国际危机管理的公共关系战略》。需要说明的是，部分博士论文内容也是与公关相关，涉及形象、舆论、沟通、品牌等，但是没有以公关作为核心概念，没有计入。在研究属性上，除了应用型研究外，基础理论研究和内观型研究比重越来越大。在研究视角上，越来越多的论文从传播、修辞、生态等不同角度来分析和研究公关。

公关报告。当前，在中国大陆发行了各类公关发展报告，不仅有公关公司的业绩经营报告，还有整个行业综合性研究报告、网络公关、危机管理等专题报告、公关教育与发展研究报告，报告质量不断提高。在上海，研究报告从探索阶段开始定期出版，主要包括上海外国语大学主编《中国公共关系发展 20 年报告》《中国公共关系发展：2006—2010》《中国公共关系发展：2011—2015》、复旦大学主编《中国公共关系发展报告（2005—2006）》《中国公共关系发展报告（2007—2008）》、高校公共关系教研究课题组《上海高校公共关系教学调查报告》等。

6.3.2　研究报告

（1）《中国公共关系发展 20 年报告》（上海外国语大学）

本报告是国内首部关于中国公共关系 20 年发展涉及面最全、中英双语版本的研究成果，对中国公关的环境变化、实践创造、理论发展以及教学研究等方面都进行了全面回顾和总结，对展示中国公共关系形象，促进中外公关交流具有重要意义。

（2）《中国公共关系发展：2006—2010》（上海外国语大学）

本报告跟踪记录了2006—2010年中国公共关系的发展历程、特点思考、专题研究和典型案例，涉及政府公关、企业公关、非政府和非营利组织公关、专业公关公司、公关协会组织、公关媒介、公关研究、公关教育、危机公关、国际公关等方面。

（3）《中国公共关系发展：2011—2015》（上海外国语大学）

本报告继续跟踪2011—2015年五年期间中国公共关系发展进展，重点跟踪这5年中国公关出现的新问题、新特点和新趋势。

（4）中国公共关系发展报告（2005—2006）（复旦大学）

作为中国第一本公共关系年鉴类专著，该报告全面回顾并梳理了中国公关业发展的历程，对中国公关的理论研究、业界发展、市场现状、教育培训等重要领域进行了深入阐释和精辟分析，并对国际公关的最新发展情况进行了全景化描述。

（5）中国公共关系发展报告（2007—2008）（复旦大学）

本报告在回顾并梳理近两年来中国公关发展历程的基础上，对2007—2008年度中国公关的理论研究、实践发展、市场现状和产业进程等相关领域进行了深入的分析和研究。总报告从宏观层面对中国由背向世界转而融入世界的大趋势进行了深入分析。特别报告和专题报告剖析了中国公共关系实践中的大事件，并对中国公共关系的行业走势进行了分析和展望。

（6）上海高校公共关系教学调查报告（高校公共关系教研究课题组）

该报告课题组受中国高等教育协会公共关系教育专业委员会委托，对上海交通大学、华东师范大学等19所院校的公共关系教学情况和学生公关素质发展状况进行了全面调查，对上海高校的公关教学改革具有重要参考价值。

6.3.3 著作

公关刚引进中国大陆，需要著作来介绍公关基础知识和理论，满足公关学习者的需求。自 20 世纪 80 年代末以来，上海学者在借鉴欧美公关的基础上，结合中国实际，陆续编写大量的公关著作，为大陆公关的传播和发展奠定了基础。1986—2015 年出版的公关著作（不含案例集）如表 6 - 1 所示。

表 6 - 1　1986—2015 年出版的公关著作（不含案例集）

书名	作者	出版社	出版时间
公共关系学	毛经权	浙江教育出版社	1987. 7
公共关系学导论	居延安	上海人民出版社	1987. 12
公共关系机构与管理	王海成	上海人民出版社	1988. 7
公共关系学入门	王海成	上海科技教育出版社	1988. 9
中介之道——公共关系对话录	居延安，肖亚等	上海科学技术出版社	1989. 5
公关语言艺术	潘肖珏	同济大学出版社	1989. 7
公共关系学	居延安，赵建华等	复旦大学出版社	1989. 10
公关语言艺术（第二版）	潘肖珏	同济大学出版社	1991. 2
公关在上海	毛经权等	百花出版社	1991. 7
现代管理与公共关系	吴友富	上海外语教育出版社	1991. 9
公关心理学	张云	复旦大学出版社	1992. 7
CIS，中国企业形象战略	董锡建等	复旦大学出版社	1995. 3
简明公共关系学	毛经权	复旦大学出版社	1995. 8
环球：专业公关之路	叶茂康	复旦大学出版社	1997. 4
现代公共关系	褚云茂	湖南人学出版社	1998. 9
第三代 CI：企业形象的战略管理	范徽	上海外语教育出版社	1998. 10
商务谈判与沟通技巧（第一版）	潘肖珏	复旦大学出版社	2000. 1
新编现代管理与公共关系	吴友富	上海外语教育出版社	2001. 9
新世纪的公共关系：研讨与案例	毛经权	上海外语教育出版社	2002. 1

续表

书名	作者	出版社	出版时间
公关心理学（第二版）	张云	复旦大学出版社	2002. 2
公共关系与现代政府	褚云茂	上海大学出版社	2002. 5
关系管理	居延安	企业管理出版社	2003. 3
公共关系写作教程	叶茂康	复旦大学出版社	2003. 11
公关语言艺术（第四版）	潘肖珏	同济大学出版社	2003. 11
广告媒体策划	纪华强	复旦大学出版社	2003. 7
公共关系学（第三版）	居延安	复旦大学出版社	2004. 1
城市品牌	余明阳	广东经济出版社	2004. 1
世界顶级品牌	余明阳	安徽人民出版社	2004. 6
体育广告策略	潘肖珏	复旦大学出版社	2004. 7
品牌传播学	余明阳，朱纪达，肖俊菘	上海交通大学出版社	2005. 1
咨询学	余明阳	复旦大学出版社	2005. 2
体育公共关系	潘肖珏	复旦大学出版社	2005. 3
公关经理教程	余明阳	复旦大学出版社	2005. 3
公共关系学（第三版）	居延安	复旦大学出版社	2005. 4
大都市形象文集	褚云茂，黄耀诚	上海大学出版社	2005. 12
公共关系基本原理与实务	纪华强	高等教育出版社	2006. 1
广告策划	纪华强	高等教育出版社	2006. 5
整合营销	吴友富，陈霓	上海外语教育出版社	2006. 9
现代公共关系基础教程	吴友富，于朝晖	上海外语教育出版社	2006. 10
品牌管理学	余明阳	复旦大学出版社	2006. 12
公关心理学（第三版）	张云	复旦大学出版社	2007. 1
公共关系的最新发展趋势	毛经权	上海外语教育出版社	2007. 3
中国公共关系史	余明阳	上海交通大学出版社	2007. 6
医院形象与危机公关	桂永浩，孟建	复旦大学出版社	2007. 11

续表

书名	作者	出版社	出版时间
公共关系学（第四版）	居延安	复旦大学出版社	2008.6
公共关系	徐白	同济大学出版社	2008.7
公关语言艺术	李熙宗	复旦大学出版社	2008.8
新编现代市场营销策略与技巧	吴友富，吴炎燕	上海外语教育出版社	2008.9
品牌扩张：路径与传播	薛可	复旦大学出版社	2008.10
城市形象与软实力：宁波市形象战略研究	孟建，何伟，张秉礼	复旦大学出版社	2008.11
公共关系	邓月英	复旦大学出版社	2009.1
公关心理学教程	张云	首都经济贸易大学出版社	2010.2
商务谈判与沟通技巧（第二版）	潘肖珏	复旦大学出版社	2010.8
公关心理学（第四版）	张云	复旦大学出版社	2010.9
新编公关案例教程（第二版）	曾琳智	复旦大学出版社	2010.9
城市主题文化的传承与升华	何国英，孟建	浙江工商大学出版社	2010.11
在上海做公关	叶茂康	复旦大学出版社	2011.1
中国国家媒体上的澳门特区形象专题研究报告	宋玉书，查灿长，娄胜华	澳门理工学院一国两制研究中心	2012.12
中国城市公共服务公众满意度蓝皮书	胡伟，吴伟	上海人民出版社	2013.3
公共关系学（第五版）	居延安	复旦大学出版社	2013.6
核心价值与国家形象建设	徐蓉	复旦大学出版社	2013.8
中德风云际会：始于1840年的德国在华形象	胡凯	上海人民出版社	2013.12
网络公共关系	齐杏发	华东师范大学出版社	2014.2
企业家社会责任行为偏离对品牌形象的影响	王新刚	上海交通大学出版社	2014.3

续表

书名	作者	出版社	出版时间
山水城市的形象规划与传播：美国中国视野下的永嘉现象研究	林小露，孟建	浙江工商大学出版社	2014.3
互联网上的公众表达	陈红梅	复旦大学出版社	2014.8
危机公关：理念、制度与运作路径	于晶	华东师范大学出版社	2014.11
公共关系学：组织形象管理的学问	范徽	高等教育出版社	2014.11
品牌形象论：构建独一无二的品牌价值	刘国华	人民邮电出版社	2015.1
中国国家形象传播研究	焦妹	企业管理出版社	2015.1
大国形象：文化与价值观的思考	刘康	上海人民出版社	2015.1

通过图表可以看出，在起步阶段，毛经权、居延安、潘肖珏、吴友富、张云等上海公共关系学者编写了一些公关入门教材，对于在全国普及公关知识起了重要作用。在探索阶段，专著集中于企业形象管理、跨文化管理、商务谈判与沟通、管理与公关、关系管理、公关写作、广告策划、品牌等。在发展阶段，体现在城市形象与软实力、核心价值与国家形象、网络公关、企业社会责任与形象、危机公关、国家形象传播等。

6.3.4 译著

公关知识和理论的传播既离不开国内的专著，更需要欧美国家公关学者的著作。1989 年，以吴友富为代表翻译的《公共关系与实践》和《媒体公关 12 法则》引进了美国学者的专著，关于节事营销、公共关系史、危机传播等领域的国外专著先后由上海公关学者翻译完成。1986—2015 年翻译的公关著作如表 6 - 2 所示。

表 6－2　1986—2015 年翻译的公关著作

书名	作者	译者	出版社	出版时间
公共关系与实践	（美）杜・纽萨姆，艾伦．斯各特	罗建国，梅德明，吴友富，张咏华	上海译文出版社	1989. 10
媒体公关 12 法则	（美）马克・麦希斯	吴友富，王英等	广东经济出版社	2004. 5
节事营销传播	（美）盖伊・马斯特曼；（英）伍德	范徽，张骏，李杨	上海人民出版社	2008. 9
公共关系本质	（美）道・纽森，（美）朱迪・范斯里克・杜克	于朝晖	复旦大学出版社	2011. 9
公共关系史：17～20 世纪	（美）斯各特・卡特里普	纪华强，焦妹，陈易佳	复旦大学出版社	2012. 11
地区危机传播：实用媒介策略	埃里・阿夫拉汉姆，伊兰・科特	葛岩等	上海交通大学出版社	2013. 8

6. 3. 5　论文

论文部分主要选取中国知网、5 届上海公共关系国际论坛以及《公共关系学报》（现更名为：《公共关系研究》）中的论文作为样本。通过中国知网，输入论文篇名为“公共关系/公关”字样后有 484 篇论文（1986 年 1 月 1 日—2016 年 5 月 31 日），其中，1986 年 2 篇，1987 年 4 篇，1988 年 1 篇，1989 年 4 篇，1990 年 7 篇，1991 年 5 篇，1992 年 0 篇，1993 年 1 篇，1994 年 2 篇，1995 年 12 篇，1996 年 4 篇，1997 年 4 篇，1998 年 2 篇，1999 年 4 篇，2000 年 2 篇，2001 年 2 篇（其中 1 篇硕士论文），2002 年 7 篇，2003 年 6 篇，2004 年 19 篇（其中 2 篇硕士论文），2005 年 30 篇（其中 4 篇硕士论文），2006 年 34 篇（其中 4 篇硕士论文），2007 年 41 篇（其中 7 篇硕士论文，2 篇博士论文），2008 年 49 篇（其中 10 篇硕士论文，1 篇博士论文），2009 年 50 篇（其中 11 篇硕士论文），2010 年 38 篇（其中 12 篇硕士论文），2011 年 37 篇（其中 8 篇硕士论文，1 篇博士论文），2012 年 31 篇（其中 5 篇硕士论文），2013 年 35 篇（其中 8 篇硕士论文），2014 年 27 篇（其中 6 篇硕士论文），2015 年 16 篇（其中 4 篇硕士论文），2016 年 2 篇。剔除 6 篇感想类文章，以 478 篇论文作为分析对象。在 5 届上海公共关系国际论坛上，先后以中外公关业的合作前景、危机管理、多元文化、人才培养以及大数据与公关为主题对公关理论和实践进行了深入探讨，是上海公共关系理论研究的重要平台。《公共关系学报》（现更名为《公共关系研究》）刊载以公关的观念性理论论文为主，目前已出版4期。下面从研究主题、研究属性、研究视角、研究方法四个方面来分析论文的主要特点。

研究主题：在第一个十年（1986—1995年），论文集中于国外公关教育介绍、人际关系和公共关系比较、地方政府公关以及银行、新闻媒介、医院、铁路、图书馆、学校管理与教育、博物馆和秘书工作等行业公关，体现了公关对上海这座开放城市形象塑造的重要性。在第二个十年（1996—2005年），议题开始多样化，不仅讨论“大公关”理论、公共关系的含义与学科定位、公关与企业知名度等，而且涉及政府公关、党组织公关、营销公关、网络公关、媒体公关、危机公关以及医院管理、高校管理、城市形象、财会工作、商业银行、警察、饭店管理等行业公关的实践探索。2001年华东师范大学林晓的“以公共关系学为构建的图书馆管理研究”是上海地区第一篇公关学位论文。王晓成在“论公共危机中的政府公共关系”中首次提出了政府公关和公共危机的关系。从2004年起，公关论文数量明显激增。2006年孟建提出将“软实力”理论引入公共关系领域，拓展公共关系理论的新框架，具有重要理论意义。纪华强在“中国大陆公共关系理论演绎”中回顾了公关理论在大陆经历引介与阐释—探索和发展—创新与跨越的三个阶段，把公关理论研究推向新的阶段。

在第三个十年（2006—2016年），议题更加宽泛，不但涉及强力公关、公关效果评估、整合传播、品牌管理公关、文化与内地公关、企业社会责任、公共关系伦理、受众研究、公关传播者跨界角色等理论探讨，深入既有研究并继续拓展新行业实践研究，出现诸如政党公关、政府公关、档案公关、展会公关、奢侈品营销公关、保险公关、博客公关、世博公关、网络公关、房地产公关、博物馆公关、体育公关、海关公关等。特别是危机公关研究在此阶段发展迅速。吴友富在“公共危机管理与国家形象构建”中提出开展有效的公共危机管理要注重相关公众的传播沟通，坚持公共危机处理中的“三说”原则（说什么？什么时候说？通过什么途径说）。叶茂康在“危机管理二题”中提出危机管理不仅仅是传播管理，而首先是社会组织的行为管理。来丰在“从三鹿毒奶粉事件反思我国的危机公关”认为三鹿毒奶粉事件的危机公关方案是混淆视听、屏蔽新闻、积极推卸责任，危机公关需要摆脱狭隘、庸俗的“攻关”观，植根于社会公共利益。褚云茂在“公共危机与上海世博会形象传播”中分析上海世博会发生公共危机的可能性，可能性产生的原因以及对上海世博会和城市形象传播的影响，最后提出选择和构建科学的预警预控体系。钱海红在“转型期中国急需的软实力——中国政府危机公关实践的学术考察”中提出中国各级政府可以从观念层面（政府危机的“危—契”转换模型）和制度层面（危机公关管理制度的构建，公众关系协调沟通机制，危机公关修正制度）来考量危机公关。孟建在“国际治理视域下的现代公共关系体系构建”中认为让现代公共关系介入国家治理，推动国家治理与现代公关的“联姻”，走向现代公关意义上的“关系管理”。大数据时代的到来给公共关系既带来了机遇，也带来了挑战。2014 年上海公共关系国际论坛以“大数据时代的都市形象和公共关系”为主题，吴友富在“大数据时代的组织公共关系”中提出，组织的诚信是大数据时代组织公共关系管理的基础，组织的数据能力是组织公共关系管理的核心能力，组织的信息开放是组织公共关系管理行为的标尺。褚云茂在“‘可怕的’大数据与有效的公共关系”中认为，辩证地认识大数据的“可怕性”，坚持客观真实性，尊重公众选择权，关注情感，提升组织形象竞争力等战略原则。余明阳在“基于大数据分析的精准化公共关系”中分析了大数据背景下公众的精准化锁定、公关传播方式的精准化和公关效果评估的精准化。

研究属性：第一，应用型研究。公关是一门应用型学科，无论在欧美还是在中国，应用型研究的比例最大。学者和行业人士结合具体行业，开展应用研究。第二，基础理论研究。2006 年孟建“以‘软实力’为核心构筑‘强力公关理论’——对一种新型公共关系理论的思考”促进了中国软实力和强力公关的构建，提出塑造国家精神和强化民族凝聚力；重视文化的影响力，特别是传媒的影响力；注重和运用外交的协调力；对国际机构和国际重大活动的参与上。余明阳“公共关系视野中的‘社会责任’研究——对三地期刊的分析和比较”、于朝晖和敖冬蕾“基于企业社会责任的战略型公共关系研究框架”、蔡桂娟“CSR 的公关机会”等对企业社会责任进行了研究。薛可和余明阳“论公共关系形象评估指标体系”、任重“从公关评估角度看世博公共外交成果”、王云颖和李贞芳“社会企业的公共关系传播效果研究：以‘鹤童老年公益基金会’为例”等对公关效果评估进行了研究。杨晨在博士论文“中国国际危机管理的公共关系战略”中建立了公关战略要素树模型：战略目标——信任和合作；战略理念——共赢和和谐；战略原则——真实和公开；战略公众——利益型公众和道义型公众；战略力量——形象和舆论；战略方式——沟通和调适。董军在“回到‘我—你’关系：中国公关理论的再出发”中认为随着中间媒介的失效，利益格局的重新调整和公私边界的不清对经典公关理论提出了挑战，现代中国公关理论要回到马丁·布伯提出的“我—你”关系的起点。第三，内观型研究。它主要涉及公关语言学、伦理学、教育学、文化、学术研究等，出现了“中美领导人危机公关艺术比较研究——以汶川地震和‘卡特里娜’飓风为例”“基于战略公关的亚文化传播模型构建解析”“公共关系伦理初论”“媒体公关的功能及道德问题研究”“中国文化对内地公共关系实践的影响”“政府公共关系视角下伦理困境之成因及破解策略”等论文。特别是在第三阶段，公关教育得到学界的高度重视，发表的论文有“中国公共关系教育20年综述”“2006年公关研究新特点”“反思与开拓：2011年中国公共关系学研究回顾”“公共关系学本科专业发展现状与思考”“2013中国公关教育观察报告”“2006—2015年的中国公共关系教育”“网络背景下新媒体人才培养与公关专业教育”“论城市大中小学贯通式公共危机管理教育”等。在2012年“公共关系学专业人才培养国际学术研讨会”上，纪华强在“美国公关本科教育发展经验给我们的借鉴与启示”就US News & World Report（2009）公布的“公共关系专业排名”前30所的高校，以及“TOP100的研究生院”中14所设置有公关专业的高校的培养目标、培养流程、理论教学、实践教学、案例教学、教材选择与推荐书目以及教学师资等进行分析，发现美国本科公共关系教育较好地整合各学科资源、注重“通识教育”和“管理导向”、注重学科发展规范、强调“与时俱进”等基本特点，对中国大陆公共关系本科专业人才培养、学科教育发展具有重要启示。来丰在“浅议公关学科与公关教育”从学科特点、教学内容、师资、教材、实习等方面论述了对公共关系教育的观点。叶茂康在“试论公共关系学本科专业的学科定位”提出鉴于当代公共关系主要体现为社会组织的一种管理职能，公共关系学本科专业在学科定位上，从新闻传播学科向管理学科倾斜，健全以组织咨询和管理为主导的知识体系。于朝晖在“在政府国际关系教学中植入文化差异认知”中提出培养跨文化沟通能力和双向对称交流意识，通过国际公共关系教学平台，尝试从国家、文化、传播三个维度和金字塔模型五个层级对政府国际公关进行分析和解读。杨俊在“变革时代的公共关系走向——关于国际化、数字化研究环境下的我国公关人才培养与教学思考"中认为，以开放的视野审视公关理论与实践，把公关教育从传统的课堂带入现代网络时代，把公关教学与培养学生的综合素质结合起来，把公关教学从以往狭小的专业教学推进到全面的素质教育范畴，迈向通识教育的康庄大道是大势所趋。刘绍庭在"全日制本科公关专业培养方案的形成依据及其体现"中提出规划通识教育模块、专业底蕴模块、基本能力模块、运作技能模块、策划技能模块等五大模块，强化"五大建设"（师资队伍建设、课程体系建设、教材建设、资源库建设、实践平台建设）、构建"四个培养模式"（全息互动模式、全程跟踪模式、全景教学模式、全员教育模式）、完善"四个培养机制"（教学相长机制、有效沟通机制、长效管理机制、经费支持机制）上找准切入口、着力点和突破方向。曾琳智在"基于合作教育（CO—OP）的公共关系应用型人才培养模式研究——以美国陶森大学公共关系合作教育为例"中以美国陶森大学公共关系合作教育为例，从教学模式、教育管理两方面探讨了公共关系应用型人才的培养模式，给国内公共关系教育提供经验借鉴。张云和于晶在"中国公关语境中传播和沟通概念的区分——兼谈比较研究在公共关系教学和实践应用中的意义"对传播和沟通进行了区分，因为在中国公关语境中，它们是两组不同的概念、两种不同的运行模式。袁王珏在"公共关系学专业培养国际化人才的实习教学创新研究"中认为公共关系学专业要注重实习教学的创新，并从实习教学的目标、教学类型与内容、实习教学的主要内容三个方面进行创新研究。

研究视角：越来越多的公关学者和学生趋于使用不同角度来分析和研究公关，如"我国公共政策传播的公共关系管理——基于传播理论的分析""传播学视域下 NBA 公共关系运作对中超联赛的启示""从生态位视角开展图书馆公共关系资源管理""目的论视角下公共关系材料的翻译原则与策略——以翻译《创造有效信息策略论》为例""从'他者'认知析完善政府危机公关策略——以《纽约时报》汶川地震报道为例"等，可以预见，跨学科、跨领域、多视角的研究将越来越多。

研究方法：在公关起步阶段，重点普及西方公关知识和理论，公关研究以介绍和描述为主，表现在学者编写了大量的教材以及译著，以及诸如"国外公共关系教育简介""'公共关系'在日本经济中的作用""市场经济下政府公关的新功能"等论文，填补国内公关研究的空白。在公关探索和发展时期，公关论文不仅数量出现急剧上升，偏向于结合定性和定量分析，进行实证研究，逐步与国际研究方法接轨。比如："政府国际公关的话语策略研究——基于《纽约时报》对新疆'7·5'事件报道的分析"中运用话语分析从语境创设、语言标识符运用、消息来源、责任归咎等维度解构《纽约时报》所建构的"新疆形象"。吴世家在"中美公共关系高等教育比较研究"博士论文中通过比较法、内容分析法、深度访谈法以及调查研究对中美公关教育进行了对比分析。钱海红在"媒介公共关系的理念与运作模式研究"博士论文中通过历史比较法、文献资料分析法、逻辑分析法对媒介公关的理念和运作模式进行系统性的研究。关家莉在博士论文"跨国企业的全球化公关策略"中通过问卷调查和深度访谈研究影响跨国公司组织沟通的主要因素。杨晨在博士论文"中国国际危机管理的公共关系战略"中通过跨学科和深度案例方法探讨了国际危机管理中的中国公关战略。

6.3.6 杂志

根据统计，1989 年全国各种发行的公关报刊有 30 多种，其中《公共关系报》（1988 年 1 月创刊，1997 年 12 月停刊），《公共关系》（1989 年 1 月创刊，2002 年 8 月停刊）和《公共关系导报》（1989 年创刊，1996 年停刊）是当时富有影响力的"两报一刊"。上海市公共关系协会在成立初期，曾以《上海公关》月刊（内部刊号）形式出版杂志，历时将近七年，一共 36 期，后来由于种种原因停刊。当前《公关世界》（1993 年创刊）和《国际公关》（2005 年 1 月创刊）主打公关研究。但是，仍以新闻报道型、信息传播型、实践推广型内容为主，缺乏纯学术性的核心期刊。2015 年《公共关系研究》在上海外国语大学创刊，10 月在南昌大学召开的第六届全国公共关系学专业院长（系主任）联席会议上举行发行仪式，是目前中国内地唯一一份定位公共关系理论研究的学术辑刊。该刊主要刊载与公共关系研究领域相关的观念性理论论文、学术性研究报告、专业性教育研究，以及少量反映公共关系研究学术动态的信息、评论和综述。主编是上海外国语大学吴友富教授，执行主编为范徵教授，每年出版发行两期，目前已出版 4 期。

6.4 专题研究：上海公共关系国际高峰论坛

在过去的三十年，在上海市公共关系协会、高校、公关公司以及企业的组织下，上海举办了多场公关学术会议，一类是理论研究和公关教育会议，另一类是与公关公司和企业相关的公关实践探讨，有力推动了上海乃至全国的公关理论研究和实践发展。从 2006 年起，上海市公共关系协会、上海外国语大学等先后举办了 5 届“上海公共关系国际高峰论坛”。

（1）2006 年：上海公共关系国际高峰论坛

2006 年 11 月 3 日，“未来二十年：中外公关业广阔的合作前景”国际论坛开幕，此次论坛由上海市公共关系学界、业界联合发起，全面回顾了上海公共关系事业的开创、建设和发展，重点对新世纪头两个十年的中外公共关系行业合作进行了展望。上海市公共关系协会会长毛经权，上海公共关系事业的开创者代表、原上海航空公司董事长贺彭年先生等发表演讲。

（2）2008 年：上海公共关系论坛

2008 年 11 月 17 日—18 日，由上海外国语大学和上海市公共关系协会联合主办，上外国际工商管理学院、上外公共关系研究院和信诺传播顾问集团承办的“公共危机管理的现状与未来”为主题的公共关系论坛在上海外国语大学举行，来自欧美及我国的公关领域专家学者和来自巴斯夫公司、陶氏化学等世界大型企业的公关总监以及东方卫视等媒体高层人士近百人参会。上海外国语大学党委书记吴友富教授做了题为“公共危机管理与国家形象构建”的主旨演讲。本次论坛在危机文化、危机归因、危机风险、危机感知、危机学习以及新媒体与危机传播等方面交流了最新研究成果。与会专家学者一致认为：公共危机管理已成为我国公关领域的重大课题，而优秀的危机管理对于国家形象的建设和企业品牌的维护都具有深远影响。

（3）2010 年：上海公共关系国际高峰论坛

2010 年 11 月 18 日，由上海市公共关系协会、上海外国语大学联合主办，以“多元文化与公共关系”为主题的公关国际会议在上海举行。来自美国、英国、新加坡和国内的公关机构的中外专家学者 300 余人围绕主题展开讨论。全国政协外事委员会主任赵启正，市人大常委会副主任周禹鹏，市政协副主席周汉民出席论坛开幕式并发表演讲。

（4）2012 年：公共关系学专业人才培养国际学术研讨会

2012 年 11 月 30 日，由上海市公共关系协会、上海外国语大学和中国国际公共关系协会联合主办的“公共关系学专业人才培养国际学术研讨会”在上海举行。上海外国语大学党委书记、上海市公关协会副会长兼学术委员会主任吴友富教授，教育部本科公共管理类专业教学指导委员会主任娄成武教授，中国国际公关协会常务副会长兼秘书长赵大力先生，哲基公关执行董事王虎先生和趋势中国高级战略顾问易广涛先生出席会议并分别作了演讲。来自美国、意大利和国内各高校的 50 余名公关研究专家学者出席会议并参与讨论。

（5）2014 年：上海公共关系国际高峰论坛

2014 年 11 月 22 日，以“大数据时代的都市形象和公共关系”为主题的上海公共关系国际高峰论坛在上海科技馆举行，该论坛由上海市公共关系协会、上海外国语大学和文汇报社共同主办。来自美国、英国、俄罗斯以及内地、中国香港的专家学者、企业家、社会各界代表 300 余人参会，就大数据时代下的都市发展、公共关系行业变革进行了深入探讨。牛津大学网络学院互联网治理与监管专业教授维克托·迈尔—舍恩伯格，联合国原副秘书长沙祖康，上海外国语大学原党委书记、上海市公共关系协会副会长吴友富，阿里巴巴集团副总裁兼阿里云总裁胡晓明，上海交通大学安泰经济与管理学院党委书记余明阳，加州大学伯克利分校心理学系终身教授彭凯平，优讯公司创始人和中国传媒大学特聘教授蒋亚洪发表了主旨演讲。下午的论坛学术论文交流环节由上海市公共关系协会学术委员会秘书长、国际工商管理学院院长范徵教授、香港中文大学新闻与传播学院黄懿慧教授等分别主持和点评。来自香港中文大学、华东师范大学、东华大学、南京师范大学、南昌大学、内蒙古财经大学、中山大学新华学院等校 30 余位与会代表进行了学术交流。

6.5 典型案例：上海的公共关系研究机构

6.5.1 东华大学城市形象研究所

东华大学城市形象研究所成立于 2002 年，褚云茂教授担任首任所长，研究所主要从事城市形象、政府形象、世博会与城市发展等研究，先后出版 4 部专著，承担了国家发展改革委员会“世博会与上海城市可持续发展”等重大研究项目，并承办了 2005—2007 年“大都市形象论坛”。

6.5.2 复旦大学国际公共关系研究中心

复旦大学国际公共关系研究中心于 2005 年 4 月由复旦大学和中国国际公共关系协会联合成立，中心主任为复旦大学新闻学院孟建教授和中国国际公共关系协会常务副会长郑砚农研究员。中心成立以来，秉承“构建公关研究一流平台，汇聚一流精英，奉献一流成果，展示一流水准”的宗旨，先后承担了一批如《国务院新闻办省部级新闻发布评估研究》《国家重大突发事件与舆论引导研究》《2008 年北京奥运会：中国形象传播战略》《2010 年中国上海世博会：中国上海形象传播战略》等重要研究课题，举办了“纪念世界公共关系 100 周年大型学术座谈会”“国家软实力建构与中国公共关系发展高层论坛”等学术活动，出版了《中国公共关系发展报告》《政府新闻发布手册》《城市形象与软实力》等学术著作，完成了《上海浦东新区新闻传播战略研究》《天津滨海开发区形象设计与传播战略》等公关实务项目，并先后与美国、法国、德国等国家及中国香港、中国台湾的高等院校和科研院所建立了公关研究交流合作机制。

6.5.3 上海外国语大学公共关系研究中心

上海外国语大学公共关系研究中心成立于 2008 年 3 月，集产、学、研于一体，密切大学研究与社会、业界的关系，为社会开展高层次的公共关系研究、专业咨询以及培训服务。自成立以来，出版了我国第一部《中国公共关系 20 年发展报告》（中英文版）；发起成立了“全国公共关系学专业院长（系主任）联席会议委员会”；成功召开了两年一次的“上海公共关系论坛”；创刊出版了我国第一本《公共关系研究》专业学术刊物；承担一系列国家级、省级、校级科研项目。在国际公共关系、国家形象建构、公共危机管理、中国公关发展史等领域取得多项具有标志性的研究成果。

6.5.4 上海市公共关系研究院

上海市公共关系研究院在2009年成立，隶属于上海市人民政府侨务办公室。研究院的中心任务是从战略和政策两个层面对当前台湾问题、港澳问题、海洋问题、国际关系、侨务工作等进行跨学科研究，为祖国统一和上海的经济社会发展建言献策；通过共同举办学术研讨会、课题合作和互派访问学者等方式，与香港、台湾、澳门、上海研究机构建立沟通、合作机制，加强相互了解；加强与台港澳和海外华侨各界人士的交流和合作，增进彼此的了解和感情。经过数年的发展，该研究院已成为在香港、台湾、澳门、上海有一定知名度和影响力的专业智库。

6.5.5 华东师范大学品牌文化与公共关系研究中心

华东师范大学品牌文化与公共关系研究中心成立于2010年4月，张云教授任中心主任。以“企业—城市—国家”三位一体的品牌建设为研究对象，重点聚焦中国企业品牌塑造与管理、中国城市品牌形象、中国企业公共关系和政府公共关系四个领域。中心成立后，开设华东师范大学品牌文化与公共关系高端系列讲座、主办国际性品牌文化与公共关系学术研讨会、参与主办“新时代观视野下的国家公关战略”全国性研讨会和参与筹办“城市品牌形象定位与区域发展互动机制”研讨会。

6.5.6 上海海关学院海关公共关系研究中心

2014年4月上海海关学院海关公共关系研究中心成立。该中心旨在搭建海关与媒体、社会公众之间公共关系的平台，重点开展海关舆情监测与应对、海关新媒体现状和发展等理论研究及实务工作。2014年，中心已顺利完成海关总署办公厅《海关舆情监测与应对研究》课题。

6.6　本章附录

学位论文一览

年份	作者	论文题目	类别	作者单位
2015	刘恒苹	自媒体时代基层政府危机公共关系研究——基于政府回应性的视角	硕士	中共上海市委党校
	秦昊	传播学视域下 NBA 公共关系运作对中超联赛的启示	硕士	上海师范大学
	蒋璟	学校公关策略研究——以上海市××小学为例	硕士	上海师范大学
	姜露	国家治理新要求背景下的地方政府公共关系研究	硕士	华东师范大学
2014	陶茜	基于公共关系理论的上海国际马拉松赛形象塑造	硕士	上海体育学院
	刘佳星	新媒体环境下企业公共关系的危机策略研究	硕士	上海社会科学院
	赵磊	基于客户满意度的企业战略型公共关系研究——以上海公租房运营公司为例	硕士	上海外国语大学
	王彦林	目的论视角下公共关系材料的翻译原则与策略——以翻译《创造有效信息策略论》为例	硕士	复旦大学
	朱洲	微时代下食品企业的危机公关及策略研究	硕士	复旦大学
	黄强	公立医院公共关系危机处置及优化研究——以三甲医院不同处置方式为例	硕士	复旦大学
2013	李忱忱	新时期设立我国政府公共关系机构的必要性研究	硕士	东华大学
	周弛	新媒介环境下的名人网络危机传播：危机公关策略与效果研究——以“方韩论战”为例	硕士	上海交通大学

续表

年份	作者	论文题目	类别	作者单位
2013	刘琛	从航运企业的角度看海事公共关系建设	硕士	上海外国语大学
	刘晓轩	中国房地产公共关系营销模式研究	硕士	上海外国语大学
	李彬泉	分众传媒反猎杀的公共关系危机管理研究	硕士	上海外国语大学
	王静溪	高校品牌的公关传播模式应用研究	硕士	上海外国语大学
	谢秦川	多元媒介上的中国在非洲形象及公共关系策略研究	硕士	上海外国语大学
	李坤	上海网球大师赛媒介公关服务研究	硕士	上海体育学院
2012	郭林	新媒体对警察公共关系的影响及对策研究	硕士	上海交通大学
	陈雅望	Web 2.0 时代的企业公共关系管理策略研究——以新浪微博为例	硕士	上海外国语大学
	曹慧	泛传播语境下媒介组织危机公关双向平衡沟通机制研究	硕士	上海交通大学
	孟桢	新媒体环境下海关公共关系建设研究	硕士	复旦大学
	南晶	跨国制药企业在华公共关系传播机制研究	硕士	华东师范大学
2011	杨晨	中国国际危机管理的公共关系战略	博士	上海外国语大学
	张瑞瑞	论我国国际旅游品牌打造中的国际媒体公关策略	硕士	上海外国语大学
	周玉萍	公共关系视野下的企业战略传播研究	硕士	上海外国语大学
	鲍其雯	基于绿色公关提升乳制品企业形象的策略性研究	硕士	上海外国语大学
	李存梅	警察公共关系学视角下网络警务公开研究	硕士	上海交通大学
	庞欣	我国的公共卫生事件与政府危机公关	硕士	上海外国语大学
	龚海燕	警察公共关系的转型与建构——以上海公民警校的实践为案例	硕士	复旦大学

续表

年份	作者	论文题目	类别	作者单位
2011	江礼云	政府形象与外国媒体公共关系之研究	硕士	复旦大学
	任杰	遗址博物馆公共关系研究	硕士	复旦大学
2010	朱玮琦	3G 信息化背景下我国政府公共关系的改进研究	硕士	上海交通大学
	郑怡哲	体验式公关对来源国效应的影响	硕士	上海外国语大学
	陈晓娟	基于“事实与价值”二分法的政府危机公关研究——以“三鹿奶粉事件”为例	硕士	上海外国语大学
	李妙恬	国际公共关系中议题管理的 PIF 模型及其应用	硕士	上海外国语大学
	李童馨然	公关受众对综合性 SNS 网站的使用研究——以开心网为例	硕士	上海外国语大学
	何易	政府网站在危机公关中的作用研究——以上海市闵行区在建楼房倒覆事件为例	硕士	上海交通大学
	李钊	体育组织在危机公关中的媒体策略研究	硕士	上海体育学院
	范昀敉	浅析社区内警察公共关系的建设——以上海市社区警务为例	硕士	复旦大学
	曾秀坤	Web 2.0 时代企业的公共关系危机管理面临的难点和对策	硕士	复旦大学
	陈睿	碎片化时代公共关系的公众重聚及其传播策略	硕士	复旦大学
	陈磊	信息时代下的政府危机公关研究	硕士	复旦大学
	刘蓓	我国公共关系职业道德建设探析	硕士	华东师范大学
2009	李华	我国警察公共关系建设研究	硕士	上海交通大学
	严贝娜	突发公共危机与政府公共关系	硕士	上海外国语大学
	毕小龙	公共关系中的亚文化传播——驻外地办事机构职能发展与现状研究	硕士	上海外国语大学
	武珊珊	新媒体背景下公共关系变革研究	硕士	上海外国语大学
	胡慧婷	浅析当前媒体自我公关策略——新闻事件策划在当前媒体中的新发展和未来的趋势	硕士	上海外国语大学

续表

年份	作者	论文题目	类别	作者单位
2009	杨子华	公共关系与企业社会责任	硕士	上海外国语大学
	校秉慧	媒体公关的功能及道德问题研究	硕士	上海外国语大学
	杨云波	公共关系在中国企业品牌国际化中的运用	硕士	上海外国语大学
	黄巧玲	奢侈品营销中的公共关系	硕士	上海外国语大学
	刘静青	危机管理中政府公共关系策略的转型	硕士	上海师范大学
	许捷	奢侈品公关营销策略研究及其在中国市场的实践	硕士	复旦大学
2008	关家莉	跨国企业的全球化公关策略	博士	复旦大学
	竺嘉政	论危机事件中的警察公共关系建设	硕士	复旦大学
	张珍珠	从汶川大地震看中国政府公关	硕士	上海外国语大学
	史学嘉	战略公关——提升企业“软实力”策略性分析	硕士	上海外国语大学
	江捷	公共关系提升“中国制造”海外形象的策略分析	硕士	上海外国语大学
	王玥	中国游说公共关系战略研究	硕士	上海外国语大学
	袁王珏	国际冲突管理中的公共关系战略研究	硕士	上海外国语大学
	宋向明	警察公共关系危机管理研究	硕士	上海交通大学
	付冉	Web 2.0 时代的新型传播生态对传统公关模式的影响	硕士	复旦大学
	张麒	政府公关在我国城市环境管理领域的应用	硕士	复旦大学
	许冬平	警察公共关系公众传播的实践性研究	硕士	复旦大学
2007	吴世家	中美公共关系高等教育比较研究	博士	复旦大学
	钱海红	媒介公共关系的理念与运作模式研究	博士	复旦大学
	艾小勇	跨国并购中的国际公共关系视角研究	硕士	上海外国语大学
	黄晓燕	中国文化对内地公共关系实践的影响	硕士	上海外国语大学

续表

年份	作者	论文题目	类别	作者单位
2007	屠烜	金融企业形象塑造与公共关系研究	硕士	上海外国语大学
	江松	IT 企业的事件公关	硕士	上海外国语大学
	李凌超	公共关系在我国会展业的应用研究	硕士	上海外国语大学
	王方群	新媒体在政府危机公关中的运用研究	硕士	上海交通大学
	田华	不同类型高校公共关系策略研究——基于高校外部资源的获取	硕士	华东师范大学
2006	鲁赛	城市规划中的公共关系现状分析及处理机制研究——基于宝山区的城市规划实践	硕士	同济大学
	潘清	上海高职院校公共关系的探究	硕士	华东师范大学
	贺丽青	政府公关与国家形象塑造——以上海申博为例	硕士	上海外国语大学
	陆春雷	我国公共政策传播的公共关系管理——基于传播理论的分析	硕士	上海师范大学
2005	张明明	现代学校公共关系管理梯度模型建构初探	硕士	华东师范大学
	江涓涓	二十一世纪中国企业的媒体公共关系	硕士	上海外国语大学
	王英	高校公共关系——初探公共关系原理在高校工作中的应用	硕士	上海外国语大学
	郑飞	网络媒体环境下的营销公关与整合营销沟通研究	硕士	上海海事大学
2004	陈敏	试论当代我国政府管理中的公共关系	硕士	华东师范大学
	曹楠	企业的政府公关	硕士	上海外国语大学
2001	林晓	以公共关系学为构建的图书馆管理研究	硕士	华东师范大学

第 7 章　上海公共关系教育三十年

上海的公共关系教育，一直走在全国的前沿，不仅有一批敢于创新的高等教育院校开设专业和引进课程，也有内容务实的社会培训和证书教育。上海的公共关系教育界，起步早、数量多、体系全，经历了从无到有、由少到多，成果丰硕的三十年。

7.1　发展概述

纵观上海公共关系教育的三十年发展历程，可以归纳出这样一条脉络：从社会上普及性的专业讲座和短期培训，到面对全国大学生的基础素质教育课程；从高校的专业性的专科教育，到普通本科和研究生教育；从业界的短期培训到系统化、国际化的标准化教育。三十年间，上海公共关系教育已经形成了包括博士、硕士、学士、大专、自考、培训班的成熟体系，一届又一届公关专业毕业生早已活跃在各行各业的相关岗位上。

根据这三十年里的公关教育大事和里程碑，我们将其分为三个历史阶段来具体考察。

7.1.1　1986—1995 年的上海公共关系教育概述

1986—1995 年这十年，是上海公共关系教育、也是中国公关教育从无到有、从初创到“大跃进”的十年。上海最早的高等院校对公关专业教育的创设，主要是走引进海外公关教育的途径。如复旦大学和上海外国语大学开设的公共关系课程，均是直接、独立地参照国外模式。这一时期上海有 2 家高校设立了公共关系专业或辅修专业，2 家高校开设了公共关系选修课，如 1990 年华东师范大学招收第一批高等教育自学考试公共关系专业专科学生；1993 年上海师范大学开始招收公共关系学专业专科学生。

值得一提的是，20 世纪 80 年代末 90 年代初，CI 被介绍到中国大陆，由此也带动了上海公共关系教育的热潮。与这一时期的全国其他地区一样，各大高校争相设立公关专业、方向、必修及选修课程，公关教育形势一片大好，但是这种繁荣只是“看上去很美”，短时期内上马的教育项目毕竟需要与国情磨合和积累实力才能走得更好。这一时期虽然我们目睹了公关教育的萌芽和热潮期，但是越来越多的隐患和问题也逐渐显露：师资和教材建设后劲不足；专业课程设置不合理；专业教师缺乏公关实践经验；公关研究滞后，国外引进的教材“水土不服”等。这些问题一直让上海的公关教育者们不断反思和改进，如何建设有中国特色的适合中国国情的公关教育体系。

这一个 10 年间，公共关系社会培训和教育也初见成效。如 1987 年复旦大学《方法》杂志和闸北业余大学联合举办了我国第一届公共关系函授班，且面向全国招生。

7.1.2　1996—2005 年的上海公共关系教育概述

随着社会对公关行业认识的逐步加深，公关教育在上一个十年的探索性发展，到了 20 世纪 90 年代中，积累的一些深层次问题开始暴露，这导致了公关专业生源有所减少，大专层次的公关专业教育，已基本萎缩或取消。与此同时带来的利好一面是，1996—2005 年这一个十年，上海的公关教育逐渐步入理性发展的正轨。

随着市场经济的飞速发展，公关员的作用越来越突出了，它是公司、企业与社会各界的联络员、协调员，同时社会的发展对公关员的素质要求也越来越高，1999 年，“公关员”被列入《中华人民共和国职业分类大典》，即纳入了职业准入控制职业，为规范公关员职业，提高这一职业的整体素质起到了积极的作用。这对优化公关教育环境也意义重大，它解决了公共关系职业和公共关系学专业身份的合法性问题，具有里程碑意义。

这一平稳发展时期，公关类课程被越来越多的学科列入专业教育范畴，在新闻传播、管理、人文等学院，以及公共管理、旅游、文秘等专业，“公共关系学（概论）”被设置为专业必修或选修课；不少高校还将公关课程列为全校通识选修课，成为面对广大大学生的基础素质教育课程之一。1996—2005 年十年间，全国共有 5 所高校设立了公共关系学本科专业，其中上海地区有 2 所。2001 年 9 月，东华大学招收第一届公共关系本科生，这是中国华东地区第一个公共关系学本科专业。三年后的 2004 年上海师范大学获批设立公共关系本科专业。

这一时期，不仅公关专业本科教育稳步发展，以培养研究型公关人才为导向的研究生教育也初露头角。1998 年，上海外国语大学企业管理硕士点设立“企业形象与公共关系”研究方向，开国内先河。2003 年年底，经教育部批准，我国首个公共关系硕士点在复旦大学新闻学院建立，与此同时，复旦大学开设在传播学博士点招收公关方向的博士研究生。两年后的 2005 年，上海外国语大学也在国际关系博士点设立了“国际公关与传播”研究方向。随着中国市场经济体制的不断完善和上海申办世博会的成功，进入 21 世纪的上海对公关人才的需求不断增长，上海将公关人才纳入紧缺人才培训工程。

除了高等教育外，在社会培训领域，越来越多的应用型短训班不断涌现，一定程度上满足了社会对公关人才的需求。2004 年 12 月，“PR1000”工程在复旦大学启动，主要培训目标是地级市以上的秘书长及办公厅负责人，开启了政府专门进行公共关系人才培训的先河；2003—2005 年，由上海市公共关系协会主办，东华大学褚云茂教授任总负责人，在上海连续举办了 8 期“上海市紧缺人才公关经理岗位资格证书培训班”；2006 年 6 月，上海市公共关系协会为推进高级人才的培训，受上海市人事局干部培训中心的委托，举办了上海市紧缺人才（公关经理）上岗资格证书首届培训；2009 年 5 月，“世博公关新星”评选启动，年底选拔出了 200 名具备代表上海世博会形象的公关代表，为 2010 年上海世博会各项活动提供优质公关服务。

值得一提的是上海在“公关员国家职业资格考试”方面的鉴定与培训组织工作。继 1999 年年底国家在广州进行了“公关员国家职业资格”（初级）试点考试之后，2000 年年底，又在全国第一批 40 个城市铺开，同时初级、中级、高级全面展开鉴定考试，其中上海即第一批城市之一。公关员需要具备从事组织机构信息传播、关系协调与形象管理事务的咨询、策划、实施和服务的能力。上海市劳动局下属的职业技能培训中心和鉴定中心，委托上海师范大学叶茂康副教授，进行了题库编写和社会培训班招收工作，当时第一批参加公关员职业资格培训的学员大多数为企事业单位中的公共关系和外事宣传岗位的工作人员，很多人一直从初级考到高级证书，培训和考试过程中的收获大大指导了他们的职业生涯。2003 年，鉴于上海特殊的经济地位和开放程度，上海市劳动局决定组织上海版的公关员职业资格证书鉴定，并分别于 2003 年和 2010 年组织相关专家编写了完备的题库。

随着上海“世博”的到来，以及社会对公关行业走向规范化、国际化的要求，2008 年上海市将公共关系专业人才列入“紧缺人才培训工程”

项目，由上海市干部培训中心负责实施。上海市干部培训中心授权上海市教育人才交流中心在连续上师大举办《公共关系岗位资格证书》培训，考试合格者，由上海市干部培训中心负责颁发上海市委组织部、上海市人事局、上海市教委、上海市成教委联合组织的上海市紧缺人才培训工程证书——《上海市公共关系（公关员）岗位资格证书》，作为公关人员能力价值的体现和上岗依据。公关员初中高级鉴定考试一直延续至今，为公关行业以及相关领域培养了大量具有国际眼光和专业技能的人才。

7.1.3 2006—2015 年的上海公共关系教育概述

2006 年是一个重要的历史节点，当年全国共有 3 所高校增设公共关系学本科专业，其中上海地区有 2 所。2006—2015 年十年间，全国共增 14 所新设公关本科专业的高校，其中上海 3 所。2012 年公共关系学专业列入《普通高等学校本科专业目录（2012 年）》，进一步提振了上海高校创办各层次公共关系专业或方向的信心。2006 年，上海外国语大学“公共关系学”本科专业获得教育部的批准，于当年招收第一届新生。同年 12 月，中国公共关系发展专业资料室在上海外国语大学设立，该资料室汇集了国内外各类公共关系报纸、杂志与书籍，是目前国内公共关系资料最为齐全的资料中心。同年，上海第二工业大学公共关系学本科专业也获批，并于当年招收第一届新生。这一年的公共关系研究生专业或方向也迎来了新成员，2006 年，上海交通大学开始招收和培养公关方向的博士研究生。2009 年，华东师范大学新增了公共关系学本科专业。这 10 年间招收过公关专业硕士生的高校有 3 所，目前继续招生的有 2 所，分别是华东师范大学和上海外国语大学；招收过公关方向硕士生的高校约有 4 所左右（以学校官网公布的招生专业目录中明确标有公共关系方向的为据），目前仍然继续招生的有 3 所，分别是复旦大学、上海外国语大学和华东师范大学。值得一提的是，这十年中，招收过公关方向博士研究生的高校全国共有 5 所，目前继续招生的有 2 所高校，都在上海，分别是复旦大学和上海外国语大学。

2006—2015 年，经过 10 年加速发展，上海的公共关系本科专业教学点基数虽然仍然不大，其师资和教学力量已经过长足发展而逐渐完备起来，毕业生质量和就业排名也蒸蒸日上。

7.2　发展特点

得益于上海的地理优势、经济优势，和一大批公关人的执著，上海历来是公共关系教育的重镇，三十年来的公关教育发展特点，可以总结为以下三个方面。

7.2.1　起点早、数量多、层次全

时间上，公关本科专业教育是公关教育的主阵地。上海虽然不是最早有公关本科专业高校的地区，却是开设公关本科的重镇，当时全国 5 所拥有公关本科的高校 2 所在上海；上海是最早开设公关专业硕士教育和最早招收公关方向博士生的地区；上海还是自考公共关系专业发端的城市。

数量上，公关本科专业数量最多（有 5 所，全国 19 所，占 26.3%），公关硕士点最多（2 所，占 66.7%），公关硕士方向最多（3 所，占 50%），公关博士方向最多（2 所，占 100%）。

层次上，本科、硕士、博士方向的体系已经较完备，且上海外国语大学是中国目前唯一一所设置有公关本科专业、硕士专业、博士方向三个办学层次的高校。

上海是全国少有的几个开办自学考试公关专业的：早在 1989 年华东师范大学就向上海市教育考试院自学考试办公室提出开办公关专业的申请，先专科、后本科。1989 年 10 月公告社会，1990 年 4 月开考，学员通过 15 门课的考试后，获得由华东师范大学与上海市自考办共同签署的公共关系学专科毕业证书。2004 年又经批准，在全国首次开设自学考试公共关系学本科，考生通过 14 门课程的考试和毕业论文，获得本科毕业证书，毕业论文 70 分以上者还获管理学学士学位。迄今考生累计约 3 万人。

作为上海高等院校公关专业教育的补充，非学历社会培训三十年来也一直在发挥着举足轻重的作用。从国家统一鉴定到上海市自主鉴定的“公关员职业资格证书”，初中高三个级别的培训和鉴定考试为社会输送了大批传播沟通营销人才，为规范公关员职业，提高这一职业的整体素质起到了积极的作用。2003—2005 年，上海市公共关系协会连续举办了 8 期“上海市紧缺人才公关经理岗位资格证书培训班”。社会培训形式灵活、学期短、入学门槛宽松，很好地发挥了普及公共关系知识、提高从业人员职业素养、向业界输送人才的作用。这些培训教育或以函授班的形式，或

以比赛的形式，或以政府或协会委托的形式，成为社会上喜欢公关和从事公关的人群继续提升自己的有效途径。

7.2.2 师资较强、学生实践丰富

依托上海和全国整体的教育资源，上海开设公关本科专业的高校，师资力量在全国来讲比较强大，不但拥有一批长期从事公共关系研究的资深教授，还有具备博士学历甚至海外学习经历的青年教师。

在人才培养模式上，各校积极探索符合本校实际的发展道路，努力打造或强化自己的办学特色。例如：东华大学拥有城市形象研究的良好基础，并主要向甲方输送人才；上海师范大学致力于女性公关人才的培养，主要向乙方输送人才；上海外国语大学致力培养英语 8 级 + 公关专业知识与技能的复合型国际公关人才，学生参与国际交流项目活动频繁；华东师范大学依托政治学科背景，探索培养政治传播人才的道路；上海第二工业大学依托工科背景培养复合型公关管理人才。

学生层面，地处外企云集、金融商贸机构林立、大型活动丰富的国际大都市，上海的高校大学生天然得拥有更多与大公司、大机构互动的机会，包括实习、大型活动的志愿者、创新创业实践等。很多高校在一些知名企事业单位设立了学生实习基地，打造产学研良性互动的新模式。

7.2.3 专业组织多、主导力强

上海市公共关系协会是 1986 年在中国率先成立的公关协会，历任协会领导都十分关心公关教育事业。早在 2004 年，旨在为上海的发展和世博会精心选拔有潜质的优秀公关人才，向社会宣传和普及公关知识，协会就举办了上海首届“公关新星”大赛，至今已经连续举办 4 届，发掘和培养了一批优秀的公关新人。为鼓励海内外优秀学生报考公共关系学专业，激励在校专业学生勤奋学习公共关系理论知识，积极参加公共关系实践和学科竞赛活动，上海市公共关系协会从 2013 年开始设立“高校公共关系学专业奖学金”，试行五年，每年奖学金总额为人民币 30 万元，这成为上海市公关教育界的一大骄傲。

上海是全国公共关系学专业院长（系主任）联席会议委员会发起的地区，也是教育部公共管理类新设专业教学指导分委员会发起单位和主任单位的所在地。这些组织积极有效的工作，极大地促进了上海的公关教育事业。

全国公共关系学专业院长（系主任）联席会议委员会于2010年6月在上海外国语大学成立，得到了中国公共关系协会的支持。2011年，第二届联席会议在上海外国语大学召开，受教育部公共管理类专业教学指导委员会委托，制订了《普通高校公共关系学本科专业介绍》，对公共关系学本科专业人才培养目标、培养要求和主干课程进行了设计。2012年，第三届联席会议在大理大学召开，讨论并修订通过了《公共关系学本科专业建设指南》。2013年，第四届联席会议在内蒙古财经大学召开，对公共关系学本科专业主干课程教学大纲内容进行了研讨。2014年，第五届联席会议在广西财经学院召开，对公共关系学本科专业办学方向进行了研讨。2015年，第六届联席会议在南昌大学召开，对公共关系前沿理论与教学经验进行了交流。全国公共关系学专业院长（系主任）联席会议委员会的诞生及其工作，对普通高校公共关系学本科专业的建设与发展起到了最直接的指导作用。

2014年12月，教育部公共管理类专业教学指导委员会同意由上海外国语大学发起召开教育部公共管理类新设专业教学指导分委员会成立筹备会，2015年12月批准正式成立。这一新增的公关专业教育组织将会对上海和全国的公共关系本科教育发挥指导性作用。

7.3　专题研究：上海公关界知名教授访谈录

7.3.1　上海市公共关系协会副会长兼学术委员会主任吴友富教授专访

问：请问您从事公共关系教育多少年了？

吴友富：我开始公关教育工作与上海外国语大学开展公关人才培养是同时的。20世纪80年代，我大学毕业以后就赴美考察和从事公共关系的研究，回国后很快在上外开设了公共关系的课程。一直到现在，我还在三尺讲台上讲公关，做公关研究。

问：作为国内最早开设公关课程的高校，上海外国语大学的公关专业教育有哪些特色？

吴友富：上外的公关教育，依托学校的特色和资源，有这样4个特点：

①培养目标是国际化的公关专业人才。在此目标下面，我们的培养实

践和路径特点之一，是专业加多外语，专业即公关专业。学生一定要有一门外语或者双语特长。如日语加法语，或者英语加德语等。

②多文化教育。所谓多文化指的是东方、西方、阿拉伯文化等，语言教育的本质就是文化教育，这是上外的特色，利用上外的语言优势，渗透到文化教育中去。

③跨文化沟通教育，学生将来要走上社会，我们希望学生走上国际社会，在国际上成为精英，因此一定需要跨文化沟通能力。前2个要素是跨文化沟通的基本，没有语言和文化，跨文化沟通无从谈起。所以跨文化教育在我们公关专业教育整个阶段是必须要强调的。跨文化教育的路径有很多：不同文化的差异教育，如留学、请进来、走出去、校友交流等。

④国际情怀教育，讲到底就是胸怀祖国，放眼世界。胸怀要广阔。我们对学生的教育一直强调要有战略思维，所谓的战略思维，就是跳出上海看长三角，跳出长三角看全国，跳出中国看亚洲，跳出亚洲看世界。第二还要有全局性思维。一定要有全局观念，不能要狭隘的地方主义和民族主义。所以我们教育学生的是要立足民族，但必须为全人类服务。第三是合作的思维，我们认同世界是不一样的，也承认和而不同。第四是共赢思维，绝不是零和博弈。如果是零和博弈，从公关角度讲，合作也好，管理也好，绝对是败笔、是不成功的。这4条是上外公关专业培养国际化人才的特点。

问：您对未来的公关教育有什么设想和希望？

吴友富：主要谈4个方面：

①加大公关人才培养力度，有几类人才是目前比较紧缺的：国际沟通人才，危机管理人才，品牌推广人才，新闻发言人。将来公关事业发展到更高阶段了，有了一定文化积累了，我们还将需要两类人才：一是各级组织的顾问和活动策划人才，组织形象塑造推广人才。当然这些是比较高的要求，本科生毕业以后要从事顾问的工作，如果缺乏实践经验，一时还很难胜任这些工作，但是当前中国需要的就是这六大类人才。从高校来讲，我们要加大培养这些人才。

②加大公关师资队伍的培养。因为合格的公关人讲才到底基础是合格的公关师资。希望有条件的学校都能培养公关师资；还有应该有计划地从有实践经验的人中间寻找兼职师资；第三块是国外引进，当然我们的新闻传播、公关、企业管理专业也要大力培养公关师资。因为公关技巧很多是跟新闻有关系的，组织形象和公关营销和企业管理又是有关系的，一些大

牌的新闻学院和企业管理学院，应该参与到培养公关师资当中来。公关专业实践性非常强，有的放在新闻学院有的放在管理学院，我更倾向于放在管理范畴。

③加大对中国共产党历史上的公关活动的研究。因为第一次大革命也好，第二次大革命也好，包括抗日战争、解放战争，我们的公关实践是相当丰富的，包括我们的公关口号、传播网络、引起共鸣，这三方面要素都值得总结研究，成功的案例很多。在美国，将公关史，都是把独立战争、西部开发等放进去的，而中国讲公关很少把党的公关实践放进去。这一块我们的学术界要加大研究。

④公关行业主动介入国家和社会事务。如“中国企业走出去”，公关组织应主动向走出去的企业提供所在国的文化、经济、政治等信息。减少他们走出去遇到的障碍。再比如当前中国经济转型期，矛盾比较突出，比较多，如何发挥公关的积极作用，在信息透明度和公开化方面，及时地化解一些矛盾是公关行业需要主动去做的。当前中国公关存在着“有作为才有地位”的问题。为什么企业更重视公关，因为它有作为。政府部门，除了新闻发言人之外，为什么比较忽略公关，就在于公关在政治部门还没有体现出作为何在。如果真正做到有作为了，我们的地位也就产生了。

7.3.2　上海市公共关系协会学术委员会秘书长范徵教授访谈录

问：作为上海市公共关系协会学术委员会秘书长，想请您谈谈该机构对上海公共关系教育的作用。

范徵：上海市公共关系协会学术委员会是上海市公共关系协会的专业委员会，主要负责聚合上海市公共关系界优秀学者和专家，指导本地公共关系学科基础理论研究及公共关系高端人才培养培训工作，并为协会、政府和企业决策服务，发挥公共关系智库的作用。目前开展的与公关教育有关的工作主要有：两年一度“上海公共关系学专业奖学金”评选；两年一度“上海优秀公关案例”评选与出版供教学参考；两年一度“上海公共关系高峰论坛”举办，科研为教学服务，等等。

问：作为全国公共关系学专业院长（系主任）联席会议委员会副主任，想请您谈谈该机构对上海公共关系教育的影响。

范徵：全国公共关系学专业院长（系主任）联席会议委员会由上海外国语大学发起成立，该机构具有非常设学术机构的性质，开展高等院校公共关系学本科教学的研究、指导、评估、咨询、交流等工作，每年召开一次联席会议。上海是中国公关教育重镇，占了本科教育的1/4。该机构经有效努力和沟通，在教育部本科目录修改中，将公共关系学专业从“目录外”纳入到了“目录内”，从而为上海乃至全国各高校公关专业的有效发展奠定了基础。

问：作为教育部公共管理类专业教学指导委员会新设专业分委员秘书长，想请您谈谈该指导委员会的情况。

范徵：2014 年 12 月 5 日，教育部公共管理类新设专业教学指导分委员会成立会议在上海外国语大学举行。教育部高等学校公共管理类专业教学指导委员会主任、东北大学原副校长娄成武教授到会指导。这次会议有来自南开大学、首都经济贸易大学、上海外国语大学、中国传媒大学、东华大学、大连海事大学、上海海事大学、上海海关学院 8 所高校公共管理类 5 个新开专业的代表参加。在教育部 2012 年新版《普通高等学校本科专业目录》中，城市管理海关管理、交通管理、海事管理、公共关系学属于新开专业，尚未有代表进入教育部高等学校公共管理类专业教学指导委员会。为了更好地推进这 5 个新开专业的建设发展，会议决定成立教育部公共管理类其他专业教学指导分委员会，审议通过了《教育部公共管理类其他专业教学指导分委员会工作条例》和教育部公共管理类其他专业教学指导分委员会委员建议名单。上海外国语大学党委书记、全国公共关系学专业院长（系主任）联席会议委员会主任吴友富教授为主任委员；上海外国语大学国际工商管理学院院长、教育部工商管理类专业教指委委员范徵教授为秘书长。该指导委员会目前受教育部委托，还制定了《全国公共关系学专业标准》。

7.3.3 东华大学褚云茂教授访谈

问：请问您从事公关教育多少年了？

褚云茂：我从 1995 年开始从事公关教育工作，前后大概 20 年的时间，当然现在也还继续在从事教育工作。2006—2014 年在东华大学担任了 8 年公共关系学专业主任。

问：您认为高校公关人才主要是培养哪些方面的素养和技能呢？

褚云茂：从社会上对公关人才的需求和公关精英的素养来看，公关人才应具备的素养概括起来主要有：能说、会写、懂管理、擅策划。当然良好的形象也很重要，这里的形象不仅仅是指外表，还包括风度和气质，一种特别的味道，这也是一种职业形象。

学校里对人才的培养不可能一下子达到社会的要求，但是我们要培养的公关人才要具备 5 个方面的潜质，即发展的前景和潜力。学校要从这几个方面去培养：

①知识底蕴。除了公关专业的知识，还要啃各种各样的书，扩展自己的知识面，纵向知识要深，横向知识要广。上至天文地理，下至鸡毛蒜皮，对公关人员都有用，都要涉猎。为什么这样说呢？因为公关人员将会面对各种各样的客户、消费者、领导、外商等。你不知道对方的知识背景和知识结构如何，掌握尽可能广泛的知识，沟通的过程中比较容易缩短距离，有利于我们进一步的合作。

②沟通能力。沟通包括两种：说和写。公关人员能说会道是基本功，更重要的是，通过你的表达，让对方对你产生好感，打动对方，这是我们要好好培养学生的能力。写主要是写策划书、文案等，这些在学校里都要好好修炼，才能具备良好的沟通能力，这是很关键的一个素养。

③心理素养。主要指能够控制和调节自己情绪的能力。碰到困难和工作不顺利的时候，负面情绪不要带到与客户的沟通和工作中，当然这需要经过长时间的训练才能达到。另外心理素养还包括理解对方的能力，要知道对方在想什么，客户的需求是什么，实际上也是我们常说的“理解万岁”。如果不能理解对方，就不能达到很好的沟通目的。一句话，心理素养体现在情商里面，如果你的情商比较高，就有利于未来开展工作。

④形象塑造。学生自我形象的塑造能力，包括两方面。一是外在的穿着打扮，我们往往讲，穿衣仪表是公关人的基本素养，也体现了个人的审美情趣，什么场合适合什么样的穿着，是尊重对方的一种表现，也是第一时间吸引客户、吸引公众，给客户好感的一种能力。外形的修饰打扮体现了一个人的审美情趣和独特的品位。除了外在，还要注重内在的修养。比方说，有的人不是十分漂亮，但是他/她内在的气质和气场，往往也很吸引人，让别人有一种尊重和好感。这种当然有很大一部分是与生俱来的，但是后天花时间去修炼，也是可以达到的。尤其对学生来说，关键是重视不重视的问题。

⑤文体素养。今天的社会是一个多元的社会、是一个全球化和开放的时代，学生在文体方面的素养要有所修炼，要掌握一些基本的技巧。客户会打乒乓，你也会打；客户喜欢高尔夫，你也会；客户欣赏古典音乐、会跳舞，你也要懂。这些都可能成为接近客户的重要途径和手段，一个具备体育和文艺素养的人，某种程度上也体现了其生活的品位，而公关人的品

位相对来说是比较高级的。

问：您认为高校公关教育的难点在哪里呢？

褚云茂：主要是师资问题。我们大部分老师，特别是985、211高校毕业的，硕士和博士毕业后，直接进入高校工作，没有参加过社会工作和实践，更没有为政府和大公司工作，做大案子服务客户的经验。诚然，有了业界的经历，给学生讲课的时候才能做到生动有趣，获得良好的反应。能够到社会上参与更多实践活动的，这样的老师比较少。另一方面，社会上公关还有些空白地带，尤其政府公关，这方面政府的认识在逐步深入，但还没有普遍推广开展。因为中国的政府是比较强势的，如果政府公关能够蓬勃地开展，对社会的需要和促进作用马上就会体现出来。比如上海市公安局对公关已经比较重视，成立了公关处，每个分局都成立公关科，他们对公关的认识、理解和工作的推广，也有利于将来我们毕业生的参加和加入。

问：作为公关教育者，您最为骄傲的是什么？

褚云茂：我在20年的教学活动当中，培养了一些比较优秀的学生，他们活跃在外资公司、大型国企、企业等，担任公关方面的工作。但是作为亮点的是，我曾经带领学生，为上海世博会连续举办了3届“大都市形象国际论坛”，我是总策划、总负责人，而且当时是带领我们专业的师生一起筹办的，联合了多家世界500强企业，和多位政府官员，共同为上海城市形象的塑造和传播做出了贡献，得到了世博会事务协调局的认可。学生得到了锻炼，我也收获了丰硕的成果，这可以说是我把理论与实践相结合比较成功的一个案例。

问：您有什么心得想要分享给其他公关教育者吗？

褚云茂：如果说我个人有什么心得的话，那就是公关人要有国际视野，注重自己本身素养和能力的提升，才能分享给学生更多知识和其他方面的技能。要想给学生一瓶水，你自己至少要有一桶水，你不断地修炼与进步，你站在一定的理论和实践的高度，学生才能有一个比较好的起点。

7.3.4 上海师范大学叶茂康教授访谈

问：请问您从事公共关系教育多少年了？

叶茂康：我是1993年因受命负责《上海公关》杂志编务而进入公共关系领域的。后杂志因故停办，我于2000年开始转向公共关系教学，截至 2013 年 7 月从学校退休，从事公共关系教育前后一共十四个年头。

问：您认为高校公共关系学专业主要应该培养人才哪些方面素养和技能？

叶茂康：这里有一个关键问题，就是高校公共关系学专业主要培养什么人才？如果按照某些学者的观点，高校公共关系学专业培养的是懂一点公共关系知识的通才，并不承担向行业输送专业人才的职责，则这个问题就根本无法讨论。再进一步说的话，公共关系学专业本身似乎也失去了其存在的必要性。

所以我一直坚持认为，高校公共关系学（本科）专业作为应用型专业，主要就是培养公共关系行业所需要的专门的实务型人才，并为快速发展的公共关系行业（包括甲方和乙方）输送人才的。如果这一点明确了，则应该培养人才哪些方面的素养和技能这一问题，也就容易回答了。

在我看来，高校公共关系学专业的学生，从他们以后能更好地适应公共关系行业的需求来说，除了通才所必须具有的基本素养和基础能力（包括外语能力）外，更应该着装关注专业素养和专业技能的培养。从专业素养来说，最主要的还是良好的心理素质和较高的情商，比如低调（不张扬，不浮躁，不出风头）；沉稳（心理稳定，遇事不手忙脚乱）；抗挫折（经得起挫折和批评，始终不丧失勇气）；善合作（有团队精神，能换位思考），等等。从实际情况看，在公共关系行业发展得比较好的学生，往往不一定是智商最高的，但一定是情商比较高的。有些学生，个人能力也许很强，但就是因为情商不够高，心理素质不够好，自以为是，患得患失，不善于合作，遇到一点挫折就一蹶不振，结果反而没能干好。当然，情商也高，智商也高，那就更理想。这样的学生，一般成长得非常快。

从专业技能来说，主要应该培养学生的沟通协调能力、创意思维能力、语言表达和文案写作能力、市场分析和判断能力，以及快速学习能力，等等。当然，能够比较全面地具备上述能力自然最好，退而求其次，至少也应该在其中一两个方面相对比较强，从而一旦进入甲方或乙方实习，能够很快上手，迅速适应。也只有这样，才能真正体现高校公共关系学专业在人才培养上的某种不可替代性。

问：您认为高校公共关系教育的难点在哪里呢？

叶茂康：坦率说，目前国内高校公共关系教育的现状并不理想。问题的症结和难点，主要是缺乏一支既有扎实理论功底又了解行业发展和实际运作的师资队伍。近年来，高校师资队伍的建设特别强调高学历，强调一定要有博士学位。这从总体上来说无疑是对的。但具体到公共关系学专业的建设上，似乎存在一些问题。高校原有的一些公共关系学老师，本就有点脱离实际，对公共关系行业发展和实际运作知之甚少，而近年来补充进来的一批年轻博士，则基本都是从学校到学校，从书本到书本，对行业发展和实际运作更是茫然不知，完全没有感觉，只能泛泛地不着边际地空谈理论。同时，因为不少年轻博士原先读的不是公共关系学专业，往往习惯于从自己原有专业的角度去理解公共关系，缺乏深层次的理论思考，所以有时连公共关系的某些理论问题也说不清楚。前不久，某高校一具有博士学位的青年教师去某专业公共关系公司挂职锻炼，结果发现自己所了解的行业知识和专业技能还不如一个本科毕业后工作未满一年的客户主任，这就令人颇为感慨。如果我们公共关系学专业的大部分老师都是这种状况，又如何来培养学生成为合格的公共关系专业人才？

至于前面所说的学生心理素质和情商的培养问题，则现在很多公共关系学专业老师要么根本不予关心，要么自己本身心理素质和情商也不怎么样，难以对学生进行有效的引导。如有的学生在实习中出现过失，挨了批评，有的老师不是首先引导学生从自己身上找问题，而是埋怨实习单位不识人，甚至鼓动学生稍不如意就立马走人。这对学生心理素质和情商的培养不但无益，反而有害。

顺便说一句，正因为目前许多高校公共关系学专业的师资队伍是这样一种状况，所以，培养方案和教学计划的拟定，有不少也是脱离实际的。当然，所有这些，也和眼下高校的政策导向和考核制度有关，恐怕不是一朝一夕所能改变的。

问：作为公共关系教育者，您最为骄傲的是什么？

叶茂康：谈不上有什么最为骄傲。但从事公共关系教育十四个年头，尤其从2003年年底本校公共关系学专业从专科升格为本科后，我以系主任的名义具体负责公共关系学专业整整十年，感到比较欣慰的是：我和我的同事们始终坚持为行业输送人才的大方向，坚持理论紧密联系实际的教学方法，实实在在地培养了一批公共关系专业人才。我们本科专业的学生，毕业后的对口就业率平均为50%左右，最高的一届达到70%。这在全国高校公共关系学专业中应该是比较高的。对我们输送的学生，许多专业公共关系机构的评价是："心理素质好，上手比较快。"所以这些年来，本校公共关系学专业在整个行业中一直拥有比较良好的口碑。而我们的不少毕业生，经过几年的工作历练，进步也非常之快，已经在甲方或乙方成为经理、高级经理、总监一级的业务骨干。我想，作为公共关系教育者，自己也算对得起学生也对得起这个行业了。

问：您还有什么心得想要分享给其他公共关系教育者吗？

叶茂康：心得很多，择其要点，主要有二：

一是教公共关系者必须真正懂公共关系，切忌以其昏昏，使人昭昭。这需要从理论和实践两个方面一起下功夫。

二是要把公共关系教育视为事业，而不只是谋生的职业。作为老师，学生的成才才是自己最重要的作品和成果。

7.4　典型案例

上海有 5 所开设公共关系学本科的高等院校，以下分别介绍其本科专业指导性培养计划。

7.4.1　上海外国语大学

（1）培养目标

本专业旨在培养掌握公共关系的基本理论和专业技能，具有良好全球视野及人文情怀，通英语、懂管理、善策划、会传播，能适应跨国企业、政府和事业单位涉外部门公共关系管理工作需要的高级复合型人才，同时也为攻读国内外相关专业的硕士研究生学位打好基础。

（2）培养要求

本专业学生主要学习公共关系学、管理学等方面的基础理论和基本知识，接受公共关系专业技能方面的基本训练，掌握分析公共关系问题的系统方法，具备解决公共关系问题的实践能力。

毕业生应在具备良好职业道德的基础上，获得以下几方面的知识和能力：

①掌握公共关系学、管理学等现代科学的基本理论知识，具备相应的科学和人文素养；

②掌握公共关系的调查研究、创意策划、沟通协调、管理咨询等方法和技术；

③具有有效处理组织公共关系事务的基本能力；

④具有较强的语言与文字表达能力和沟通能力，通晓一门外语；

⑤了解本学科的理论发展及前沿动态，了解国内外政治、经济、文化的发展状况，以及公共关系和相关行业的发展趋势；

⑥掌握文献检索、资料分析等哲学社会科学研究的基本方法，具有一定的科学研究能力。

（3）主干课程

公共关系学概论、公关语言和写作（中文）、公关语言和写作（英文）、公关调研与评估、公关战略与策划、CI设计与组织文化、危机管理、公关案例研究、传播学概论、管理学、微观经济学、宏观经济学、统计学、心理学等。

7.4.2 华东师范大学

（1）指导思想

为了培养理论基础扎实，实践能力过硬的德才兼备的公共关系专业人才，努力把公共关系学专业办出特色、办出水平，以中国特色社会主义理论为指导，在坚持宽口径、厚基础培养的前提下，以社会的需求和学生的诉求为依归，综合考量我校学科发展定位和办学理念、公共关系学专业的学科性质、公共关系的职业特征、人才培养规格和现有的学科优势等因素，着力于大类招生基础上的分层培养，制定华东师范大学公共关系学专业本科培养方案。

（2）培养目标及要求

本着素质、知识、能力并重，促进学生全面发展、个性化发展和终身发展的原则，培养具有较高的政治理论素养、思想道德素养和专业素养，系统掌握公共关系学基本理论和基本知识，具备开展公共关系实践所需要的战略思维、创新思维、系统思维和策划能力、管理能力、表达能力、沟通能力，适合在各级党政机关、各类企事业单位、社会公益团体从事公共关系、行政管理及其他相关工作的专门人才。

(3) 专业核心课程

社会科学研究方法、公共关系学原理、公关战略与策划、政府公共关系、危机管理理论与实践、演讲与口才。

7.4.3 东华大学

①培养目标：本专业培养适合市场经济需求，具备扎实的公关专业知识和良好职业道德修养的，从事组织机构形象塑造、公众关系协调与信息传播事务的调查、策划、执行和评估等管理工作的复合型人才。

②培养要求：本专业本着“全球化视野，本土化运作”的理念，以服务求发展，以开放求超越。紧贴市场与行业发展的需求，不断充实内容，完善课程体系，重视专业素质和能力的培养和提高，构建学校与社会紧密连接的理论和实务平台，培养社会欢迎的公共关系专业人才。

7.4.4 上海师范大学

①培养目标：本专业培养适应社会主义现代化和市场经济建设所需要的，具有公共关系学基本理论知识和专业技能，能够在各类社会组织中有效开展公共关系工作及相关工作的专业人才。

②培养规格：掌握马克思主义的基本原理，掌握公共关系学的基本理论和基础知识，对有关的新闻传播学、市场营销学、经营管理学及社会科学相关学科有一定的了解；掌握公共关系实务操作的基本程序和基本方法；具有从事公共关系工作的初步能力，能策划，善协调，懂管理，会执行，并具有较强口头和文字表达能力；了解国内外公共关系学理论研究和实务操作的最新发展动态和趋势；具有较熟练的外语（一门）和计算机应用能力，掌握文献检索、信息搜集和分析的基本方法，并有一定的研究能力；具有良好的心理素质，具有文明的行为习惯和礼仪风范，具有健康的体魄。

7.4.5 上海第二工业大学

(1) 人才培养目标

本专业培养德智体美全面发展，具有较好人文素质，掌握现代公共关系专业理论和公共关系调查、策划、实施与评估实务能力的应用型企业公共关系人才。

（2）基本要求

本专业学生主要学习公共管理、工商管理、新闻传播学等学科的基本理论和基本技能，通过公共关系调研、策划、执行、评估等方面的系统教育和训练，具备企业公共关系的信息传播、关系协调、形象管理等方面的基本能力。通过公共关系学理论知识的系统学习和专业技能训练，毕业生需要具备以下能力：

①了解中国国情，适应改革开放和市场经济的发展，具备良好的道德修养和人文素养，具有正确的人生观和专业思想，并具有较好的仪表风度。

②接受系统的公共关系理论和技能的学习和训练，具备良好的专业发展基础和发展潜力，具备良好的职业适应能力、可持续发展能力和自学能力。

③掌握公共管理、公共政策、公共伦理、公共关系学、传播学、市场营销学、公共关系调研与评估、公共关系实务、公共关系写作、危机管理等课程的基础理论和基本知识。

④掌握公共关系专业技能，尤其从事公共关系工作所需具备的调研与评估能力、策划与创意能力、公关写作能力、执行协调能力。

⑤具有较强的公关意识、创新意识及团队协作意识，有良好的心理素质和职业道德。

⑥具有较好的英语听、说、读、写能力，能阅读本专业的外语文献资料，具有本专业外语交流沟通能力。

第 8 章　上海市公共关系协会三十年

上海公共关系行业蓬勃发展的三十年与上海市公共关系协会的创立起步、稳步发展、创新突破的发展阶段是分不开的。在整个发展过程当中，上海市公共关系协会起到了非常重要的推动作用。上海市公共关系协会通过定期或不定期地组织举办各类交流活动、信息发布会、研讨会、公共关系论坛等多种形式，邀请海内外知名人士共同探讨社会热门话题，在推动整个上海地区乃至长三角地区和整个国家的公共关系行业的健康发展方面起到了一定的作用。

8.1　发展概述

公共关系协会（Public Relations Association）也称公共关系社团，是指社会上自发组织起来的、非营利性的从事公共关系理论研究和实务活动的群众组织或群众团体。上海市公共关系协会（英文全称 Shanghai Public Relations Association，简称 SPRA）成立于 1986 年 11 月。

上海市公共关系协会是中国率先成立的省级公关协会，拥有外企、三资、民营企业等 200 余个会员单位和众多个人会员。上海和海外一些著名人士担任协会的名誉会长、副会长和荣誉顾问。理事会的组成人员大都是企业高管、学术精英、政府官员和媒介领导。它作为全球公关联盟成员，与美国、英国、印度尼西亚、新加坡、马来西亚等国公共关系协会和机构建立了长期的合作关系。上海市公共关系协会通过日常开展公关服务和海内外交流合作，为其会员单位提供相互交流和与政府有关部门、媒体沟通交流的平台。此外，上海市公共关系协会还会定期开展公共关系发展战略研究，制定公共关系的职业道德准则和有关管理实施办法，推进相关政策和法规的贯彻执行，并且通过举办各种类型的讲座、研讨会、论坛等方式增强其会员之间的联系，培训高层次公关人才。

在三十年的上海公共关系行业发展历程中，上海市公共关系协会以“联系、团结、协调各种公关组织、企事业单位（包括外资企业、三资企业及民营企业和事业单位）和其他社会机构，促进上述组织与社会及公众之间的相互沟通和有效合作。培训公关人员，提高公关水平，服务会员、服务社会、推进公关事业的发展”为协会运作的根本宗旨。上海市公共关系协会在发展过程中紧贴时代脉搏，围绕上海以及长三角地区的经济建设和整个社会的健康发展。该协会还积极开展如公关沙龙、讲座、高峰研讨会等多种形式的公共关系活动，培养了大批优秀的公关人才；并且通过定期举办公关人才的选拔、优秀公关案例的评选以及颁发专业奖学金等形式，推动社会各行各业增强公共关系意识；在平时及时地发挥作为行业协会的“桥梁”“纽带”作用，较好地促进了各类企事业单位与政府部门、新闻媒体机构的沟通交流。

上海市公共关系协会已经走过了三十年的历程。概括地说，三十年的发展历程，大致可以分为以下几个时期：

8.1.1 初创和起步时期：1986—2000 年

1985 年秋，时任上海市委常委、市政协副主席的毛经权教授接受《解放日报》记者采访，详细介绍了公共关系的定义、由来、功能以及在经济建设和社会发展中的作用。《解放日报》以将近半个版面的篇幅对此作了报道。不久后，《文汇报》又在头版上发表了毛经权教授撰写的题为《发展社会主义公共关系学》的署名文章，立即引起了上海知识界、企业界人士的极大兴趣。之后，毛经权主编的《公共关系学》一书出版。这是国内最早出版的公共关系著作之一。这些文章和著作，为上海公共关系事业的发动作了有力的舆论铺垫。

1986 年 11 月 6 日，上海市公共关系协会在上海联谊俱乐部诞生。前上海市市长汪道涵先生就任名誉会长，毛经权教授担任协会会长，协会以“沟通信息、增进理解、加强联系、促进合作”为宗旨，揭开了上海公共关系的序幕。当时，我国内地，既没有全国性的公共关系协会，也没有地区性的公共关系协会。所以，上海市公共关系协会的成立，确实具有开创性的重要意义。在整个中国公共关系发展史上，这也是浓重的一笔。

也就是从 1986 年开始，上海的一批有志之士，抱着满腔的热情，积极投身于公共关系这一新兴的事业领域中。他们团结在协会周围，在协会的领导下，为宣传和推广公共关系事业四处奔走，各方联络，精心策划，认真落实，组织了很多知识讲座和公共关系专题活动。在 1987—1992 年这几年间，涌现了一批具有一定社会影响力的公关活动。

1987 年 10 月，由协会创意并联合永久自行车企业集团共同举办的

“‘公关－永久’自行车拉力赛”，在半个多月的时间里，这支由30多辆自行车组成的车队从北京出发到上海，长达1628公里的路程，给永久自行车做了生动形象的广告。

1988年1月协会和珠海市文化发展总公司等二十家单位共同主办了首届“一市（上海）三特区（深圳、珠海、厦门）美容化妆品十佳评选”的活动，并在珠海举行授奖大会，上海各界知名人士近百人出席了此次大会。

1989年10月，协会同《解放日报》《文汇报》《新民晚报》和上海电视台、上海人民广播电台等新闻单位联袂主办的“上海市首届最佳公共关系工作者评选”活动。

1990年4月，上海市公共关系协会与市科技协会、市科学会堂、市国际科学技术公司、市科技资讯服务中心联合举办“科技为经济建设服务”技术咨询活动，有电子、机电、化工、纺织、环保等方面的专家面向公众进行义务技术咨询。

1991年6月，协会联合解放日报社、上海电视台、上海人民广播电台等举办了“上海市优秀公关案例”评选活动，并编辑出版了《公关在上海》一书。这些活动，有力地推介了公共关系理念，有效地普及了公共关系知识，对上海公共关系事业的发展起到了重要的推动作用。

1992年，邓小平同志南方讲话的发表，以及批准设立浦东新区、加快浦东开发的一系列举措，在上海掀起了新一轮的解放思想和深化改革热潮。在这一背景下，上海的公共关系事业也以一种可喜的态势，稳步而健康地发展了起来。

在这一时期，上海市公共关系协会的工作也逐步走上轨道。协会团结了社会各界一批有志于公共关系事业的人士，组成了协会的秘书处，作为协会的执行班子，落实协会的各项具体事务。协会举办了多种沙龙活动、联谊活动和参观考察活动，为上海公共关系事业的发展提供了一个切磋交流的平台。

例如，1992年12月，协会与上海市消费者协会、《中国质量万里行》杂志社联合举办了“中国质量万里行”宣传日活动。1996年10月，上海市公共关系协会主办了“96上海国际公关营销研讨会”，国内外公关界、营销界的专家、学者约60余人出席了该会议，会议评选出了十六家公关营销优秀企业和成功的案例并对其进行了颁奖。1999年10月，上海市公共关系协会还与上海BMR市场研究公司在光大会展中心联合举办了《市场研究与企业发展》的市场策略研讨会，会上讨论了“中国加入 WTO 的市场研究与企业发展趋势”。2000 年 12 月，协会举办了“社会公益与企业形象”研讨会，邀请海内外知名慈善家、学者等百余名专家参会，探讨企业从社会获利的同时，如何回报社会；企业在为社会公益事业做出贡献的同时，如何从中塑造企业自身良好的形象与声誉。

与此同时，协会还积极参与到一些企业的公共关系工作中去，帮助企业策划和实施了若干公共关系活动，取得了良好的社会效应。1993 年 10 月，协会和超天集团联手主办了盛大的涉外集体婚典，九对新郎新娘中有五位新郎分别来自美国、加拿大、日本、瑞士等国家和中国香港地区，使创立还不到三个月的超天集团知名度大增，有 25 家中外媒体对此做了报道，该案例还被中国国际公关协会摄入电视片《中外优秀公关案例精选》之中。1995 年 7 月，协会与上海外商投资企业协会、上海家化联合公司联袂举办了“上海市企业界职业公关市场大讨论”活动，时任会长毛经权教授、上海家化联合公司总经理葛文跃先生以及企业界、学术界、媒体界等百余人出席了此次活动。1995 年 3 月，上海市公共关系协会与哈根达斯上海食品有限公司以及上海市妇女联合会举办了“驻沪海外人士看上海”的公关活动，活动中以“每个人都希望把自己所爱与大家一起分享”为主题，把哈根达斯冰激凌的形象塑造与评选上海的“十佳”相结合，取得了较为理想的活动效果。

在这一时期，协会也开始逐步着手开展国际交流方面的工作，曾组团访问美国公共关系协会等组织和机构。2000 年 6 月，时任会长的毛经权教授在和平饭店会见了国际公共关系协会主席卡洛琳夫妇；此行是卡洛琳夫妇首次访华，也进一步推动了上海市公共关系协会与国际公共关系协会之间的交流与合作。

尤其值得一提的是，上海市公共关系协会于 1992 年创办了内刊性质的《上海公关》杂志，并于 1993 年年底起与上海师范大学合作，以双月刊形式定期出刊，每期发行量 3000～5000 册。截至 1998 年年底，《上海公关》杂志一共出刊 36 期，在助推公共关系事业、普及公共关系知识、探讨公共关系理论、介绍公共关系案例等方面，发挥了比较重要的作用，赢得了全国公共关系界人士的普遍好评。上海图书馆、北大图书馆、复旦图书馆等单位均订阅和收藏了这本杂志。

8.1.2 爆发和发展时期：2001—2012 年

进入 21 世纪以后，随着整个社会大环境的变化发展，尤其是政府部门的公共关系意识大幅提升，使得上海的公共关系视野取得了爆发性的大发展。

这一时期的初期，有两件大事件特别值得关注。一是上海提出申办 2010 年世界博览会。在此之前，北京已提出申办 2008 年奥运会。这一届北京奥申委成立后，对公共关系事务予以了高度重视，无论国内还是国外，都聘请了专业公共关系公司，请他们提供申办思路和运作模式，并协助处理对外宣传和推广方面的工作。北京奥申委负责人还专程拜访了中国国际公共关系协会李道豫会长，请协会帮助筹划相关工作。2001 年，北京申办奥运会获得了成功。这对上海申办世博会的工作，无疑有着重要的借鉴意义。与北京申奥相比，上海博申委更加重视公共关系事务，并注意发挥专业公共关系公司的作用。从整个申办过程看，从最初的大规模、全方位的宣传，到后来的"世博会知识网络电视竞赛""支持申博网上签名"等一系列活动，以及组团出访国际展览局 87 个成员、组织海外媒体宣传等，处处闪动着一种现代公共关系的意识。政府层面这种前所未有的举动，有力地提升了公共关系事业的社会地位。

二是 2003 年的"非典"风波。这一重大危机事件的发生，让政府更加重视信息的及时公开和透明度，更加关注与广大市民之间的有效沟通，也更加完善了各种突发性危机事件的防范和应对机制，从而也进一步意识到了新环境下政府公共关系工作的重要性。全国范围内各级政府新闻发言人制度的建立，就是从这时候开始的。而应邀为各级政府新闻发言人进行培训的，很多就是公共关系方面的专家和学者。这极大地促进了政府部门和政府官员公共关系意识的提升。

2002 年，上海申办 2010 年世界博览会取得了成功。从这时开始，2010 上海世界博览会，就成了上海市政府有史以来最宏大的一项公共关系活动。前后八年时间里，政府为此投入了大量的人力物力，并为了确保这一活动的成功，还专门对公共关系公司进行了招标，由其承担一部分对外宣传和推广事务。可以说，在这整个过程中，上海市各级政府部门和政府官员的公共关系意识不断得到增强，运作能力也不断得到提升。一些政府机构还主动申报案例，积极参与上海市优秀公共关系案例评选活动。其中，浦东新区的"浦东开发开放十年回顾与展望活动"，杨浦区的"'阳光六公开’活动”等不少案例在评选中荣获金奖，充分显现出了政府在这一方面的进步。

在这一时期，上海市公共关系协会也日益发挥出更大的作用，显现了更大的活力。从2001年起，协会在日常组织沙龙活动、会员咨询活动的同时，更是着力组织了几大块面的活动：

①举办两年一届的上海市优秀公共关系案例评选活动。从2001年起，着手通过优秀公共关系案例评选的活动旨在总结经验，树立典型，增进交流，扩大影响，更好地推动上海公共关系事业的发展。该活动在推出伊始就受到社会各界人士的广为关注，许多政府机关、事业单位、中外企业、专业公共关系公司纷纷送报案例，参加评选。而评选出来的获奖案例，质量也一届比一届高。据了解，在全国省市一级地区协会中，两年一届举办优秀公共关系案例评选并一直坚持下来的，唯有上海一家。

②组织各种国际公共关系论坛和专题研讨活动。从2001年起，协会先后举办了广邀中外人士参加的一系列高层次论坛和研讨活动，如“经济全球化时代公共关系论坛”（2001）、“上海国际公共关系峰会”（2005）、“中外公关业合作交流论坛”（2006）、“公共危机管理的现状与未来—上海公共关系论坛”（2008）等。也正是在中外公共关系理念的这种不断交流和碰撞中，上海公共关系事业加快了自身专业化、规范化、国际化的步伐。

③主办上海市“公关新星”大赛活动。上海市公共关系协会为了迎接2010年上海世博会，与团市委、市教委和世博局等机构合作举办的系列大型活动。大赛于2004年、2006年和2009年先后举办了三届。上海各界青年尤其是各高校学生对此抱有极大的热情，纷纷报名，踊跃参赛。报名人数，最多曾突破2000人。该“公关新星”大赛，立意新定位高，不仅从大赛举办的过程中发现了一批公共关系新秀，还通过上海电视台的录播宣传，取得了较好地社会效应。

8.1.3 创新和突破时期：2013年至今

从2013年起，整个社会大环境的变化又出现了新的变化。2013年的一个标志性事件是：继微博之后，微信的用户突然呈爆发性增长，一下子达到了四亿左右，乃至被人称为“微信元年”。而大数据的广泛应用，也开始受到许多人士的关注。可以说，整个中国社会，已经进入到了一个新媒体和大数据的新时代。在新的环境下，无论政府机构还是企事业单位，公共关系工作都面临一个创新、转型和突破的问题。对上海公共关系事业来说，这既是严峻的挑战，又是良好的机遇。

所以，我们看到，从 2013 年起，上海市各级政府部门明显加强了网络信息监控和网络信息传播的力度。许多部门，都开设了微博和微信公众号，用来及时传递信息，和社会公众进行有效互动和沟通，并第一时间澄清有关传言和谣言。上海市政府网络办开设的“上海发布”，也一改原先只是单纯发布信息的做法，敢于直面问题，大胆发声。例如，在 2013 年 3 月的“黄浦江死猪”事件中，“上海发布”针对社会上各种传言，及时发布信息，予以澄清，其表现就可圈可点。这样的例子还有很多。

从上海市公共关系协会发展的角度来看，2012 年年底进行了领导班子换届。从 2013 年起，协会新领导班子顺应形势发展，大胆变革，勇于创新，百尺竿头，更进一步，积极推进各项工作。根据协会胡炜会长的总结，协会工作在以下四个方面取得了新的突破：

①更重前瞻性。以 2014 年年底举办的以“大数据时代的都市形象和公共关系”为主题的上海公共关系国际高峰论坛为例。这既是协会在这一时期的一次大手笔，也是协会工作前瞻性的最好体现。这一论坛，对外邀请了《大数据时代》作者维克托等国际专家学者，对内邀请了联合国原副秘书长沙祖康等各界知名人士，所讨论的话题，既紧贴时势，又高屋建瓴，具有引领时代未来发展的重要意义，赢得了上海市政府部门、企业和国内公共关系界的广泛重视和高度评价。市政府周波副市长到会致辞，市政府经济信息化委员会李耀新主任参与了大会主题演讲。许多人特地从外地赶来，要求参加会议，以求有所受益。而《文汇报》等主流媒体对这次论坛的大篇幅报道，乃至整版刊载论坛发言内容摘要，也在社会公众中有效地扩大了这一具有前瞻性的公共关系高峰论坛的影响。

同样，协会近年来所举办的多次高级沙龙活动，所讨论的话题，也都更加注重前瞻性，基本上与新媒体的未来发展、大数据时代如何有效地开展公共关系工作有关，并专门开辟了介绍上海自贸区运作情况和发展前景的专场。为了拓展思维，协会还邀请余秋雨先生为会员单位做了题为“公共关系与中国文化在当代的传承与创新”的讲座。这对推动公共关系行业的不断创新、转型和突破，都起到了相当积极的作用。

②更重影响力。上海市公共关系协会借助自身的平台优势，联络有关单位，于 2013 年 9—10 月之间，主办了“余慧文摄影展”。这一摄影展，先后在北京和上海两地隆重举办，引起了政府和社会各界人士的广泛关注和高度评价，许多主流媒体也纷纷进行了报道。这样的影响力，在过去是

不可想象的。

又如，“上海高校公共关系学专业奖学金”的评选和颁奖活动。这一活动，是协会的一大创新举措，每年奖励额度为30万元，力度之大，在全国范围内是前所未有的。这本身就很具有影响力。而在具体运作上，协会更是从进一步扩大活动的社会影响考虑，不断加以改进和完善。今年的评选，特等奖的产生，就采用了现场PK的形式，并邀请了市政协副主席周汉民先生任评委会主席，引来不少媒体的大篇幅报道。教育电视台作剪辑后准备不久后播出。这就更加增加了活动的社会覆盖面和公众影响力。

③更重自身号召力。协会认识到要为推动上海的公共关系事业的发展做出贡献，前提是协会自身必须具有相当的号召力，否则在很多事务上就缺少话语权。而要有号召力，取得市委市政府市人大市政协四套班子领导的大力支持是至关重要的一点。近年来，协会新领导班子在这方面作了很多努力。所以我们可以看见，只要是协会有重大活动，市委市政府市人大市政协四套班子都有领导出席，对机关工作提出要求，对协会工作表示支持，有的参与还很深。这就极大地提升了协会的号召力。

又以“上海高校公共关系学专业奖学金”的评选活动为例，这本来是协会一家主办的。自2016年开始，协会决定与市教委、团市委联合主办，并组建了由三方领导参加的联席会议制度。这同样是为了更好地提升活动的号召力。

④更重互动性。协会是公共关系事业的一个平台，更是一个互动和交流的平台。这方面工作，协会近年来更加注重，并有一系列的新动作。例如，上海市公共关系协会和玉佛寺等会员单位一起举办了扶贫助学献爱心活动，并赴云南进行捐赠；举办有市领导、老同志和公共关系界人士参与的桥牌、大怪路子和乒乓球比赛，等等。2013年年底启动的全市第七届优秀公共关系案例评选活动，以及目前正在进行中的第八届案例评选活动，也为上海公共关系事业的发展提供了一个极好的互动和交流的平台。这两次案例评选所征集的案例，不仅在数量上远远超过了前六届，而且在质量上也有了十分明显的提升。这既显现了上海公共关系事业的新进步和新气象，也体现了协会不断与时俱进的运作能力。

另外，协会也非常重视与会员单位之间日常的互动交流。近年来，协会领导先后主动走访了几十家会员单位，了解他们的情况，征询他们的需求，听取他们的意见。这就极大地增强了协会的向心力，并在互动交流中萌发了一些新的合作和商机。

当然，这一时期还只过去了四年不到的时间，创新还在进行，突破仍在继续，整个事业还在大踏步地向前发展。可以相信，在经历了创新和转型的阵痛后，上海公共关系事业必将能有更大的突破，迎来一个更辉煌的新局面。

8.2　协会作用与组织构架

8.2.1　协会发挥的作用

上海市公共关系协会作为上海地区的公关专业行业协会，会定期或不定期地组织各类包括企业间、企业与政府间、企业与媒体间的互相交流活动；举办各类经济政策或行业导向等法规、政策方面的信息发布会、研讨会等；邀请海内外知名人士与会员探讨市场与公关方面的热门话题；按各会员单位的具体要求和实际情况提供能力范围内的服务。同时，通过公关协会举办的两年一届的上海公共关系论坛，也推动着行业不断发展并形成影响力。该行业协会的活动形式涉及讲座、沙龙、公关论坛、玉佛寺公益系列活动、知名画展等。

概括地说，在上海公共关系事业三十年的发展历程中，上海市公共关系协会发挥了以下几个方面的作用。

（1）引领作用

上海的公共关系事业，是上海市公共关系协会所开创的。这和其他某些领域可能不太一样。有的领域，是先有事业，甚至先有行业，然后再自下而上地建立一个协会组织，来进行统筹和协调。但上海的公共关系事业却并不是这样。在协会筹建前，上海谈不上什么公共关系事业，更没有公共关系行业。上海公共关系事业的起步，和上海市公共关系协会的筹建几乎是同步的，是由上海市公共关系协会全力开创和推动的，具有某种自上而下的特点。

同时，在整个上海公共关系事业的发展历程中，上海市公共关系协会牢牢把握住了社会发展的大方向，始终起着行业引领的作用。和有些省市一级地区公共关系协会不同，上海市公共关系协会前后只有两任会长，主要领导一直比较稳定。同时，两任会长都有在市级领导机关长期工作的经验，既熟悉公共关系，又有相当高的政治和政策水准，站得高，看得远，把得准，这就保证了协会政治上的正确性和工作上的前瞻性。三十年来，即使是在上海公共关系事业处于相对低潮的时期，上海市公共关系协会始终考虑着要怎么帮助上海各级各类组织机构提升公共关系意识，做好公共关系工作，开展公共关系研究，从而推动上海公共关系事业快速和健康地发展。尤其是迈入新世纪以来，协会组织两年一届的优秀公共关系案例评选，围绕最新的热点话题举办公共关系论坛和专题研讨会，以及高级沙龙等活动的策划和实施，都充分体现了协会的这种具有前瞻性的引领作用。

三十年来，上海公共关系事业发展比较迅速，比较健康，始终没有偏离正确的方向，上海市公共关系协会在其中起到了非常重要的引领作用。协会有很多的类似案例、评选、国际论坛、沙龙，奖学金这些活动成功举办，并且体现出了较为强大的生命力和探索精神。

（2）普及作用

正如之前所提到的，公共关系的理念也好，公共关系学学科也好，都是一种“舶来品”，是改革开放后被引进的。三十年前，上海市公共关系协会刚刚成立的之时，不要说一般老百姓，就是政府官员、媒体记者和企业高管们，他们中的绝大部分人也都不清楚这“公共关系”究竟是个什么东西。有的人一看到“关系”两字，就马上联想到庸俗的“拉关系”“走后门”之类。1990 年电视剧《公关小姐》的播放，又使得相当一部分社会公众把“公关”和“小姐”联系在了一起，甚至认为公共关系就是“三陪”（陪吃，陪喝，陪玩）。这社会的评论对于公共关系事业的推进都是相当不利的。

因此，上海市公共关系协会就承担起了普及公共关系知识，推广公共关系理念的重任，并且始终将其作为协会工作的重点之一。可以说，行业协会在普及和推广专业知识方面发挥了举足轻重、不可替代的作用。没有行业协会的存在，没有行业协会的不懈努力和大量工作，公共关系知识和理念在上海不可能普及和推广得这么快，实际效果也不可能这么好。

在具体做法上，根据不同的对象，采取的普及和推广方法也会有所不同。例如，针对政府和企事业管理人员，主要是通过上海市公共关系协会举办的公共关系专题研讨会和高级培训班等方式，逐步推广公共关系对组织生存发展的重要意义，以及究竟做什么，怎么做。面向一般社会公众，则主要采取策划和实施各种大型活动的方式，让普通民众明白公共关系的真正魅力所在。再比如，上海市“公关新星”大赛的决赛被电视台全程录播后（而且反复播放了多次），就在社会公众中产生相当大的影响，改变了许多人对公共关系的认识。同时，《解放日报》《文汇报》等主流媒体上组织刊发各类宣传公共关系行业的文章，以及协会积极推动自主办杂志，办网站，办通讯等，都很好地发挥了这种普及和推广的作用。

（3）支持作用

普及了公共关系知识，推广了公共关系理念，不少企事业单位乃至政府部门开始重视公共关系，打算开展公共关系工作。但他们信心不足，经验不够，有时甚至不知道究竟怎么做比较好。在这种情况下，行业协会就较好地起到了支持和指导作用，在鼓励一些企事业单位和政府部门大胆去做，大胆去闯的同时，也通过行业协会的平台在理论上、策划上和技术上给予支持。比如上海市公安局是上海市级政府部门中最早设立公共关系处的，下辖的各区分局也设立了公共关系科，但许多干警对警察机构如何开展公共关系工作并不是很了解。经过协商，上海市公共关系协会以行业专家的方式向这些政府机构派出了若干专家学者，分别为市区两级公安系统科长以上干部进行了公共关系方面的培训，同时，对他们准备策划和实施的活动项目提供了一些咨询意见。企业方面，这样的事例就更多了。经常会有企业公共关系部或相关部门的人士与行业协会联系，希望得到行业协会对他们的工作进行指点，对他们所策划的活动给予支持，有的甚至还希望协会能够帮助他们一起策划和实施。

对上海的公共关系教育也是如此。例如，上海第二工业大学公共关系学专业计划安排公关专业的学生去专业公共关系公司实习，但老师们对这个行业不熟悉，一时联络不上。他们就联系到了上海市公共关系协会，协会为他们与有关公司搭建了平台，从而解决了实际的问题。类似这样的例子，还有很多。近年来，协会设立的“上海高校公共关系学专业奖学金”，更是对上海高校公共关系学专业建设和人才培养的有力支持。上海的公共关系事业还要继续发展，需要大量的专业人才，而上海高校的公共关系学专业，正是未来专业公共关系人才最重要的输出基地。

对于上海公共关系行业的规范化建设，协会多年来也一直发挥着支持和指导的作用。就专业公共关系公司来说，早期的一些公司，往往一成立就找到协会，寻求地方行业协会的支持和指导。迈入新世纪后，专业公共关系公司如雨后春笋般地冒出来，一个新的行业已经在上海形成。对整个行业的支持和指导，就成了协会一项重要工作。在2010年国际上海公共关系高峰论坛上，在上海市公共关系协会大力推动下，由12家国际和本土的公关公司联合提出了有关公关行业行为准则的《公关行业行为公约》的倡议，得到了公关业界和同仁们的大力支持。这些年来，上海市公共关系协会通过先后走访各大专业公共关系公司、召开公司老总座谈会以及与某些公司负责人个别交流等方式，深入了解行业发展已有的经验和存在的问题，肯定成绩，指出不足，并对整个行业的进一步健康发展提出一些原则性的指导意见。

(4) 平台作用

公共关系是一个很大的概念，涉及所有社会组织和机构。公共关系的行业协会则是一个很大很好的平台。上海市公共关系协会多年来一直非常重视发挥这一平台作用，让各类组织和各方人士有机会在这一平台上亮相、展示和交流，提升形象，广交朋友，从而推动上海公共关系事业的快速发展。协会通过主办各种公共关系国际论坛、专题研讨会和高级沙龙，举办上海市优秀公共关系案例评选，以及组织各类比赛、竞赛和联谊活动等，充分展现了平台的牵线协调的作用。

体现上海市公共关系协会平台作用的一个较好的例子就是协会主办的“余慧文摄影展”。这一摄影展，所选用的一百多幅摄影作品，在内容上充分反映了改革开放以来上海乃至全国欣欣向荣的新面貌，在艺术上也具有相当高的造诣。2013年9月底—10月初，摄影展在北京展出时，中国摄影家协会和中国美术馆主要负责人都出席开幕式并发表讲话，并引起了中央有关领导的高度重视。来参观摄影展的，现任的中央政治局委员有两位，退休的中央政治局常委有三位，在京城引起了很大轰动。同年10月在上海展出时，中央政治局委员韩正等市委市政府市人大市政协四套班子的领导全部到场。为期一个月的展示活动，吸引了大批协会会员和社会公众，这种社会影响，是一般的公共关系活动所不能比拟的。

同样，也是在这一平台上，协会和玉佛寺等会员单位一起，大力开展了扶贫助学献爱心等活动。云南是上海对口支援的省份。协会主要领导带队，和玉佛寺等几家会员单位组团前往云南，为当地捐赠了人民币550万元。其中，贫困学生助学金250万元，100个学校图书室的建设资金300万元，以帮助贫困地区改善办学条件，解决贫困家庭孩子读书难的问题。云南省省长陈豪出席了捐赠仪式，并会见了协会代表团一行，表示欢迎和感谢。这一活动，体现了协会的社会责任，也加深了上海与对口省份的友谊和合作。

上海市公共关系协会作为行业协会，同时也是一个重要的行业对外交流的平台。三十年来，协会在内外交流尤其是国际交流方面发挥了重要作用。公共关系作为一个“舶来品”，在西方发达国家有着一套比较先进的理念和比较规范的方法，值得借鉴。协会一直保持着与美国、英国、德国、俄罗斯、日本、新加坡、印度尼西亚、马来西亚等国公共关系协会和专业机构的联系和交流，或组团出访，或邀请对方来沪参加活动，并和其中不少协会和机构签订了合作备忘录。另外，协会还和国际商业传播人员协会（简称 IABC）签署了合作协议，在上海合作开展国内首次具有权威性的国际商业传播专业资格认证。

总的来说，正因为上海市公共关系协会在三十年的公关行业发展历程中比较好地发挥了以上四个方面的作用，才使得上海市公共关系协会作为一个行业协会得以一直在政府部门、企事业单位和专业公共关系公司中保持着较高的威望。

8.2.2　协会的组织架构

（1）领导机构以及历任会长

2012 年 12 月协会召开第八届会员代表大会，选举产生新一届理事会和领导机构，第十三届上海市人大常委会副主任胡炜任会长，赵启正、冯国勤等任名誉会长。上海和海外一些著名人士担任了名誉会长、副会长、顾问和名誉顾问。协会平时设立执行委员会，由办公室负责协会日常工作（具体详见附录）。

首任会长，毛经权教授，1930 年生，上海市嘉定区望新人，1947 年上海市复旦中学毕业，考入复旦大学土木系，后因院系调整，土木系并入交大，成了上海交通大学的毕业生并留校执教。交大土木系后又并入同济大学。长期从事教育工作，在同济大学执教 20 年，后又担任上海铁道大学教授、副校长多年。1981—1982 年，赴美国伯克利加州大学深造。回国后，长期在上海市党政机关工作，曾任上海市人民政府教育卫生办公室主任，市委常委、统战部长，市政协第六、第七、第八届副主席。1986 年 11 月 6 日，中国内地的第一家公关行业协会——上海市公共关系协会在上海联谊俱乐部诞生。前上海市市长汪道涵任名誉会长，时任上海市委常委、市政协副主席的毛经权担任会长，揭开了上海公共关系行业发展的序幕。从上海市公共关系协会创会至2012年，毛经权当了20余年的会长，他也是中国内地首位公关协会会长；同时还兼任中国国际公共关系协会副会长、上海政协之友社副理事长、上海市慈善基金会顾问、上海宋庆龄基金会理事长等职；2003年，他当选为中国国际公共关系协会组织工作委员会首任（2004年度）主任委员。

现任会长，胡炜，男，1947年3月生，汉族，浙江绍兴人，中共党员，1968年12月参加工作，经济学硕士，高级经济师。现任上海市公共关系协会会长、上海市老年基金会名誉理事长、浦东新区人民政府顾问、中国国际公共关系协会副会长。曾任黄浦区副区长、代区长，浦东新区工作党委副书记、管委会副主任、常务副主任、新区人大联络处主任、外高桥保税区管委会主任、上海市人民政府副秘书长、浦东新区区委副书记、区长、第十三届上海市人大常委会副主任。

（2）学术委员会

上海市公共关系协会学术委员会的定位与职责：该学术委员会是上海市公共关系协会的专业委员会，主要负责聚合上海市公共关系界优秀学者和专家，指导本地公共关系学科基础理论研究及公共关系高端人才培养培训工作，并为协会、政府和企业决策服务，发挥公共关系智库的作用。该学术委员会的活动方式是：每年定期召开全体委员会会议1～2次；经协会批准，定期或不定期主办或协办各类相关活动；经委员会主任提议，定期或不定期召开小型专题研讨会。会议建议学术委员会成员今后增补委员时，应根据工作需要而不应受相关单位人数代表的限制。

上海市公共关系协会新一届学术委员会成立大会正式于2013年6月24日在市委统战部召开。胡炜会长向每位委员颁发了聘书。学术委员会共14名成员，其中主任1名，副主任3名，委员7名，特邀专家3名，秘书长1名（兼）。学术委员会会议第一次会议于2013年7月1日下午在上海外国语大学举行。协会副会长、学术委员会主任，时任上海外国语大学党委书记的吴友富教授主持了会议，协会副会长、学术委员会副主任张安腾等11名委员出席了会议。

上海市公共关系协会学术委员会的主要工作任务分为以下几个方面：①编辑出版《公共关系研究》学术期刊。②举办上海市公共关系专题论坛和海内外公共关系学术研讨会。③组织上海市公共关系优秀案例评选工作。④指导并开展上海市高校公共关系专业人才培养和社会组织机构公共关系高端人员培训工作。⑤为政府和企业提供公共关系项目服务支持。⑥策划组织上海市优秀公关学生、优秀公关教师、优秀公关公司、优秀公关企业和“公关市民”的评选活动。

8.3 专题研究：上海市公共关系协会原会长毛经权会长采访录

问：毛会长，您作为上海市公共关系协会的创办人，对于上海市公共关系协会或者是上海公共关系而言，从历史的角度来看，您肯定是最了解的。您觉得您在协会或者这段时间以来，从协会的整体发展来说，您觉得关键的一些时间节点有哪些？其中哪些是亮点？

毛经权：这个三十周年，前二十五年是我比较了解的，因为我创办这个协会一直到 2012 年，差不多 25 年。我曾在一本国际公关协会的书上对上海市公共关系协会的成立过程写得比较清楚。在还没有开始成立之前，我们就先造了一些舆论，在报纸上面写文章，在媒体上面让大家知道这回事。因为当时公关完全是一个新的名词，而且完全是从国外进来的，大家根本就不了解。

当时《解放日报》采访我的记者就提了很多问题，后来我就写了一篇关于公共关系的文章。接下来公众就开始注意到这个问题，注意到这个的问题。在比较早的时候，从深圳开始当时一个什么宾馆大酒店里面就开始有公关经理、公关小姐出现，那么就开始公众渐渐地听到有“公共关系”这个词。

上海市公共关系协会从成立开始，直到 2001 年，我认为这个时间段协会的发展还基本上处在一个初级阶段，一个摸索的阶段，这是一个不专业和规范的阶段。初期，我们主要是在做什么事情呢？主要还是在普及公共关系概念，让大家知道到底公共关系是什么东西？要跟那些误解、歪曲公关的做斗争。特别是在影视剧里面，还有一些文艺作品里面，写及公关小姐 70% 都是反面人物，都是搞一些收买关系这种角色。所以对“公关”造成一个很不好的影响。当时有人听到公关协会这个组织，就觉得里面是公关小姐。相当一段时间是这样一个情况，我们要解释、宣传这些东西。

到 1992 年，国家提出了社会主义市场经济以后，因为企业他要竞争，他要有自己的品牌形象，开始好像注意到公关了。但是当时的竞争市场竞争还是很无序的，所以在国内的企业来讲，还不是很能理解这个公关，觉得你们这个公关就是搞营销，而且脑子里还是想搞关系。所以一直到2000年，就是到21世纪，我们参加了WTO以后这个情况有很大的改变，因为当时上海很多外资企业来了，合资企业成立一些外国公司的地区总部，亚洲总部都设在上海，外国的公关公司开始进入上海。这些企业进来了，他们的公关就跟着进来了。

在20世纪，那个时候的公关公司刚刚起步，还不成气候。到了21世纪，参加WTO以后开始，那么外国的公关公司推动我们中国上海的公关行业的发展非常重要。我们在这样一个环境下，公关协会开始逐步走上了专业化、规范化、国际化。这也是我对上海市公共关系协会提出的“三化”要求。

2000年以后，讲具体一点2001年开始，我们举办了优秀公关人员的评选活动。之前也举办过，但是不规范、不专业。2001年我们正式举办了优秀公关案例的评选。同时，我们还举办了系列的公关沙龙活动，接下去我们还有高级沙龙。还有我们2001年开始不定期的举办国际公关论坛。我们在2001年就举办了一次名为“经济全球化时代的公共关系”国际论坛。也就是说，从2001年开始，我们开始进入专业化、规范化、国际化的轨道了。然后我们每两年一次优秀公关的评选，2001年、2003年、2005年我在评选案例时，还评选了优秀公关人士。可以说2001年，这个是我讲的一个重要的时间节点。

我也特别强调的一点就是，我们在此期间成立了学术委员会。我们觉得要专业化、规范化、国际化，就必须要有一个学术论坛，正是基于这样的考量，我们成立了学术委员会。时任上海外国语大学党委书记的吴友富教授担任这个委员会的主任，他对公关很有研究的，也很热心。我们当时评选优秀公关案例、举办国际论坛和一些重要的讲座、沙龙，都有一些委员会的成员给予我们支持，帮我们把关。我觉得这一点很重要。当时的学术委员会的成员主要是来自高校，也有一些来自专业公关公司，特别一些国外得比较知名的一些公关公司。学术界方面，主要是四个学校，上外、复旦、东华、上师大，因为这几个学校中有三个学校都是本科设有公关专业，而复旦是在硕士阶段设有公共关系的研究方向。

问：毛会长，请问从协会成立至今，在做过的各种各样的活动中，您觉得最值得跟我们推荐的活动有哪些呢？希望您跟我们讲讲。

毛经权：我觉得2005年的那届评选优秀公关案例和优秀公关人士，从社会影响力的角度来看是比较大的。我记得那次来的人也比较多，好像国际公关协会领导都来了，赵启正也来了，他们是给我们颁奖的。当时是在电视台演播厅举办的。当时国际公关协会对我们评价很高，因为我们这个优秀公关案例确实也是高质量的。还有一个比较有影响力的就是我们在2006年的二十周年活动。当时活动来的人也比较多，国外的一些公关协会的领导也来了好多，那次我们同时举办了世博公关新星的活动。另外，我们还举办了一系列的公关国际论坛。

问：请问这些系列活动以外，您觉得还有什么关键的事情呢？

毛经权：其实，我一直想做而且要做好的一件事，就是资格认证，就是公关专业人员的资格认证。在国外，如英国、美国、德国，可以说他们是很重视认证的。在2007年的时候，我们跟IABC，也就是国际商业传播专业人员协会，我们商谈协定上海市公共关系协会也选拔人员来参加她的RABC认证，就是国际公关人员的认证。这是一项在国际上知名度很高的认证。当时我们第一批就有16个学员授予了这个认证。我一直脑子里觉得这个工作很重要，我们要把这个公关我们的公关水平要提高，一定要做这个事情。

问：请问您是1985年第一次接触到公关，还是之前就有？

毛经权：当时是赵先生给我启蒙了到底"公关"是什么东西。他跟我说，搞统战必须要懂公关，他还跟我举例子，举行宴会你招待宴会的话，你可能的话跟各种各样等级的你怎么排位置，这都是一种公关理论方法，不要小看这些小事情。当时我觉得中国进入了这样一个新的时代的话，还是需要公关的，这是我当时的想法、看法。但是尽管大多数的人当时都不了解，也不是很支持，但是我觉得需要去推动。

问：与深圳那边公共关系起源于企业运作不同，在上海公关的追根原点在公关协会这边，您觉得是这样吗？

毛经权：嗯，基本上是这样。因为在我这里先成立的公关协会。当时上海成立公关协会是全国第一家，因为那个时候北京还没成立。北京过了一年、两年以后成立中国公关协会，然后成立中国国际公关协会。

问：刚才，我们谈到了政府和协会。现在我们放眼整个上海来看公关的问题。您觉得上海这三十年以来，不管是对企业也好，还是对政府也好，当中肯定发生过一些危机的事件，包括像静安踩踏事件等。就这种事件对于考验这个上海的企业和公关能力方面，有重要的意义。您能帮我们回顾一下这三十年这些重要的事件吗?

毛经权:我要说的一个事件是非典事件,对政府敲了警钟。我们也参与了总结了这个经验,我们经常把它作为政府公关的一个案例来教育大家,这是一个政府公关要做的事情。但是政府的也是在2000年以后开始慢慢地重视公关形象的。然后就是上海世博会,开始注意一个城市的形象,应当如何来做宣传。这个方面我觉得上海外国语大学还是做了很多的工作,吴友富老师也做了很多的工作,他写了很多的东西,国家形象和公共危机。另外,协会也举办过一些沙龙活动,我们邀请政府部门来解读世博会的公关。上海市也非常重视公安局警民关系这一块,公安局还特别成立了警察公共关系学小组。

问:毛会长您前面谈到了上海地区公共关系的专业化、规范化、国际化这三化的问题。您觉得上海市公共关系协会,包括公关公司、企业公关在国际化上,有些什么特点呢?

毛经权:我们上海地区公共关系协会对国际化还是非常重视,我之前对于运营协会所做出的要求就是要“专业化、规范化、国际化”,我们对国际化非常重视。但是我们真正在国际化方面有所发展,还是2000年以后。进入21世纪后,我们跟英国的公关协会,跟美国的国际协会,国际公关联盟还有像新加坡、印度尼西亚、马来西亚、日本及中国香港地区和中国台湾地区,日本也来过好几次,韩国都有。后来活动得比较多,来往比较多,交流比较多,我们跟印度尼西亚还签订了一个协议。印度尼西亚做得特别,他们有一个学校叫公关学院,规模比较大,学生很多。

开始的时候呢,我们国内的比较成规模的公关公司比较少,而且比较乱一点,有一些公关公司也不是很规范,外国的公关公司开始来的也不是很多。后来慢慢2000年以后,越来越多了,数量上达到差不多两百家公关公司,当然这里头乱七八糟的公司也不少。那么这些外国公关公司来了以后,后来有什么问题呢?他找客户难,为什么找客户难呢?因为他找到客户了,还都是外资企业、合资企业。我们这里当地的国有企业,或者当地的一些企业,水土不服,他们有问题不找公关公司,还是爱找关系,认为“我认识什么人都搞定了,不需要你公关公司,我要你外国公关公司做什么?”

问:我们知道在中国做公关来说,应该是北京上海应该是相对来说做得比较好的。您觉得就上海公关能力而言,哪些方面在全国,可以说得上的做得比较好的?上海的公关或者上海市公共关系协会有哪些创新?

毛经权：公关这个行业呢，北京发展得比较快。为什么呢？因为一些外国的公关公司开始进了中国以后，首先的目标是北京，不是上海。

2000 年以后，中国加入 WTO 以后，好多外资企业总部什么都到上海来了，这个时候外国公关公司都跟过来了，上海的公关行业也比较有比较快的发展。上海的公关从协会角度上来看，我觉得比较有什么特别的地方，就是优秀公关案例的评选，组织沙龙活动国际论坛。还有前面提到的资格认证，这些是上海特有的。另外，还有就是搞过公关新星的培训，以及设立学生分会。对于学生分会这边，我们每年都会进行评选，并对于一些优秀的学生分会给以奖励。

问：我们上次跟吴友富老师他们也谈到过，北京公关确实在很多方面做得比较突出。那如果我们对比上海、北京两个地方来说，您觉得上海公关的优势跟缺陷在什么地方？

毛经权：与北京的中国国际公关协会相比较而言，他们的组织比较健全。另外，北京有天时地利条件，因为媒体都是集中在北京，跟国外的联系比较多一些。上海的优势是开放的前沿，这对于公关来讲也是一个有利条件。上海有那么多的外资企业，数量很多，这算是一些有利条件。另外，上海还有好多高校设立有本科的公关专业，这也是一个很重要的一个条件。

问：根据您这么多年，将近 25 年的时间去看着公关协会的成长。未来如果公关协会想进一步发展来说，您觉得哪些方面需要有所改进或者争取资源呢？

毛经权：现在像上海这样一个城市，我觉得上海市公共关系协会应该是资源相当丰富的，现在肯定是越来越多的企业他要成立公关部也需要找公关公司，这个是肯定的。上海市公共关系协会要发展，就是要把更多的公关资源聚到一起，然后共同把这个事情做好。媒体方面未来还是蛮重要的，新媒体网络公关是非常重要的。现在就是网络公关，在 2010 年的时候，由专业公关公司发起建立了一个公关行业行为公约。我觉得这个非常好，行业公约在国外对这个还是蛮重视的，否则的话网络公关这些事情会引起很多纠纷的。对于协会未来的发展而言，我们现在协会会员里头公关公司占得并不多。企业里头有国有的，也有民营的，外资的企业比较少，这方面可以再加强一些。

8.4 典型案例

8.4.1 上海优秀公共关系案例评选活动

(1) 项目背景与实施

上海市优秀公共关系案例评选是由上海市公共关系协会主办，评审委员会由来自全市各高校的公共关系学专业资深教授、媒体和其他方面的专家组成，通过广泛征集、深入了解、严格评审产生了各类奖项。该活动从2001年开始，两年一次，在国外产生了相当的影响。历届上海优秀公关案例不仅显示了当代优秀公关人的卓越创意和有效策划，而且让我们一次又一次看到了公关沟通所创造的价值，体验到了公共关系的力量，认识到社会的和谐发展需要公共关系。

2001年上海市优秀公关案例颁奖暨上海市公关协会成立15周年晚会，在金茂大厦举行。市委常委、市委统战部部长黄跃金，原中国驻美大使柴泽民等参加了颁奖晚会。上海市公关协会会长毛经权和公关界、企业界代表300多人参加。本次上海市优秀公关案例评出金奖案例8个、银奖案例12个。“世纪之光——2001金茂大厦迎接新世纪活动”“浦东开发开放十年回顾与展望”等案例策划单位榜上有名。

2003年第二届上海市优秀公共关系案例评选活动由上海市公共关系协会与解放日报报业集团主板。该评选活动历时半年多的案例征集工作，有50多个单位的60多个案例入围；经过初评、复评，最终评选出特等奖、金奖、银奖、铜奖以及最佳创意奖、最佳实施奖、公众参与奖等相关奖项。

2005年第三届“小灵通杯”优秀公关案例暨优秀公关人士评选活动由上海市公共关系协会和解放日报报业集团共同主办，并得到了上海市电信有限公司的特别支持。该届案例总体情况内容丰富，涉及面广，亮点突出。政府公关体现在上海城市形象塑造和沟通市民方面。医院公关为营造和谐的医患关系、医疗改革、医院形象宣传起到推动作用。媒体公关品牌意识增强，财经公关为风险投资起到了一定的示范作用。此次评选活动经过初评、复评两个阶段的评审。分设金奖10个，银奖20个，特别奖和若干单项奖，以及优秀公关人士特别奖和卓越奖。

2007年由上海市公共关系协会主办的、上海市外国语大学承办的上海市优秀公关案例评选活动，于同年11月8日在上海电视台演播中心举行颁奖典礼。评选历时近半年，最终评出特别奖 1 个、金奖 10 个、银奖 20 个、单项奖 18 个。《2007 年世界夏季特殊奥运会在上海成功举行》获得最高荣誉奖；《魅力上海、精彩世博——“日本上海周”》等 10 个案例获得金奖，上海科力可公关选送的《移动改变商务》等 20 项公关案例获得银奖。

2009 年由上海市公共关系协会主办的上海市第五届优秀公关案例评选涉及 IT、电信、汽车、制药、金融、房地产、交通运输、化妆品、家电、食品、能源、化工、网络、酒店、文化等十几个行业，以及非营利机构和政府部门。活动的评审委员会由高校公关专业的资深教授和媒体、知名企业、专业公司的专家组成。历时近半年的征集，总共有 74 家企事业单位报送共 108 份参赛案例，其中 27 家专业公关公司，42 家中外企业和非营利机构及政府部门。经过初审、复审和终审三阶段，评出特别奖 2 个、金奖 18 个以及其他单项奖若干。

2011 年第六届优秀公关案例评选活动收到的案例涉及 IT、电信、汽车、制药、金融、房地产、交通运输、化妆品、家电、食品、能源、化工、网络、酒店、文化等行业以及非营利机构和政府部门。经过由权威学者、资深媒体人士、知名企业高管和专业公司专家联合组成的评审委员会评选，经过初审、复审和终审三个阶段，最终评选出大奖 1 项，特别奖 1 项，金奖 13 项。

2014 年，上海市第七届优秀公共关系案例评选颁奖大会，在上海市委统战部小礼堂隆重举行。这是近年来上海市公共关系行业丰硕成果的一次集中展现和交流盛会。经评委会认真评选审定，共评出特别奖 2 个、金奖 17 个、银奖 43 个和优秀单项奖 50 个，共计 112 个奖项。上海市公安局的“平安共创，成果共享，塑造良好的公安形象”案例和上海申迪（集团）有限公司的“上海国际旅游度假区绿色开发理念系列报道公关案例”从 168 个参选案例中脱颖而出，获得优秀公共关系案例特别奖。

（2）项目评价

从上海市优秀公共关系案例评选中参选的案例逐年质量和数量有大幅提升的情况不难看出，上海市的公共关系行业在迅速发展，这也说明了上海公关专业人员的水平有了很大的提高。每两年一次的优秀公关案例的评选活动，通过案例集的方式总结评述了很多优秀的案例作品，比较有代表性的案例集有《公关人的创意：2005 上海卓越公关人士和优秀公关案例集》《公关的力量：上海市优秀公关案例集（2006—2007）》《公关创造和谐（2010—2011 上海优秀公关案例集）》等等。

前面有提到过，三十年前，上海的社会公众根本不知道“公共关系”是何物，许多人或者把它和庸俗的“拉关系”“开后门”画上等号。但三十年后，通过广泛的宣传和普及，也通过公共关系人士自己的作为，让社会公众逐步明白了公共关系究竟是什么，以往的社会成见已渐渐消除了。现在很多从业人员可以很理直气壮地声称自己是做公关的，很少再引起旁人的误解和冷眼。从这一点来说，协会通过大力宣传和推动优秀公共关系案例的评选活动，为公共关系知识和案例的普及宣传做出了相当大的贡献和成就。

8.4.2 上海市公关新星评选活动

（1）项目背景与实施

2004 年 7 月 14 日，旨在为 2010 上海世博会选拔优秀公关人才的首届“公关新星”大赛正式启动。大赛由上海市公共关系学会和上海移动通信有限公司联合主办，上海世博会事务协调局、上海市慈善基金会、上海市青年联合会具体承办。活动时间从 2004 年 7 月—12 月，陆续开展社会征文、新星选拔大赛和总决赛候选人高校行三大系列活动。据时任世博局副局长黄耀诚介绍：中国申办奥运、上海申办世博以及上海抗击非典的成功，无疑都是“国际公关”“政府公关”和“危机公关”的经典范例。随着上海的发展和 2010 上海世博准备活动的展开，会有 1300 名左右优秀公关人才的需求。东方卫视主持人叶蓉和著名演员何麟也出现了活动的新闻发布会上。他们同公关界、企业界、文化教育界等领域的专家学者们一起，共同担任本次大赛的评委。不仅从形象、仪表、气质等方面进行评定，侧重通过相关活动来对选手的创意能力、语言表达能力、公关写作能力、危机管理能力和社交能力来进行全面考核，以此来评选出真正意义上的“公关新星”。

2006 年“ 青春世博”上海市第二届公关新星大赛决赛，11 月 1 日晚在广电大厦演播厅决出结果。来自复旦、交大、华师大 8 所高校的决赛选手同场竞争。通过四轮不同形式的精彩、激烈比拼，上海外国语大学的钱知瑜荣登金奖宝座，银奖则被上海师范大学的赵昕雅获得，复旦大学的选手刘逸伦获得第三名。获得最佳创意、最佳风采和最具潜质三个单项奖的分别是复旦大学、上海外国语大学、复旦大学选送的顾文豪、钱知瑜、关珏颖。第二届公关新星大赛从 3 月起就在全市 59 所大学铺开，超过 2000 名的大学学生踊跃报名。这中间有博士、研究生，也有外国留学生。报名选手中，男生约占 1/3 比例，通过活动的宣传、报名、初赛、培训、复赛和决赛。在全市的高校中着实掀起了公关热潮。同样是青春的大学生，同样是多才多艺的青年才俊，公关新星的舞台不比才艺、远离作秀，赛的是知识与智慧，比的是创意与沟通。通过这个舞台，大学生们把自己的知识、创意、礼仪与沟通能力紧密地和公关、世博结合起来，使大家切身感受精彩的公关魅力，领略了睿智的选手风采。

2009 年 5 月 26 日下午，“世博公关新星”评选启动仪式在上海隆重举行，“世博公关新星”评选活动由是上海世博会事务协调局、上海市精神文明建设办公室、共青团上海市委员会全程指导，由上海市公共关系协会主办，上海科力可公关咨询有限公司承办的，同时也得到上海文广新闻传媒集团、解放日报报业集团、文汇新民联合报业集团等传媒集团的全程支持。据时任上海市公共关系协会常务副会长汪均益介绍，“世博公关新星”评选对选手素质有“才貌双全”的高要求，参赛选手需身体健康、品学兼优、举止端庄，具有较好的教育背景和一定的创意策划、组织管理、宣传推广、交际应变能力，还要了解中国历史文化、熟悉世博会常识。时任上海市委宣传部副部长马春雷在启动仪式上致辞时表示，“世博公关新星”评选活动将引导广大青年积极参与和支持 2010 上海世博会、亲身感受世博精神。选拔公关代表为世博提供优质服务的同时，也能弘扬中华民族传统美德，展现中华民族悠远的礼仪文化。“世博公关新星”的评选覆盖全国 9 大赛区，通过海选、复赛、培训、决赛 4 个阶段，在 2009 年年底选拔出 200 名具备代表上海世博会形象的公关代表，为 2010 上海世博会各项活动提供优质公关服务。与上两届“公关新星”选拔活动相比，2009 年度的评选活动与“世博”紧密相连，致力于选拔优秀的公关代表参与世博、服务世博，为世博会增添光彩。活动的范围也更为广泛，以长三角地区为主，延伸至全国区域。其中，上海赛区划分为本地赛场和国际赛场，中国香港、澳门、台湾地区也作为独立赛区参与选拔。

（2）项目评价

自 2004 年开始，上海市公共关系协会就开始着手举办每两年一次的“公关新星”大赛，旨在发现、鼓励和培养上海公共关系行业新人。就像毛经权会长在采访中所提到的："协会一直致力于搭建企业家交流的平台，提升和宣传上海的城市形象，促进国内以及与世界各国各地区的交流。"在举办这样发掘新人的活动中，协会实际上也是在为广泛企业提供参与世博、宣传世博的机会，让参与企业能够充分利用世博这一平台开展一系列品牌宣传、企业形象展示等相关推广活动，充分发挥行业协会为企业与政府之间搭建平台的作用。

8.4.3 上海市公关奖学金评选活动

(1) 项目背景与实施

自 2014 年起，上海市公共关系协会设立了公共关系专项奖学金（每年 30 万元），在全市 6 所高校公关专业学生中开展评选工作。迄今已有近 200 名学生（含硕士、博士）获得奖学金。设立该专项奖学金的目的是为培养中国公共关系事业发展的优秀后备人才，鼓励海内外优秀学生报考本市高校公共关系学专业，激励本市公共关系学专业学生勤奋学习公共关系理论知识，积极参加公共关系实践和学科竞赛活动。

该奖学金评选对象为在本市各高校公共关系学专业就读的全日制本科生、硕士研究生和博士研究生。因本市高校目前尚无公共关系专业博士点，所以在招生简章中明确标注有公共关系研究方向而录取的博士研究生可以参加本奖学金评选。上海高校公共关系学专业专项奖学金自 2013 年开始，试行五年。每年奖学金总额为 30 万元。

2014 年 3 月，据《新闻晨报》报道，上海市公共关系协会首度颁发了 2013 年度高校公共关系学专业奖学金，来自华东师范大学等本市 5 所开设公关专业高校的 84 名优秀学生获奖，最高奖金额度为 1 万元。此次涉及评奖的共有华东师范大学、上海外国语大学、东华大学、上海师范大学、上海第二工业大学等五所开设公关专业的高校。上海市公共关系协会会长胡炜表示，早些年人们对"公共关系"一词感到非常陌生，甚至有所误解，也很少有经过专业培训的人士从事这项工作。而现在，公共关系行业已是现代服务业的重要组成部分，企业公关、政府公关、城市公关、国家公关正成为不可遏制的发展潮流。不过，目前国内优秀公关专业人才严重匮乏，在某种程度上阻碍了行业持续发展。胡炜会长表示："为了公关事业后继有人，我们决定在有限的经费中专门拿出一大块，设立专项奖学金，每年评比表彰，激励莘莘学子热心、安心、专心地投入到公关事业的发展之中。”

2015 年 6 月 5 日，“2014 年度高校公共关系学专业奖学金”颁奖大会举行，这是主办方上海市公共关系协会在 2014 年首次颁奖以后，连续第二年推出高达 30 万元的公关专项奖学金。该年度共有上海市高校公共关系学专业在校学生（含博士、硕士）919 人；最终获奖情况是：新生奖 51 人；综合奖 15 人；创新奖 30 人；总计获奖人数 96 人，超过了第一年的获奖总人数。据悉，2014 年度的评选奖学金较前一年有了新的提升，首先是完善了《上海高校公共关系学专业专项奖学金评定与实施办法》，把高校中公共关系专业方向的博士生纳入评奖对象，从而使受奖学生全面覆盖了本科生、硕士生和博士生。其次是增加了“公关提案比赛”环节，设立了“公关创新奖”，突出奖学金学用结合的务实性和实践性。

2016 年，为更好开展此项工作，提高评选含金量，一是将改进优化评选方式方法，协调各方、形成合力，联合市教委、团市委成立了上海市高校公共关系专业奖学金评选工作联席会议（非常设机构），部署并推进评选工作。二是为使上海市高校公共关系学专业奖学金评定更加公开、公平、公正，避免高分低能现象，增加了奖学金特等奖现场 PK 环节，市政协副主席周汉民担任评委会主席，由高校推荐的优秀学生现场 PK，最后产生 5 名奖学金特等奖获得者。2016 年 6 月 17 日下午，上海市公共关系协会、上海市教委、团市委在东华大学，隆重举行“2015 年度上海市高校公共关系学专业奖学金”颁奖大会。由上海 6 所高校评选并经批准的 90 名公关专业优秀学生获奖。这是上海市公共关系协会连续第三年推出的评选发放公关专项奖学金。上海市人大、市政协、市教委、团市委的领导作了讲话，上海市人大常委会副主任吴汉民、市政协副主席周汉民对本次奖学金评选活动给予高度评价。上海市公共关系协会会长胡炜在讲话中要求，本届公关协会要紧紧围绕市委市政府的中心工作，积极发挥上海公共关系行业的人才优势，加强公关理论和实践的创新发展，更好地运用公共关系的科学知识，服务于上海科技创新战略，为打造一流的国际大都市做贡献。出席颁奖大会的有上海市各有关方面领导、复旦大学、华东师范大学、上海外国语大学、东华大学、上海师范大学、上海第二工业大学六所高校、院系领导，上海各大公关公司高管、公关专业教师和学生等 300 余人。

（2）项目评价

上海市公共关系协会在2012年新一届领导班子成立伊始，决定以每年30万元的奖励额度、连续5年给上海市全日制高校公共关系学专业的优秀本科生、研究生办法专项奖学金。这项举措，体现了上海市公共关系协会聚焦中国公共关系发展的健康方向，既重视以公共关系服务于改革、开放、发展的大局，又重视公共关系发展的未来，引导和培育新一代公共关系专业和行业的接班人的新思路和新举措。因此，高校公共关系学专项奖学金的设立和办法具有重要的现实意义和历史意义，是一项利在当代、功在千秋的示范工程。

8.4.4 云南扶贫

（1）项目背景与实施

2016年5月24日，上海市公共关系协会会长胡炜，中国佛协副会长、上海玉佛禅寺方丈觉醒法师与上海市公共关系协会、上海玉佛禅寺、上海觉群文教基金会、上海常能集团、上海海华集团等单位一行15人，和云南省教育基金会在昆明震庄宾馆隆重举行了“觉群”爱心捐赠仪式。

云南省委副书记、省长陈豪首先代表省委省政府对上海来宾的到来表示热情地欢迎。他深情回顾了滇沪两地的交往历史，表示：“现在云南省正处于国家战略发展的重要机遇期，要实现习总书记提出的跨越式发展的宏伟目标，离不开中央的支持和云南的自力更生，也离不开兄弟省市特别是上海的大力支持，这是云南发展的重要的动力源泉。”

胡炜会长代表上海市公关协会访问团对云南省委、省政府的热情接待表示了衷心地感谢。他说：“云南省正处于改革转型发展的重要阶段，上海作为云南对口帮扶城市，需要各方参与，上海的发展也离不开兄弟省市的支持和帮助。上海市公共关系协会此次捐赠活动，正是响应国家号召。尽我们微薄之力，为云南省的建设发展，特别是教育事业出一份力，也是我们应尽的责任。同时相信云南的明天一定更美好。”

在此次捐赠仪式上，上海市公共关系协会、上海玉佛禅寺（协会会员单位）、上海觉群文教基金会（协会会员单位）、上海常能集团（协会会员单位）、上海海华集团（协会会员单位）五家单位共同出资250万元，专项用于资助云南省贫困学生助学金；同时，上海市公共关系协会、上海玉佛禅寺、上海觉群文教基金会共同捐赠 300 万元实物，用于支持镇雄、屏边等区县 100 所中小学图书室的建设。会上，各方代表一一进行了签约，明确援建项目的实施时间。在在随后的两天中，上海市公关协会访问团在胡炜会长的带领下兵分两路，赶赴屏边县和镇雄县进行实地考察，力争将援建工作尽快落到实处。

云南省政协原副主席、云南教育基金会理事长管国忠，省政府秘书长何金平，省政府副秘书长杨杰，省教育厅党组书记、厅长周蓉，上海市公共关系协会顾问李文新、中国佛教协会副会长、上海玉佛寺大和尚觉醒、上海市公共关系协会副会长兼秘书长张黎明、副会长郭建新、上海常能集团总裁滕万波、上海海华集团董事长柳孝明等领导及嘉宾出席了签约仪式。

（2）项目评价

“觉群”爱心捐赠活动意义深远，既是加强了沪滇两地的友好交往，更是促进了区域内的公益合作，同时也有利后续援建项目持续开展，更好地助力当地的教育发展。这一活动，极佳地体现出了上海市公共关系协会的社会责任；并且在加深上海与对口省份的友谊和合作方面，协会也在其相关领域尽了自己的一份努力。

8.4.5　余慧文摄影展

（1）项目背景与实施

由上海市公共关系协会和上海市摄影家协会共同主办的“美滋润心——余慧文摄影展”于 2013 年 9 月 30 日在中国美术馆开幕。此次展出的数十幅作品是从余慧文多年拍摄积累的数千幅珍贵照片中精选而出的代表之作，涵盖了自然风光、城市景观、动植物以及微观摄影等主题。

余慧文长期从事教育工作，曾担任上海市慈善基金会副会长。此次影展后，她将把展品融于慈善事业，用于少数民族地区先天性心脏病儿童的治疗。余慧文在展览开幕式致辞时说：“取‘美滋润心’作为影展的主题有两层含义。美的事物总能滋润人们的心田；而让‘美’化为关爱和帮助的源泉，在孩子们的心中播撒希望，则更是我多年来的心愿。”

继 9 月 30 日至 10 月 8 日在北京中国美术馆成功首展后，上海的续展新增了 20 多幅表现上海的精品佳作，连同之前的共 75 幅作品，是从余慧文多年拍摄积累的数千幅珍贵照片中精选而出的代表之作，涵盖自然风光、城市景观、动植物以及微观摄影等主题。

6 年前，与余慧文相濡以沫 40 多年的伴侣因病倒在工作岗位，6 年来，余慧文用一帧帧摄影作品捕获生活中一个个美丽的瞬间。她拍摄洋山深水港、拍摄浦江两岸、拍摄青藏铁路、拍摄世博园……“有些城市建设和他有关系。我拍下来，也是跟他汇报一下，我还记得这些事情，大家都还记得这些事情。”余慧文说。

（2）项目评价

本次协会主办的“余慧文摄影展”先后在北京和上海两地举办，也引起了中央领导、政府高层和社会各界人士的广泛关注和高度评价和许多主流媒体的报道。从活动影响力上，足以看出与原有的一系列活动相比，协会进入创新突破时期后，更注重协会活动的公众影响力。此外，在此类活动中，我们看到协会在原有较为成功的活动基础上，采取了广泛的合作，联络有关的单位、社会关系以及媒体，体现了协会的平台优势。

8.4.6 2014 年上海公共关系国际高峰论坛“大数据时代的都市形象和公共关系”

（1）项目背景与实施

上海公共关系国际论坛是上海市公共关系协会与学界联合举办的高水平国际论坛，目前已连续举办了 6 届。在前面 6 届国际高峰论坛成功举办的基础上，新一任协会领导机构审时度势，结合时代形势和社会发展趋势，与高校合作共同举办了 2014 年的上海公共关系国际高峰论坛。

第 7 届上海公共关系国际论坛于 2014 年 11 月 22 日举办，以“大数据时代的都市形象和公共关系”为主题。论坛由上海市公共关系协会、上海外国语大学和文汇报社共同主办。来自美国、英国、俄罗斯以及北京、上海、香港等地的著名学者、企业家、社会各界代表 300 余人到会，就大数据时代下的都市发展、公共关系行业变革进行了深入探讨。市人大常委会副主任洪浩、副市长周波、俄罗斯公共关系协会会长斯坦尼斯拉夫·纳乌莫夫等出席论坛，市政协副主席周汉民教授主持了论坛。上海市公共关系协会会长胡炜代表主办方致辞。

论坛主旨演讲缤彩纷呈：《大数据时代》作者、牛津大学教授维克多·迈尔-舍恩贝格在主题演讲中，分析了“大数据时代的公共关系”，侧重对公共部门本身如何加强数据能力的分析；联合国原副秘书长沙祖康分析了这一大数据环境下的“公共外交”问题；加州大学伯克利分校终身教授彭凯平分享如何在大数据时代营造“幸福社会”；上海市经信委主任李耀新和阿里巴巴集团合伙人、副总裁胡晓明聚焦智慧城市；上海外国语大学原党委书记、上海市公共关系协会副会长吴友富倡议“大数据时代的组织公共关系”；上海交通大学安泰经济与管理学院党委书记余明阳教授主讲“基于大数据分析的精准化公共关系”；中国传媒大学特聘教授蒋亚洪则关注公共关系行业的机遇与挑战。

论坛学术论文交流环节由上海市公共关系协会学术委员会秘书长、国际工商管理学院院长范徵教授、香港中文大学新闻与传播学院黄懿慧教授等分别主持和点评。来自香港中文大学、华东师范大学、东华大学、南京师范大学、南昌大学、内蒙古财经大学、中山大学新华学院等校 30 余位与会代表进行了学术交流。

（2）项目评价

当今世界已进入大数据时代，全球所有信息数据中约 90% 产生于过去两年。国际大都市如何利用海量数据资源，变数据为资本，已成为新的研究领域。都市是大数据的重要节点，大数据对都市建设与管理的冲击也显而易见。以上海为例，作为世界级的城市与中国面向世界的信息港，目前又在抓紧实施自贸区建设，上海在全面推进“四个中心”建设的同时，已经积累并将继续产生庞大的数据资源。随之而来的，是国内外公众对上海数据需求的不断提升，大数据公共服务设施不断完善，上海各行业信息化建设的深入推进和大数据挖掘和利用的国际竞争。可以预见，大数据与都市形象塑造的结合，将成为上海形象公关的重要环节。

这个案例中重点体现了协会的在推进工作的过程中注重各项工作的前瞻性。本次高峰论坛所讨论的话题，既紧贴时势，又高屋建瓴，具有引领时代未来发展的重要意义，赢得了上海市政府部门、企业和国内公共关系界的广泛重视和高度评价。《文汇报》等主流媒体对这次论坛的大篇幅报道，乃至整版刊载论坛发言内容摘要，也在社会公众中有效地扩大了这一具有前瞻性的公共关系高峰论坛的影响。

8.5 本章附录

附录1：上海市公共关系协会现任领导名录

会　长：
胡　炜　上海市公共关系协会会长

副会长（共35人）：
（按姓氏笔画为序）
丁　强　上海华山医院　院长
丁佐宏　月星集团有限公司　董事长、总裁
王亚奇　长江经济联合发展（集团）股份有限公司　董事长
王振华　新城控股集团有限公司　董事长
王晓鹏　万隆国际咨询集团有限公司　董事长
尹明华　复旦大学新闻学院　院长
吉晓晖　浦发银行　董事长
朱伟基　凯旋先驱公共关系顾问有限公司　合伙人兼首席执行官
任仲伦　上海电影集团有限公司　总裁
李德润　上海机场（集团）有限公司　董事长
杨小明　上海陆家嘴（集团）有限公司　总经理
吴友富　上海外国语大学　原党委书记
张玉良　上海绿地集团　董事长
张安腾　上海市公共关系协会　副会长
张志峰　东北虎时装有限公司　董事长
张贤训　上海市公共关系协会　副会长
张春景　安信信托投资股份有限公司　董事长
张维华　中国移动上海分公司　副总经理
张黎明　上海市公共关系协会　副会长兼秘书长
范希平　上海申迪（集团）有限公司　董事长
林旭明　香港明鸿集团　主席
赵福禧　上海市委统战部　副部长
胡成国　上海德力西集团有限公司　总裁
施　建　上海置业集团有限公司董事局　主席

施　超　上海烟草管理局　局长
施永敏　精裕投资有限公司　总裁
姜　雷　上海鹏欣集团　总裁
觉　醒　中国佛教协会副会长/上海玉佛寺大和尚
桂国杰　上海中房置业股份有限公司　总经理
徐　达　中国移动上海分公司　董事长、总经理
郭建新　上海市公安局出入境管理局　原局长
唐　兵　上海航空有限公司　董事长
屠海鸣　上海豪都房地产开发经营有限公司　董事长、总经理
裘　新　上海报业集团　社长
魏宝龙　上海振威投资发展有限公司　董事长

秘书长（兼）：
张黎明　原兰生集团　董事长

执行委员会（共 8 人）
主　任：
胡　炜　上海市公共关系协会　会长

副主任：
张贤训　上海市公共关系协会　副会长
张黎明　上海市公共关系协会　副会长、秘书长

委　员：
郭建新　上海市公共关系协会　副会长
张安腾　上海市公共关系协会　副会长
徐　闯　上海市公共关系协会理事、上海东亚联合控股（集团）有限公司董事长
蔡　勇　上海市公共关系协会理事、上海太平洋国际战略研究所副所长
吕红兵　上海市公共关系协会理事、国浩律师事务所合伙人

附录2：上海市公共关系协会上一届领导名录

名誉会长：

黄跃金　中共中央统战部副部长

杨晓渡　市委常委、市委统战部部长

季晓东　市委统战部副部长、上海市工商业联合会党委书记、副主席

顾　问：

贺彭年　上海航空股份有限公司终身名誉董事长

金闵珠　上海华夏文化经济促进会常务副会长 上海海外联谊会副会长

黄耀诚　上海世博会事务协调局 国内参展顾问

高叔平　市政协常委、沪港经济发展协会副会长，香港上海总会副会长

余明阳　上海交通大学品牌研究所所长、教授、博士生导师

特邀顾问：

尹明华　解放日报报业集团党委书记、社长

裘　新　解放日报报业集团党委副书记、解放日报总编

缪国琴　文汇新民联合报业集团党委书记

陈保平　文汇新民联合报业集团副社长、新民晚报主持工作副总编

卑根源　上海文广新闻传媒集团党委书记

黎瑞刚　上海文广新闻传媒集团总裁

何建华　上海文化广播影视集团副总裁

张德明　上海教育电视台台长

陈必华　劳动报总编

毛用雄　新闻晨报总编

寿光武　新闻晚报总编

袁梦德　青年报社党委副书记、副社长、总编

朱国顺　东方新闻网站副主任

会　长：毛经权

副会长：（按姓氏笔画排列）

丁法章　中国晚报工作协会常务副会长、高级编辑

丁佐宏　月星集团有限公司董事长、总裁
华保盛　和记中国港口有限公司总经理
任祖梁　绍兴饭店管理集团公司执行总裁
朱伟基　凯旋先驱公共关系有限公司合伙人兼首席执行官
李海林　上海伊斯顿传媒机构董事长、教授
汪均益　上海世博（集团）有限公司监事会主席
陈文炳　上海市公关协会常务副会长兼秘书长
余建华　解放日报原副总编辑
吴友富　上海外国语大学党委书记、教授
吴椗华　上海威顺康乐体育咨询有限公司总裁
季晓东　上海市工商联党组书记、副会长
张　宇　香港科伦集团投资公司总裁
张永定　上海永丽房地产（集团）有限公司董事长、总经理
张安腾　上海迈克汀国际商务学院院长
张志峰　东北虎时装有限公司董事长
范鸿喜　上海航空股份有限公司总经理、高级经济师
林志民　东亚银行（中国）有限公司副行长
施永敏　精裕投资有限公司总裁
胡成国　上海德力西集团有限公司总裁
桂国杰　上海中房置业股份有限公司总经理
屠海鸣　上海豪都房产开发经营有限公司董事长、总经理
赖振元　龙元建设集团股份有限公司董事长
魏宝龙　上海振威投资发展有限公司董事长

秘书长：陈文炳（兼）、张安腾、汪均益

执行秘书长：马仲器　谢沪生

副秘书长：（按姓氏笔画排列）
生健红　冯若玮　冯海云　叶茂康　许　静　许予君　任寒青
汪　岭　张新华　范　徵　俞振伟　钱　莉　袁学慧　韩志远
褚云茂

附录3：上海市公共关系协会学术委员会现任成员名录

主　任： 吴友富　　上海外国语大学党委书记、教授、博士生导师
中国公关协会副会长、中国国际公关协会学术工作委员会副主任
全国公共关系学专业院长（系主任）联席会议委员会主任
教育部公共管理类专业指导委员会新设专业分委员会主任委员

副主任： 张安腾　　上海市公共关系协会副会长
晁钢令　　上海财经大学现代市场营销研究中心主任、教授、博士生导师
孟　建　　复旦大学新闻学院教授、博士生导师

委　员（按姓氏拼音顺序）：
褚云茂　　东华大学城市形象研究所所长、教授
范　徵　　上海外国语大学国际工商管理学院院长、教授、博导
王　虎　　上海哲基公关咨询服务有限公司执行董事。
徐明阳　　上海第二工业大学人文与国际交流学院公共管理系主任
叶茂康　　上海师范大学人文与传播学院副教授、公共关系学系主任
张　云　　华东师范大学品牌文化与公共关系研究中心主任、教授
赵建武　　嘉利公关顾问有限公司总经理

特邀专家（按姓氏拼音顺序）：
居延安　　美国中央康州大学传播系教授
余明阳　　上海交通大学安泰管理学院党委书记、品牌战略研究所所长、中国公共关系协会副会长兼学术委员会主任

朱伟基　　凯旋先驱公共关系有限公司总裁

秘书长：范　徽（兼）教育部工商管理类专业教学指导委员会委员、教育部公共管理类专业教学指导委员会新设专业分委员会秘书长

第二部分：英文部分

1 Introduction to 30—Year PR Development in Shanghai (1986—2016)

Shanghai has always been a metropolis in China with developed economy, numerous organizations and complex population structure, and a variety of new things was born and developed in Shanghai. Public relations are no exception. Since October 1986, Shanghai Public Relations Association, China's first provincial and municipal public relations organization has gone through full 30 years development. For the past 30 years, Shanghai PR has undergone a tortuous course that started from scratch, from weak to strong, from unconscious to conscious, from decentralized to gradually normalized, and from being misunderstood to understood.

This chapter mainly presents an overview of the basic information, characteristics, influences and future trends of development of Shanghai government PR, international PR, corporate PR and branding, professional PR company, academic research in PR, PR education and Shanghai Public Relation Association.

1.1 Development Overview

Shanghai, where PR originated, has been the most influential city and played a leading role in many aspects in China. For instance, Shanghai established China's first provincial and municipal public relations association and is the first local government to establish professional news spokesman system.

Looking back on the past 30-year Shanghai PR development, we can see the main development as follows:

For the past 30 years, Shanghai PR industry has played a greater role in promoting PR from concept to practice, being misunderstood to understood, and from theory to practice. Therefore, PR consciousness of Shanghai people and organizations has been popularized and improved.

For the past 30 years, PR education system, including doctoral, master, bachelor, junior college levels, vocational education, self-taught examination, short-term training and professional qualification examination, has been initially established. In response to the related education demands, numerous monographs, translations, textbooks, series of books, magazines and reference books of PR have emerged.

For the past 30 years, the international and local professional PR companies operating in Shanghai have always mutually promoted and co-existed. Shanghai PR team has gradually expanded and further reached out to all walks of life.

For the past 30 years, government PR marked by the large-scale events and activities such as Shanghai World Expo and some international large conferences, has gradually gained increasing attention. At the same time, the successful Shanghai PR cases have already become the focus of PR industry in China.

For the past 30 years, Shanghai PR organizations and research institutions have been set up one after another and have frequently communicated with the counterparts at home and abroad on various levels.

1.1.1 30-year Shanghai Government PR Development Overview

The emergence of Shanghai PR industry, first of all, benefited from the efforts of Shanghai Public Relations Association. Since the early 1980s, Shanghai PR has originated and connected with the united front work of the CPC and the municipal government. Later, Shanghai government PR has expanded gradually and its effect was increasingly eye-catching. In its 30-year development course, Shanghai government, being the municipality and national economic center, has provided other local governments with precious resources on effective approaches and methods to deal with extremely critical PR crises.

For 30 years, with government function transformation and comprehensively deepening reform, Shanghai government PR work has been pushed ahead. Among them, such as declaring the opening of Pudong, undertaking the APEC Summit and CICA (Conference on Interaction and Confidence: Building Measures in Asia) Summit, hosting the World Expo, founding Shanghai International Film Festival, holding the Mayor and International Entrepreneurs Consultation Conference and setting up Shanghai government news spokesman system have exerted positive effects at home and abroad.

In terms of dealing with large-scale crises through PR methods, Shanghai government successfully coped with SARS, trampling on the Bund, Jing'an conflagration, entrapment, assaulting police officer case and urban development and relocation, which attained high social concerns. From the crisis and emergency management and process control, Shanghai government has demonstrated its solid skills in crisis management.

1.1.2 30-year Shanghai International PR Development Overview

Geographically located in the center of East Asia and Eastern Asian navigation route in Western Pacific, and greatly influenced by the long history of "Chinese and foreigners living together", Shanghai has become the representative of Hai Pai culture. Among all cities in China, internationalization is the most striking feature of Shanghai, which richly endows Shanghai with strong ability in coping with international PR issues and makes Shanghai the frontier of Chinese government in this regard.

The first half 15 years of Shanghai international PR belongs to the initial stage. In 1984, Shanghai became one of the first groups of coastal opening cities in China. In 1990, the Central Government determined to develop and open up Pudong, and a large number of international organizations and enterprises settled down in Pudong, built up their offices, and some even moved their headquarters to Pudong. Under such circumstances, Shanghai international PR started early at high level.

In the following 15 years, important events such as China's entering WTO and Shanghai's successful bid in 2002 for Shanghai World Expo further increased demand for Shanghai international PR which then significantly benefitted from these events. The successful hosting of 2010 Shanghai World Expo greatly promoted the international image of Shanghai and attracted more foreign investment. In 2011, Shanghai 16th plenary session of the 9th CPC Central Committee passed a resolution, Shanghai Will Be Built into an International Cultural Metropolis, which cast great significance to comprehensively upgrade Shanghai's international status and influence. In this second 15 years, international PR activities held in Shanghai have made more considerable progress both in quantity and quality than that in the previous 15 years, providing Shanghai international PR team unprecedented rich experience and growth.

1.1.3 30-year of Shanghai Corporate Public Relations and Branding Development Overview

Shanghai, the national economic center, gave birth to a lot of famous corporations and brands. In addition, a huge number of Chinese and foreign companies have established operations in Shanghai.

Shanghai's success in corporate public relations and branding has provided important experience to and examples for other regions regarding corporate PR and branding in China for the past 30 years. After stable development for three-decade, corporates in Shanghai have established specific department in PR or similar functions. The PR consciousness of social responsibilities, media communications and crisis, has gradually blended in various enterprise entities, and corporates began to improve public opinion management and build corporation image by means of public relations. In enterprises, although the sections responsible for public relations and branding are entitled differently, such as PR Publicity Department, PR Sales Department, PR Planning Department, PR Development Section, Brand Department, Image Department and so on, they all function the role of public relations to various degrees.

Many hotels in Shanghai set up position of PR managers in 1990s, aiming to help the management and maintenance of relationship with their customers. In 1994, Shanghai Jahwa United Co., Ltd. (one of the oldest Chinese daily-used chemical product companies) fully introduced Corporate Identity System (CIS) which then played a leading role across China and pushed forward brand image building in Shanghai. In November, 2007, Shanghai took the lead in releasing and implementing Interim Regulations on Speeding Up Special Fund Management of Brand Independence Construction in Shanghai. In line with the above regulations, Shanghai government established the special fund for the development of China's time-honored brands and public services in brand image building. It shows that the government attaches importance to brand building, assists the corporations in building brand image in Shanghai, and in some sense, improves PR competency of corporates.

Shanghai is one of the earliest regions to take advantage of new media for PR purpose. In 2010 Shanghai World Expo, all companies in Shanghai carried out network publicity, Weibo and Wechat (the popular free messaging apps in China) gained unprecedented popularity. As the environment became more complex, along with the development of science and technology, the advances of communication technology, mass media and public consumption consciousness, Shanghai corporations realized the importance of new media to PR and branding. Nowadays, corporate PR has transformed from traditional media age into Internet era. Internet media audiences are from all age groups and have strong communication competence. Through Internet, public relations communication can accomplish a great more with little effort, which will become the main topic to discuss in Shanghai PR companies and brands in the near future.

1.1.4 30-year Shanghai PR Companies Development Overview

The past 30 years has witnessed the pouring in of foreign investment in Shanghai PR companies, and development of local PR companies.

Edelman and Hill & Knowlton Strategies were pioneers in setting up offices in China. Later, Burson-Marsteller and Chinese Press Development Company jointly established China Global Public Relations. Then many other world-class PR companies followed suit to enter into China, and Shanghai became their first priority regarding location choice.

Thanks to foreign-funded PR companies, plenty of local PR firms forged ahead in Shanghai. Among them, Zenith Integrated Communications, founded in 1999, and Shanghai Felix Public Relations Consulting Co., Ltd, established in 2000, are the representatives of local PR firms. During the past 30 years, the revenues and size of public relations companies in Shanghai have increased remarkably, forming several Shanghai-centered regional markets. Until now, the main businesses of Shanghai PR companies have focused on communication, media implementation, advisory service, activity communication agent service and integrated communication.

After thirty-year of development, nearly all international PR agencies began with representative offices in Shanghai, and gradually evolved to branches, competing with other regional branches with good performance and promising development trend. Chinese local PR agencies also have set up branches in Shanghai. All of these Shanghai branches and local Shanghai PR companies are so outstanding in the market that some of them can compete with their world-class counterparts.

1.1.5 30-year Shanghai Public Relation Academy Development Overview

In the early 1980s, with reform and opening-up in forefront city in China, public relations, embedded in enterprises, achieved some initial development. At the same time, Shanghai, on the one hand, learned from Shenzhen. On the other hand, a group of scholars in Shanghai began to introduce the concept of public relations through translation. For instance, Professor Wu Youfu and other scholars, who translated and compiled Public Relations and Practice and 12 Rules of Media Public Relations, introduced knowledge and theories of public relations in America.

In the initial stage, a large number of textbooks written by Shanghai PR scholars played a vital role in popularizing the principle of public relations. Some textbooks are Public Relations by Mao Jingquan, Public Relations by Ju Yanan, The Art of Public Relations Language by Pan Xiaoyu, Modern Management and Public Relations by Wu Youfu and Public Relations Psychology by Zhang Yun and so on. Research papers in this era focused on introducing PR theories in the U. S. and discussing how public relations promoted the course of socialist modernization.

Later on, a lot more works on PR came to presence, such as Public Relations by Professor Yu Mingyang of Shanghai Jiaotong University, The Third Generation CI: Strategic Management of Corporate Image by Professor Fan Zheng of Shanghai International Studies University, Fundamentals of Public Relations Writing by Professor Ye Maokang of Shanghai Normal University, Ji Huaqiang's Basic Principle and Application of Public Relations and Meng Jian's Hospital Image and Crisis Public Relations and so forth. Research papers not only discussed public relations theory and PR disciplinary orientation, but also involved public relations practice in the field of government PR, party organization of PR, crisis PR, hospital management PR and so on. During this period, PR international forum, Chinese and overseas PR experts dialogue, PR summit and others, which were hosted or undertaken by Shanghai PR Association or colleges and universities, were held successively. In recent years, research issues tend to have become diversified, not only on theories of powerful PR, audience study, PR effectiveness evaluation, PR ethics, but also on sports PR, customs PR, exhibition PR and so forth.

In recent years, many PR research institutions were set up successively, such as City Image Research Institute in Donghua University, International Public Relations Research Center in Fudan University, Public Relations Research Center in Shanghai International Studies University, Shanghai Public Relations Research Institute, Brand Culture and Public Relations Research Center in East China Normal University, Customs and Public Relations Research Center in Shanghai Customs College.

1. 1. 6 30-year Shanghai Public Relations Education Development Overview

During the past thirty years, Shanghai PR education have experienced from lectures and short-term training to more comprehensive PR training system which includes levels from doctor, master, bachelor, junior college, self-taught examination and training classes.

In early years, materials introduced from overseas textbooks were used in most PR courses in Shanghai, including those in Fudan University and Shanghai International Studies University. The popularity of Corporate Identity (CI) in mainland China, to some extent, led to Shanghai PR education boom in the late 1980s and early 1990s. At that time, there was sudden demand for PR talents by a large number of corporations in Shanghai , and many colleges and universities competed to set up PR major, direction, compulsory and elective courses. Later, Shanghai PR education gradually became rational and regulated. During this period of time, PR course began to open in schools of journalism, management, and humanities, and majors like public administration, tourism, secretary in many universities, and were even listed in some universities. In 1998, SISU first began to foster PR students at a high level, that is, setting up the direction of "Corporate identity and public relations" under corporate management master's degree program.

Since 2000, demand for PR talents has been on the rise in Shanghai and Shanghai PR education entered into a fast-developing period. A plenty of schools offered PR programs at undergraduate and special college levels. Many universities like Donghua University, Shanghai Normal University, Shanghai International Studies University, Shanghai Second Polytechnic University, and East China Normal University were successively granted to set up PR majors. In terms of training of high level, the first PR master's program was founded in Fudan University at the end of 2003, and meanwhile, students in the direction of public relations under the doctoral program of communication were began to be recruited. Then, Shanghai International Studies University established the research direction of "International Public Relations and Communication" under the doctoral programs of International Relations in 2005. Shanghai Jiaotong University began to recruit and train doctoral students in the direction of PR in 2006.

In addition to higher education, more and more applied short-term training courses continuously emerged in the field of social training. In May, 1987, one journal of Fudan University named Method, united with spare-time universities in Zhabei District, hosted the first national PR correspondence course, and recruited students across China, which partly met social demands for PR talents.

1.1.7 30-year Shanghai Public Relations Association Development Overview

The foundation and development of PR in Shanghai was closely related with the establishment of Shanghai Public Relations Association.

In the fall of 1986, Professor Mao Jingquan, then the member of Shanghai Municipal Standing Committee of CCP and vice chairman of Shanghai CPPCC, accepted the interview by Jiefang Daily, and elaborated PR in terms of its definition, origin, function and role in economic and social development. Soon after, Wen Wei Daily ran Developing Socialist Public Relations by Professor Mao Jingquan on its front page. In November, Shanghai Public Relations Association (SPRA), which was the first provincial and municipal public relations association, was established. Professor Mao Jingquan was appointed as president and

Mr. Wang Daohan, former mayor of Shanghai, as honorary president. For the purpose of communicating information, enhancing understanding, strengthening ties, and promoting cooperation, SPRA was the prelude of PR in Shanghai.

In the first decade, SPRA focused on enhancing the connection among enterprises, government, and media organizations. In cooperation with Jiefang Daily, Wenhui Daily, Xinmin Evening News, Shanghai TV and Shanghai People's Broadcasting, SPRA organized the selection of excellent public relations practitioners in Shanghai. In 1992, SPRA founded the internal magazine Shanghai Public Relations. Cooperating with Shanghai Normal University, Shanghai Public Relations has been published bimonthly since the end of 1993.

In the second decade, SPRA aimed to guide PR activities toward the course of automatic, scientific and standardized development, and to promote the theoretical research and practice of public relations.

Moving into the 21st century, SPRA went into a high-speed development period and relevant activities grew into a large scale and became reputable. During this period, SPRA held a large number of consulting forums in the fields of PR and business, providing suggestions for the economy and social development in Shanghai. At the same time, SPRA insisted on organizing the Shanghai Public Relations Forum, which was committed to communicating PR concept, developing PR industry and building up PR impact. Since 2001, SPRA has consistently held Shanghai Excellent Public Relations Case Award competition and selected hundreds of outstanding cases. Many PR companies, well-known Chinese and foreign enterprises, government agencies and non-governmental organizations, actively participated in the case screening activities.

By the end of 2012, SPRA has changed its leadership. To keep up with development of times, the new leadership started a new round of transformation and innovation, and actively promoted all kinds of projects. Over the past few years, SPRA has further improved in foresight, public influence, appeal and interaction.

1.2 Main Features of 30-year Public Relations in Shanghai

1.2.1 Government Public Relations Accumulating Rich Experience in the Image-building of Shanghai

In the past 30 years, Shanghai Municipal Government has successfully solved the crises that caused great social concern such as SARS, the stampede on the Bund, Jing'an conflagration, entrapment, assaulting police case, and some cases related to urban development and relocation showing significant improvement in emergency and crisis management.

In 2010, in dealing with the fire in Jiaozhou Road, Jing'an District on November 15th, Shanghai government crisis public relations team was able to accurately predict the first and second high points of public opinion eruption, analyzed its causes, adopted appropriate measures and selected publicity methods to appropriately direct public opinions. The stampede on the Bund of Shanghai on December 31st, 2014, which caused 36 death and 49 injuries, was a public safety responsibility event in recent years which caused heavy casualties and serious consequences. Facing the crisis, Shanghai government tried its best to minimize losses as much as possible to ensure that public opinion could be controlled, and no secondary crisis took place. And initial settlement of the incident was completed within one month, the survey report was released and people responsible were punished. When compared with other cities in China, this shows the high level of crisis management by Shanghai government .

After this incident, Shanghai Municipal Government compiled the first Guidelines for the Risk Management in Overcrowded Urban Area in China in October 2015. On the basis of the research, comprehensive management measures for large crowd were established in squares, key roads and crowded places. It strictly carries out the examination and approval system for the organized activities, assesses the risk of spontaneous gathering in time and requires relevant party to assume responsibility. Learned from warning information release, various management measures enforcement, and extensive participation of social forces, crisis management of Shanghai government has developed to a higher stage.

In crisis management, Shanghai municipal government and leaders have shown strong ability to control the overall situation, strong awareness of public communication and effective social coordination, which wins the people's trust and international recognition. From both crisis communication management and emergency management mechanism, Shanghai has gained experience in the management of large-scale mass activities, and some achievements.

1.2.2 Shanghai International PR influence Gradually Increasing

In April 2013, "2012 Charming China: Top Ten Attractive Cities in the Eyes of Foreign Experts" were released and Shanghai ranked the first, having attracted the most foreigners. Secondly, Shanghai was the first choice for foreign leaders to visit China, and leaders of some international organizations and foreign countries visited Shanghai only. Some foreign leaders often chose to arrive in Shanghai before going to Beijing for state visits. All these have urged Shanghai to take more responsibilities in international public relations. Thirdly, Shanghai is known for its Hai Pai Culture. The phenomenon of the mixed living of Chinese and foreigners in a long time makes Shanghai open and inclusive, and forms spirit of contract, which can easily gain acceptance from foreigners.

Shanghai has made remarkable achievements in introducing and hosting international large-scale events. These activities were not only in large quantity, wide variety and at high level, but also held for the first time in China. A large number of international PR matters need to be addressed in the process. In the past 30 years, international events of literature and art held in Shanghai were International Film Festival, Shanghai International Arts Festival, International Music Festival and so on. International sports events were East Asian Games, World Middle School Student's Sports Games, Tennis Masters Cup, F1 World Championships, World Snooker Shanghai Masters, World Special Olympics and so on. The international MICE events were Mayor and International Entrepreneurs Consultation Conference, Fortune Global Forum, Asia-Pacific Economic Cooperation (APEC) Conference, Lujiazui Forum, Pujiang Innovation Forum, Shanghai World Expo and so on.

1. 2. 3 Prominent Ability of PR and Brand Building of Shanghai Corporates

After three decades of development, Shanghai corporates have excelled in PR and branding. This is mainly manifested in the following aspects.

Firstly, as the most economically developed municipality in China, a large number of famous enterprises and brands have gathered in Shanghai. Brand image-building activities, corporate social responsibility and a large number of brand communication efforts of these enterprises naturally casted a strong effect on enterprises in other regions. In addition to a large number of local enterprises in Shanghai, all most all top 500 global companies have offices or branches operating in Shanghai.

Secondly, Shanghai government provided much political support to promote the brand building of enterprises. For example, as early as in November 2007, Shanghai passed The Interim Measures to Manage Special Fund for Speeding Up the Construction of Independent Brands in Shanghai, establishing special funds for enterprises to build their own brands to support the development of traditional enterprises in China and to promote the public service projects of brand building, which played a role model for other local governments in promoting brands.

Thirdly, Shanghai enterprises were good at using new communication methods for corporate public relations and brand building. With the development of times and media technology, the brand diffusion methods and channels of corporate public relations transit from the traditional four major media to the new media, showing diversified development trends. Shanghai enterprises paid increasing attention to the role of crisis management and a variety of sponsorships has played a part in corporate public relations.

Fourthly, Shanghai enterprises began to pay attention to corporate image-building and social responsibility. Early in 2007, local governments in Shanghai Pudong New Area began to promote corporate social responsibility evaluation. In 2008, Shanghai released the first social responsibility standards of local enterprises in China. In the early 1990s, Shanghai enterprises and brands began to fully accept CIS.

1.2.4 Professional Shanghai Public Relations Companies Developing Rapidly

International PR companies entered Shanghai first, and then local PR companies began to be players in this industry, leading to the co-development of local and foreign PR companies in Shanghai. After three decades of development, most international leading PR companies have set up representative offices in Shanghai, and gradually developed into branch offices. The scale of the PR industry in Shanghai rapidly expands, fast grows, keeping up with that in Beijing, and even surpasses Beijing PR in some areas.

Overall, staffs are younger and have higher education in Shanghai PR companies. Media relations and large-scale events management are the most important PR services. The FMCG, fashion and finance industries are the main clients of Shanghai PR companies. In addition, the market economy in Shanghai is more rational and mature, and Shanghai PR companies are relatively better-regulated and more rational and attach greater importance to their own brand image.

1.2.5 Shanghai Public Relations Research Continuing to Make Progress

In the past three decades, the PR academic research in Shanghai has gone through three phases, from the initial phase of introduction of foreign PR theory, to the exploratory phase of applying western PR theory to PR practice in China, and to the developmental phase of localizing PR theory in China.

Out of nothing, PR research has grown to excellence for the past 30 years. In terms on PR research report, Shanghai International Studies University published Report on Chinese PR Development in 20 Years, Chinese PR Development: 2006—2010, Chinese PR Development: 2011—2015, regularly reviewing Chinese PR development, and casted positive influence in China PR industry. In terms of monographs and teaching materials, universities in Shanghai have published a series of textbooks of high-quality , as well as research works. Among the representative works were a series of monographs by Professor Wu Youfu, Professor Ji Huaqiang, Professor Yu Mingyang, Professor Meng Jian,

Professor Chu Yunmao and Professor Ye Maokang, which had great impact in domestic academic circles. In the thematic research of PR, Professor Wu Youfu led the project of China's National Image Building, Professor Ji Huaqiang led the project of Public Health Emergencies and Public Media and Dissolving Social Risks by the Media, Professor Meng Jian led the projects of 2008 Olympic Games: China's External Image Communication Strategy, and 2010 Shanghai World Expo Communication Content, Professor Chu Yunmao led the project of Chinese City Sustainable Development Strategy, which promoted PR research to a deeper and broader level.

1.2.6 Shanghai Public Relations Professional Education Playing Pioneering Role in China

Shanghai PR education has established a comprehensive systems, delivering PR courses to students of doctoral, master's, bachelor's, special college school levels, self-taught examination and training purposes for the past 30 years. Shanghai enjoys the most universities that set up PR major. There are 21 universities offering PR major in China, including Donghua University, Shanghai Normal University, Shanghai International Studies University, Shanghai Second Polytechnic University, East China Normal University, accounting for nearly one quarter of PR education in China. In terms of master's degree, there are two universities , one of which is Shanghai International Studies University. Additionally, many other disciplines set up PR direction for master's and doctoral degrees. Five colleges and universities that set up doctorate direction of PR in China, while Shanghai accounts for 2 (Fudan University and Shanghai International Studies University) and they are the first to recruit students across China, indicating that professional PR education in Shanghai has seized leader advantage. Shanghai International Studies University also has set up Professional Reference Room for China Public Relations Development, which collects PR newspapers, magazines and books at home and abroad, and is one of the most comprehensive PR data center in China. Shanghai PR industry has also launched international PR certificationand local training for PR practitioners.

Fudan University, Shanghai International Studies University, Shanghai Jiaotong University, Shanghai Normal University, Donghua University, East

China Normal University, Shanghai Second Polytechnic University and other universities have actively promoted the development of PR research with their abundant PR research strength and provide important support for PR research.

1.2.7 Shanghai Public Relations Association (SPRA) Being Unique among Local Public Relations Associations

In the past 30 years since its establishment, SPRA organized regular and irregular meetings among enterprises, enterprises and governments, enterprises and media, hosted seminars on various topics of economic policies, industry-related regulations and policies, invited well-known experts at home and abroad to discuss hot topics about marketing and PR, held Shanghai International Public Relations Summit every two years, greatly contributed to and positively promoted PR industry development in Shanghai.

Being different from some provincial and municipal PR associations, SPRA has only two presidents in a row, maintaining a relatively stable leadership. Both presidents have rich experience as being leaders at municipal level, are familiar with PR profession, and extremely politically insightful which ensures the political correctness and forward-looking of SPRA. Shanghai Municipal Public Security Bureau is the first government department in Shanghai that has set up PR office with professional support from SPRA. SPRA experts and scholars were sent to provide training and consulting service on PR to cadres above mid-level in municipal and district-level police system respectively.

In recent years, SPRA have sponsored Professional Scholarship for PR Major in Shanghai Universities, which is a great support for the construction of PR major and training for PR talents and unique in China. SPRA also plays a leading role in the standardization of PR industry. At 2010 Shanghai International Public Relations Summit held by SPRA, 12 international and local PR companies jointly proposed Convention on the Conduct of Public Relations Industry, which received positive responses from PR industry and practitioners.

Over the past three decades, SPRA has played an important role in internal and external exchanges, especially in international exchanges. SPRA paid great attention to communication with foreign PR associations in the United States, the Great Britain and so on, and signed memorandums of cooperation with many associations and institutions. In addition, SPRA cooperated with International Association of Business Communicators (IABC) in Shanghai to launch the first international professional certification in China.

1.3 Future Development of Public Relations in Shanghai

1.3.1 Continuing to Enrich the Means to Enhance the Government Image

Over the past thirty years, especially in the past decade, large-scale activities, events and conferences were held in Shanghai, which comprehensively built up images of cities and government. However, it is found that some of these grand activities became somewhat simple repetition of declarative publicity. Shanghai PR industry should commit more to innovation in PR because people would become indifferent to such pompous expressions in PR activities and the communication effect would be flagging day by day. In addition, creating such high pitch tone and sensation requires heavy investment, which is difficult and challenging for government in the long run and harmful for the positive image of government.

In the future, Shanghai PR industry should take advantage of the high degree of internationalization, and support the country image building by means of "small story, strong expressions". With regard to urban image building, the government should call for civil society, turn its leading role into guiding role, and cooperate with companies and all social organizations. Urban image communication should be regularized under government guidance, which would not just focus on big events, but also include news communication, cultural, trade, and civil exchanges and so forth, showing and building Shanghai image in a comprehensive and high-level way.

Compared with other regions, Shanghai government and Shanghai public relations industry should be more proactive in shaping its urban image that is prosperous, healthy, bears the responsibility, and emphasizes more on urban soft power.

1.3.2 Providing Public Relations Support for Going Global Strategy

As an important communication means and strategy, the strategic position of PR is enhanced in the context of global economic integration. Every city or country needs to form a consensus through international communication, global and cross-cultural communication. As an important window for implementation of going global strategy, Shanghai is in urgent need of a group of PR consulting firms and agencies that can provide guidance for enterprises. International PR companies are optimistic about the market in Shanghai, which has inherent advantages with strong international network.

Over the past three decades, the professionalism of PR companies and PR sectors in Shanghai has been widely recognized by the domestic and international community. More and more PR firms have become more capable of competing with international counterparts. Local Shanghai PR companies grew rapidly to transnationals when they helped companies implement their going global strategy.

In the process of going global, local Shanghai PR companies can quickly gain strength and explore oversea markets by mergers and acquisitions, joint cooperations and other development tactics. These PR companies should make full use of their resources, communication and culture advantages to better serve local companies and national strategy at the same time.

1.3.3 Public Health and Safety, Integrity and Social Responsibility Remaining as Important Topics for Public Relations in Shanghai

For the past thirty years, especially for the past ten year, both government and companies in Shanghai have been tested by series of great challenges, but the social problem rooted deeply behind has not been solved thoroughly. The high frequency of crisis will be one of the basic characteristics of the development in Shanghai in the future, and crisis management will continue to be one of the major functions of PR in Shanghai.

In the future, PR in Shanghai will be confronted with crisis, caused by the pending problems of public health and safety, and the lack of integrity and social responsibilities. The ability to deal with such crises will be the most important indicator of crisis management evaluation for PR in Shanghai. Shanghai PR industry should recognize the challenge and establish corresponding social crisis management system.

1.3.4 Public Journalism and We-Media Being the Main Source of Public Relations Information Dissemination

The so-called Public News and We-Media era will revolutionize the dissemination of information in the future, bringing about fundamental change to social information control and social discourse rights. In this era, PR will not only become a topic for PR practitioners, but would be a social reality for government, companies and organizations. This will promote the role of PR in the management of social organizations, spur online new media communication management to be one of the most common and important functions in PR management, promote network-based interpersonal communication to be the most important means of communication for PR. The charisma of interpersonal communication, especially the communication through network, will become the most critical factor for eye-catching and discourse rights competition.

As the source of various information, Shanghai bears the role of city opinion leader, whose means and content of communication will influence the public opinion in the whole society. Therefore, confronted with Public News and We-Media, Shanghai PR industry should accurately take advantage of its own discourse rights, lead public opinion, and cultivate healthy and positive social atmosphere.

1.3.5 We-Media, Big Data Becoming the Important Aspects of Public Relations Research in Shanghai

In the future, Shanghai PR research will continue to focus on not only the image building of country, government, and city, brand building of companies, crisis management, especially public health and safety, integrity and social responsibility, but also PR with big data, artificial intelligence, We-Media and Public News. With Internet and big data, modern organizations realize the importance of data and new technologies of modern media on PR communication. These new technologies will help adjust and update PR communication management tactics and methods.

Additionally, PR scholars in Shanghai will turn to research on and push ahead fundamental PR theories.

1.3.6 Shanghai Public Relations Market Being Further Internationalized

In Shanghai, one of the most internationalized cities in China, the phenomena of Going Global and Coming In are particularly prevalent. It includes two aspects: on the one hand, more international PR companies will enter into Chinese market along with the increasing economic development and opening-up in Shanghai; on the other hand, Chinese PR companies in Shanghai will continue to grow and be internationalized.

Therefore, in the future there will be more PR joint-venture companies in Shanghai, targeting clients from local to global markets. In either a wholly-owned Chinese PR company or a joint one, the proportion of foreign customers will grow, and more and more multinational business service will be included in Chinese PR companies. At the same time, Shanghai PR companies will also join hands with foreign PR companies, push domestic enterprises to the world stage, build up international brands and explore new markets.

1.3.7 Public Relations Consulting Business Gaining Development Opportunities

The connection between Shanghai PR industry and international market will lead to more standardized market rules and norms. Meanwhile there will be more clarified market segmentations which require more specific and pertinent services. The business of some local PR companies in Shanghai will move from simple project implementation to high-level integrated planning and consultancy.

Professional PR companies will be favored by organizations at all levels because they will provide government and modern enterprises with more pertinent and comprehensive service. Just as people can't go without legal advisers, people will gradually rely more on PR companies. PR consulting service will hence become a new growth engine in PR industry and intellectual PR professionals will be highly valued and respected.

1.4 Interview with Hu Wei, Chairman of Shanghai Public Relations Association

Question: Chairman Hu, could you please briefly review the development of public relations in Shanghai over the past 30 years?

Chairman Hu: Generally speaking, PR in Shanghai has developed for 30 years and went through three stages, i. e., 1986—2000 start-up stage, 2000—2012 developmental stage, and 2012 to 2016 innovation stage. As introduced from the west, PR in Shanghai has experienced progress of enlightenment, popularization, promotion and exploration over the past 30 years. Take business administration as an example. In the late 1980s, business administration in China did not take shape, and we needed to learn it in the university. We did not have teaching materials, which was collected and combined piece by piece by faculties. Nowadays, we have so many different versions of materials on business administration. PR in Shanghai, as a discipline, has undergone the same course of process.

In start-up stage, PR in Shanghai developed in close relation with market economy, regional integration and globalization. The more closed the society is, the less demand it has for public relations. PR is an important part of modern society and civilization. The fact that PR originated from Shanghai has its reason due to its social background. Beijing is China's political center, and Shanghai is the economic center from which public relations should stem. In the history of Shanghai public relations, or even China public relations, development, Mr. Mao Jingquan, author of the famous article Developing Socialist Public Relations, should be remembered for his vision and open-mindedness. Meanwhile, he is the editor of Public Relations which is regarded as the PR theory fundamentals. It is of great importance for an organization to follow the philosophy of Theory-oriented and Thought-supported in practicing PR. In 1985, Mr. Mao Jingquan established the first Overseas Chinese Friendship Association, which was quite innovation and in line with China's new look and attitude to the world society. In addition, he organized Old Age Foundation in the time when China was enjoying population bonus. Yet, time has changed and that aging before getting financially independent has become a growing social problem. In a word, Shanghai often takes the lead unconsciously, which conforms to the trend of social economy. It is understood that there is wording of socialism in this first PR article, just as it was entitled in socialist market economy, which shows the mark of time in PR start-up stage. In particular, before 1992, there were top-down enlightenment activities. At that time, I was head of the corresponding function in the district. Of course, there were also some impressive activities, such as 700th Anniversary of Shanghai, which discussed the development process of Shanghai from a small fishing village to a metropolis, Beijing—Shanghai Forever Bicycle Rally, The First Selection of Public Relations Professionals, which sowed the seeds of success though of limited impact.

As I referred at the beginning, public relations association is the product of high social and economic development, and is not only a PR industry association. Most of industry associations have fixed scope. For example, automotive industry association is for car industry only. However, public relations association is an important part of social relations, closely connected with economy, big events and social background. From 1986 to 2000, one historic milestone is the development of Shanghai Pudong District. In fact, international community once doubted whether China would restore closing-door policy, how long and how China would keep up reform and opening-up because of June 4th Movement. Deng Xiaoping then emphasized that we would further carry out the reform and opening-up policy, and Pudong development would be a good example. Since then, public relations entered into its golden age of development. We promoted the PR from the following aspects. First, with Pudong development, most of the top 500 global companies set up their headquarters in Shanghai. I discussed frequently with these companies, and SPRA organized various activities to help connect them with government, society and other enterprises. They were the first to set up public relations department in order to deal with branding, media transmission, consumers and crisis management through PR experience which were innovation for PR practice in Shanghai. PR has not only promoted economic development, but also facilitated social development. Second, Shanghai local PR firms, like Zenith Integrated Communication, @ PR, Felix PR started to grow. Of course, it was a gradual process. Apart from knowledge spreading and direction leading, our association hosted a series of effective activities, such as the biennial selection of excellent public relations cases, which, I think, was pioneering. Other associations are less vital or innovative while SPRA has been continuously promoting innovation. Third, in 1993, Shanghai Normal University establishes the first public relations major in China universities. Fourth, the magazine Shanghai Public Relations (36 issues in total, 3000 ~ 5000 copies in circulation, including fundamental knowledge, theory exploration and case study), was well-received by all sectors in society, and included by Shanghai Library and some university libraries. Those events played a significant role in the history of public relations. In general, the time between 1986 and 2000 is a start-up stage of enlightenment, knowledge popularization, power accumulation and talents cultivation. Public relations and our association still had limited impact on social events at this stage. However, SPRA has shown strong vitality and got prepared for development later on.

The second stage is development stage, from 2001 to 2012. As I mentioned earlier, public relations and our association grew stronger in the process of world modernization. The context at that time is as following:

The first is China entering into WTO. I remembered we discussed what roles bonded areas should play once joining WTO. I think some viewpoints at that time were incorrect. There are more than 500 bonded areas across the world and some are in developed countries and special tariff zones. After we entered WTO, one important feature is that we should regulate our economic and social activities in line with game rules in the world. Although we stress in particular Shanghai characteristics, Chinese characteristics and times characteristics, the main game rule is market economy.

The second is bidding for Shanghai World Expo. Since 2000, China has become more opening-up, and handled social events according to international practice, which provided opportunities and strength for Shanghai public relations. For example, in order to bid for Shanghai World Expo, we acted together and went to 87 countries to promote Shanghai in the name of China. We promoted Shanghai image through overseas media which clearly showcased our consciousness of modern public relations. From the perspective of government behavior, everything was decided by governments in the past, while PR firms and associations played a leading role in knowledge competition, organized by government, when we bid for Shanghai World Expo. Also we saw PR firms' active participation in World Expo pavilions. Shanghai World Expo provided platforms and opportunities for our PR to grow. To our joy, the government's public relations consciousness at this stage has improved. The PR cases selection was supported by Shanghai government, such as 10th Anniversary of Pudong's Development, Sunshine Act in Yangpu District. Shanghai government encouraged PR firms to conduct international communication programs through bidding so as to promote PR firm development. As of 2012, Shanghai had more than two hundred PR companies with dozens of prominent ones. From the successful bidding in 2002 to hosting in 2010, Shanghai image was successfully improved to an international city, to a global city. Now, top 500 global companies are integrating into Shanghai. Apart from economy, social activities depend more on SPRA, PR firms as well as our PR concept. For example, Love under the Blue Sky and The Double Ninth Festival Event organized by Old Age Foundation, are regular activities and exert positive social influence. Besides, new media and hospitals have started to value PR as well. For instance, Shanghai No. Six People's Hospital shot a documentary. Therefore, PR plays more and more important part in economy, society and education. What's more, PR is developing quickly in education. When it comes to education in China, 16 universities have set up public relations major, 5 of which are in Shanghai. Shanghai International Studies University offers doctoral direction of PR major. East China Normal University offers master program of public relations. So Shanghai has been an important education site in China and the graduates have become the main force of public relations industry.

Since 2001, SPRA has held more high-quality activities, from excellent PR case selection to international forums and symposiums, some of which are very famous, like Public Relations Forum in the Era of Economic Globalization, Shanghai International Public Relations Summit, Sino-foreign Public Relations Industry Cooperation and Exchange Forum, The Current Situation and Future of Public Crisis Management and so on. These forums and symposiums are excellent and outstanding in China's PR industry.

The third is selection of Shanghai public relations new star. In order to welcome 2010 Shanghai Expo, we hosted this event with Shanghai Communist Youth League Committee in 2004, 2006 and 2009 respectively. With high positioning and innovation, the selection produced very good publicity effect and was a successful case of innovation.

The third stage is innovation stage, from 2013 till now. Just as I mentioned previously, each development stage has its own mark of the era. The mark of this stage is maturity and prevailing of Internet. For example, the number of WeChat users jumps to 800 million all of a sudden. We couldn't find 3G network in foreign countries. But in China, 4G is quite popular and 5G is ready to come. With the wide application of big data, China has entered into the era of new media and big data, when PR faces innovation and transformation with abundant opportunities and challenges at the same time.

At the end of 2012, our association elected new leaders and absorbed more elite professionals. In the election process, we had our principle clear: Association is unlike government. It is a highly voluntary organization. You join because you are willing to. You leave the minute when you want to leave. Only with love for SPRA, can our association become vital. We started to restructure according to this guideline. Our society needs us, and we should able to meet these demands. The vice chairmen of SPRA are all enthusiastic and competent, such as chairman of SPD Bank, Disney, Greenland Group, managers of China Mobile and China Telecom, general managers of private enterprises and so forth. Besides, we are a strong team who share common values. We don't work for profit, but are looking for like-minded who want to devote to society. We set up CPC branch, which is a pragmatic team. I told secretary of the Shanghai Municipal Committee of CPC and mayor of Shanghai Government that we wouldn't spread about what they have said or done because some of us, once worked in government for a long time, might want to offer advice without being invited after retirement. Due to information asymmetry, government officials of the past might own more comprehensive information and resources. However, our ideas, though precious as well, might be somewhat out-of-date. Therefore, we should contribute what government does not do and this should be our strength. PRA is an organization integrating various resources and capacities to form new wisdom, concept and relationship. Therefore, one of the reasons for our success is that we have a group of like-minded people. At the beginning, we have Mao Jingquan, an experienced charismatic leader. In innovation stage, we gathered a group of talents who can grasp characteristics of the time accurately, explore positively, seize the opportunities timely, meet the challenge and continuously seek for innovation. The network monitoring system was effective in Shanghai during this period. Shanghai is the first city to implement network information monitoring, which is quite helpful for network transmission. Several hundred persons work in the network management team. In general, in terms of Shanghai news releasing and network public opinion, Shanghai ranks first partly because of contribution from SPRA. For example, facing Dead Pig in Huangpu River in 2013, we handled in a transparent way, confronted the problem directly, explained the causes, spoke out and clarified the facts to public. Therefore, we conclude the following characteristics of PR efforts in this period:

①Pay attention to the foreseeability of every project. For example, we held Shanghai International Public Relations Summit with the theme of Urban Image and Public Relations in the Age of Big Data in 2014. At that time, people still paid little attention to big data, so we invited Viktor Mayer-Schoenberger, professor from Oxford University and author of Big Data and Sha Zukang, vice UN Secretary-General to participate in the summit. The forum targeted both current affairs and future development, attracting attention of political circles, business circles and public relations industry at home and aboard. Both Zhou Hanmin, vice chairman of Shanghai CPPCC and Li Yaoxin, director of Shanghai Municipal Commission of Economy and Information attended the forum and comprehensive news reports on the summit were ran live in the newspaper. Since 2014, big data has been one of the era characteristics recognized by the whole society. Actually, this summit not only had foreseeability but also played a leading role. Another instance is that, since 2013, our association has held many salons of high quality. The topics we chose were always innovative, prospective, and directional, such as Discussing the Future of New Media with New Media, How to Carry Out Public Relations in Era of Big Data, and The Operation of Shanghai Free Trade Zone. What's more, our activities were not only about economy, but also carried era and cultural characteristics. We invited Yu Qiuyu to give a talk on The Modern Inheritance and Innovation between Public Relations and Chinese Culture. Mr. Yu told me he would deliver his lecture in a small scale. And I told him our small lecture would have elite audience and be broadcasted on Internet simultaneously. The lecture was successful and he gave an excellent report on integration, development and inheritance between Chinese culture and public relations. Our activities outstood not only in quantity, but also in quality and influence.

②Pay attention to public influence. For example, we set up public relations scholarship award in Shanghai universities. We invest 300, 000 Yuan into such award each year. The ministry of education greatly acknowlege this scholarship award because that there were such awards established by individuals, but not by social organization. The selection and evaluation process is improving continuously. This year, we added a live PK session. We invited judges as Zhou Hanmin, who used to be the judge of university students debate. We hope we can keep on, and enhance the coverage and social influence of such award.

③Pay attention to the role of SPRA as opinion leader. We attached more attention to the social concern, participation and influence in the recent years. The activities were well supported by leaders from Shanghai Municipal Committee of CPC, Shanghai Government, Shanghai NPC and Shanghai CPPCC.

④Pay attention to internal and external exchange. The PR association is a platform for interaction and communication. For instance, we have been to Yunnan to help the poor students recently. We were welcomed and met by the governor of Yunnan province and leaders of the cities and counties. We donated 2. 5 million Yuan and established 100 libraries, through which we passed to them love and care from Shanghai people. We pay more attention to the masses, content and form innovation. So, the characteristic of this stage is innovation. In fact, we have been innovative from the beginning.

Just as I said earlier, 30 years of history can be summed up into three stages: start-up stage, development stage and innovation stage.

Question: In the past 30 years, Shanghai public relations has made great achievements, which are not only closely associated with Shanghai's economic status but also connected with SPRAs's promotion work. Therefore, could you please briefly introduce the roles that SPRA plays?

Chairman Hu: First, role of exploration. Actually, pioneering and leading is another word of exploring. In the past 30 years, the development process of association was filled with constant exploration. We explored, innovated and paved our own way with no predecessors. The theory of other disciplines or industries is quite mature and can be applied to practice, while the theory of public relations is still growing and practices are constantly changing. In this process, we devoted to both theoretical innovation and practice exploration in China, and our association also play a leading role. I admire Mr. Mao regarding his vision in particular. During the past 30 years, we stuck to firm goals, common beliefs, and never forgot our initial determination. SPRA says No to vulgar social relations and is dedicated to building healthy public relations. Such activities as case selection, international forum, salon and scholarship were hosted successfully through exploration. The strong vitality of our association comes from the belief——Never Satisfied, Always Exploring. To Explore is the most distinct gene in SPRA.

Second, role of popularization and promotion. Just because of theory development and practice innovation in the process of exploration, we always promoted and spread PR knowledge. In particular, we tried to correct the wrong notion and perception of public relations girls. In many people's eyes, PR means establishing relationships through eating and drinking. In fact, PR career is quite lofty and sacred. Therefore, we focus on promoting PR knowledge in the early stage, which was also our long-term task through activities as election of public relations new star and professional training.

Third, role of providing service and guidance. When in need, our association will be with you. Public relations association should build emotional affinity and touch clients, and let them feel that you are the most intimate. Only in this way, can your guidance and service work. For example, we provided service for Shanghai police station. Shanghai police station was the first to set up public relations department in different districts, which was significant and meaningful. In my tenure, their director came to visit me many times. Our association sent experts to provide them with public relations training and consulting. Actually, police PR is very important in the world. Of course, it's the same case in Shanghai. In the past, the masses didn't dare to challenge government and everything was controlled by our government, but time changes. We endeavored to inform the masses of policy and win their understanding with transparency and communication. So, it is vital for government to possess public relations' consciousness in era of information, big data and Internet. So in this era, our service and guidance is particularly important for government. In addition, we also offer service to colleges and universities. For example, we founded platform and provide internships and job opportunities for students from Shanghai Second Polytechnic University to promote employment. We also sponsor public relations scholarship. In 2010, under the push of our association, twelve international and local companies advocated the convention of public relations industry, which has always been the focal point in recent years. It's better off without PR companies than with PR companies having negative reputations. SPRA aims to be responsible for rules, regulation and supervision of PR industry. Through SPRA's work, achievements are recognized, shortcomings are pointed out and constructive suggestions should be given. Such questions are far from over and there are signs that some events are harmful to economy.

Fourth, role of platform and bridge. Association is a bridge, through which various activities, such as forums, symposium, advanced salon, case selection, and competitions, are held. For example, Strange Ways Game was participated in by elites from all walks of life. Unlike other associations which are limited to specific industries, we build a cross-industry platform, where there is the broadest interaction and communication. Besides, topic choice is also crucial in this aspect. For example, when the photographic exhibition of Yu Huiwen was held in Beijing, it was supported by China Photographers Association and Chinese Art Museum. Two members of the Political Bureau of CPC Central Committee and three former members of the Standing Committee of the Political Bureau participated in. When it was exhibited in Shanghai, leaders from Shanghai Municipal Committee of CPC, Shanghai Government, Shanghai NPC and Shanghai CPPCC showed up. Her comment of SPRA was: warm recognition from Beijing to Shanghai. In addition, we offered one-to-one assistance to Yunnan. The SPRA influence and driving force is never negligible. The interaction and communication between our association and foreign countries are extending and developing. Some additional professional qualification authentications are under the way. So, I think, during the past 30 years, SPRA's development and influence are increasing.

Question: Shanghai Public Relations Association devotes 300, 000 Yuan to public relations scholarship, which is admired by other provinces. Many people want to know the evaluation methods. Also could you reveal something about the source of the scholarship?

Chairman Hu: As an international metropolis, Shanghai owns strong economic power and many large enterprises with social responsibility. I have the experience of managing Old Age Foundation. I read a piece of news from the newspaper before. It was reported that an old man passed away and was not found until one year later. His son thought his father had gone traveling. Now, it is quite common to think that the elder is inferior to children. We often say that an old man in house is a treasure for family. But now traditions are fading away. Therefore, I worked in the Old Age Foundation for five years. As a charity organization, the Old Age Foundation should invest 70% of the fund. When I started working there, the foundation had 30 million Yuan. The number reached 300 million before I left 5 years later. As for public relations scholarship project, we raised some money at the very beginning, which can last for 3 to 5 years. It is closely benefited from the regional advantages of Shanghai. Therefore, I'm afraid that it's not easy for other regions to follow. We're lucky to live in a prosperous period.

Question: After 30 years of development, what remarkable PR achievements have been attained in Shanghai?

Chairman Hu: It can be found from our relevant materials. The first is the wide popularization of public relations knowledge in the past 30 years. The second is the promotion of government public relations consciousness, which is closely associated with the efforts of Public Relations Association and the changes of our society. Shanghai Releasing and Shanghai Public Security are second to none in network public opinion. Another is to promote the development of PR companies and other companies. PR companies in Shanghai can be divided into three categories: local, domestic, and international ones. The fifth is that cultivation of public relations professionals begins to take shape. The sixth is education of public relations and cultivation of talents. It can be demonstrated in public relations scholarship PK and international communication as well. This time, we went to Beijing and invited many international organizations to attend our activities and they were all willing to come. The seventh is that our association, as platform of international public relations, is improving constantly. Especially at present, we have a powerful team. The members are all volunteers, most of whom are retired ones. They come to work out of their devotion to this career. So, I think we have perfect system and mechanism, and firm beliefs. Belief is a driving force in support of our work. It's worth pointing out that we not only have attained so many achievements, but also are faced with many challenges. How can we become more appealing to more people? We have long way to go. We need to improve our social influence continuously.

Question: Could you please describe the future development of Shanghai public relations?

Chairman Hu: The golden age of public relations lies in the age of Internet, when economic and global integration take place. In the era of Internet, our national strength has improved in a comprehensive way. China's influence and strength upsurge unprecedentedly in the world. In fact, The Belt and Road and The Chinese Dream also provide opportunities for China's public relations. Meanwhile, Internet era and information revolution era is the age of revolution. In era of knowledge and information explosion, knowledge and information seems to be abundant, yet it is fragmented. Our traditional way of behavior needs to be revisited. To be honest, our government should keep learning. When I was the district head in the 1980s, we owned the most abundant knowledge and resources, and the civilians believed in whatever we said. However, such situation changed in the 1990s. It is not because how powerful we were, but because of asymmetric information and position power. At present, people challenge government often. Sometimes people are more knowledgeable than government officials. You'll fail to keep up or build authority if stop learning. People's rights to know, of speech and justice go up high unprecedentedly. It's certain that there are information pollution and spread of rumors, which challenges public relations of government, enterprises and society. In such context, public relations should attach more importance to precision and individualization of communication, and integration of fragmented information. We should speak out clearly and individually to better serve enterprises and society. So, the opportunity is more exciting, while the challenge is more serious and urgent. We are now in a unprecedented period of changes. One thousand years ago, knowledge was updated slowly, but now extremely fast. How do mentality, social structure, especially the value of public relations, cultural integration, and attitude adjustment conform to the request of times? We need to grasp the pulse of times. SPRA is required to realize how to make full use of Internet, master big data and lead public relations industry from global perspective while, at the same time, steadily rooted in Shanghai.

We are going to establish a communicative, open, positive and joyous platform to conform to economy, society and globalization in Shanghai. Now Shanghai government advocates Building Shanghai into a Global City, which is a good opportunity for SPRA. There is a saying of——To think with the globe in mind——when Pudong is opening up. Equally, we should not look at any problem in a rough manner. So, our association will devote our share of efforts to the establishment of a global city, that is, to think with the globe in mind. Meanwhile, we should strive to build up PR research base on education and training, and provide comprehensive services to Shanghai and the whole nation. Roughly speaking, we're doing the following:

①To expand global vision and participate in building Shanghai into a global city;

②To play a leading role in improving professionalization according to changes of information communication;

③To standardize public relations industry to comply with the demand of society;

④To enhance the consciousness of comprehensive participation.

This year, we hope to hold a symposium on The Control and Management of Public Crisis in Era of Internet, which we have planned for one year. We do feel the urgency of crisis management for public relations, the government, the enterprise or individuals in this Internet age when we just experienced Tianjin Explosion, the Stampede on the Bund of Shanghai, and Wang Baoqiang Event. Crisis management has become so important for public relations that any society, enterprise, government, individual and family would be unable to avoid. What we will do is to hold an international symposium to discuss such hot issues. With regard to financial crisis, how should government prevent and deal with it? We have stages ready to embrace precious opportunities along with tough challenges, but we are always confident. We believe, with so many like-minded people, such excellent team, positive environment and effective mechanism, and support from all walks of life, SPRA has a brighter and more splendid future.

Natural science research has the charm of itself, but PR is different. The development of public relations totally depends on the environment and development of society. SPRA is to provide good service and public relations major in universities is the main force in practicing PR. This is our unconventional strategy.

In fact, PR is currently not correctly understood by society to some extent. When it comes to public relations, people would still misunderstand and equal it to Gao Guanxi. Unlike some scientific research admired by the public, we should try every effort to correct people's wrong perception. In fact, PR is an important part of production relationships, which promotes social development if well-dealt with. PR is crucial and can transform suspicion and contradiction to positive motivation. Thanks for your hard work. It's very meaningful and important to remember and record what we have done in PR.